甘肃省文化资源名录

（第三十一卷）

地名文化 II

村、社区

总 主 编：陈 青　王福生
副总主编：马廷旭
总 校 对：刘玉顺
本卷主编：王 荟　李 骅

中国书籍出版社

图书在版编目（CIP）数据

甘肃省文化资源名录. 第三十一卷 / 陈青, 王福生总主编; 甘肃省社会科学院编. — 北京：中国书籍出版社, 2018.1

ISBN 978-7-5068-6715-3

Ⅰ. ①甘… Ⅱ. ①陈… ②王… ③甘… Ⅲ. ①文化遗产—甘肃—名录 Ⅳ. ①K294.2-62

中国版本图书馆CIP数据核字（2018）第027846号

甘肃省文化资源名录　第三十一卷

陈　青　王福生　总主编
甘肃省社会科学院　编

责任编辑	张　文
责任印制	孙马飞　马　芝
封面设计	东方美迪
出版发行	中国书籍出版社
地　　址	北京市丰台区三路居路97号（邮编：100073）
电　　话	（010）52257143（总编室）　　（010）52257140（发行部）
电子邮箱	eo@chinabp.com.cn
经　　销	全国新华书店
印　　刷	三河市顺兴印务有限公司
开　　本	787毫米×1092毫米　1/16
字　　数	350千字
印　　张	15.5
版　　次	2018年1月第1版　2018年1月第1次印刷
书　　号	ISBN 978-7-5068-6715-3
定　　价	190.00元

版权所有　翻印必究

甘肃省文化资源普查和分类分级评估工作领导小组

组　长　　连　辑

副组长　　张广智

成　员　　俞建宁　张建昌　范　鹏　武来银　伏晓春　赵海林
　　　　　　王智平　周继尧　史志明　李宗锋　阿　布　李　塎
　　　　　　曹玉龙　陈　汉　梁文钊　陈德兴　妥建福　樊　辉
　　　　　　肖立群　王兰玲　肖学智　宋金圣　拜真忠　卢旺存
　　　　　　石生泰　柳　民　吴国生　火玉龙　车安宁　马少青
　　　　　　王福生　张智若

甘肃省文化资源普查和分类分级评估工作领导小组办公室及下设机构

主　　任　　范　鹏

常务副主任　　王福生

副 主 任　　李　堋　　王兰玲　　柳　民

执行副主任　　侯拓野　　马廷旭　　陈月芳　　廖士俊

成　　员　　杨文福　　丁　禄　　田锡如　　李含荣　　路晓峰　　刘效明
　　　　　　张建胜　　徐麟辉　　马志强　　张春锋　　梁朝阳　　方剑平
　　　　　　黄国明　　王银军　　刘志忠　　李拾良　　王登渤　　赵艳超
　　　　　　席浩林　　王　钢　　刘　晋　　李军林　　王景辉　　邵　斌
　　　　　　杨彦斌　　李素芬　　李才仁加　　王　旭　　王治纲

综合协调组

组　　长　　王灵凤

成　　员　　庞　巍　　马争朝　　吴绍珍　　巨　虹　　王彦翔　　唐莉萍
　　　　　　段翠清

普查业务组

组　　长　　谢增虎

成　　员　　马东平　　侯宗辉　　马亚萍　　戚晓萍　　魏学宏　　李　骅
　　　　　　买小英　　梁仲靖　　王　屹　　海　敬

技术保障组

组　　长　　刘玉顺

成　　员　　胡圣方　　王　荟　　谢宏斌　　张博文　　宋晓琴

专家联络组

组　　长　　郝树声　　马步升

成　　员　　金　蓉　　赵　敏

甘肃省文化资源名录编纂委员会

主　　任　　陈　青　　郝　远

副 主 任　　范　鹏　　彭鸿嘉　　俞建宁　　王福生

委　　员　　朱智文　　安文华　　刘进军　　马廷旭
　　　　　　王俊莲　　王　琦　　陈双梅

总 主 编　　陈　青　　王福生

副总主编　　马廷旭

总 校 对　　刘玉顺

成　　员　　谢增虎　　马东平　　侯宗辉　　马亚萍　　戚晓萍
　　　　　　魏学宏　　赵国军　　谢　羽　　金　蓉　　买小英
　　　　　　巨　虹　　吴绍珍　　胡圣方　　李　骅　　鲁雪峰
　　　　　　梁仲靖　　王　荟　　王　屹　　海　敬　　段翠清
　　　　　　李志鹏　　尹小娟　　姜　江

前 言

丝绸之路三千里，华夏文明八千年。甘肃是华夏文明的重要发祥地之一，是中华民族重要的文化资源宝库，是国务院认定的"华夏文明传承创新区"。为了保护和传承甘肃恢宏的历史与当代文化资源，使之能够汇总展示给世界，并永久流传，甘肃省从2013年4月启动了全省文化资源普查工作。在甘肃省文化资源普查和分类分级评估工作领导小组组织下，动员全省各市（州）县（区）、31个厅局及省直单位的专业人员，数十位专家学者，历时两年，完成了普查和数据录入工作。对于全省文化资源普查成果，甘肃省社会科学院又经过两年时间整理完善、分类编辑、拾遗补阙、校对编排，现在终于有了《甘肃省文化资源名录》的付梓出版。

《甘肃省文化资源名录》集中展现了甘肃历史悠久、丰富多样的文化资源。甘肃历史文化遗存位列全国前茅，民族民俗文化特色鲜明，现代文化颇具实力。伏羲文化、大地湾文化、马家窑文化、齐家文化、寺洼文化、彩陶文化、周秦早期文化、长城文化、汉简文化、三国文化、五凉文化、敦煌文化、石窟文化、黄河文化等历史文化资源积淀深厚；道教文化、西夏文化、伊斯兰文化、藏传佛教文化等民族宗教文化资源星罗棋布；大革命文化、根据地文化、长征文化、抗日文化、解放区文化等红色文化资源耀眼夺目；工业文化、科技文化、歌舞文化、大众文化等现代文化资源特色鲜明。可以说，文化资源是历代生活在甘肃的华夏儿女留给这块大地的永不磨灭的最辉煌印记。

就甘肃省文化资源的精华而言，截至2017年初，全省馆藏可移动文物为195.84万件，各类不可移动文物16895处。有世界文化遗产7处，全国重点文物保护单位131处，省级文物保护单位556处，国家级非物质文化遗产代表性项目68项。有国家级历史文化名城4座，国家级历史文化名镇7座，中国历史文化名村2座，中国传统村落36个。莫高窟、嘉峪关、伏羲庙、麦积山、炳灵寺、阳关、玉门关、锁阳城、崆峒山、拉卜楞寺、中山桥……，都是甘肃文化的历史见证；敦煌汉简、悬泉汉简、铜奔马、牛肉面、剪纸、花儿、皮影、羊皮筏子、黄河水车……，都是甘肃永恒的文化名片；腊子口、哈达铺、会师楼、南梁……，都是甘肃代表性红色文化遗产；酒泉卫星发射中心、刘家峡水电站、玉门油田、《读者》《丝路花雨》《大梦敦煌》……，都是甘肃之所以为甘肃的鲜明标志；祁连山、雪山冰川、河西走廊、大漠戈壁、高原草原、天池梅园……，都是如意甘肃的生动写照。众多的历史、自然和现代文化资源犹如满天繁星，镶嵌在广袤的甘肃大地上熠熠生辉。

《甘肃省文化资源名录》汇总甘肃省文化资源的精华，完成了打造华夏文明传承创新区的基础工作。《名录》将文化资源分为二十大类，分别是：文物；红色文化；重要历史事件与人物；重要历史文献；民族语言文字；非物质文化遗产；自然景观文化；宗教文化；文学艺术；饮食文化；建筑文化；节庆、赛事文化；文化之乡；地名文化；文化传媒；社科研究；文化类高等教育；文化艺术机构团体；文化产业；文化人才。每类文化资源按属性又分若干子分类，每个子分类都有严格的界定。同时，将文化资源级别分为省级和市州级。省级文化资源是指国务院、国家有关部委、甘肃省政府和省直部门已经明确命名、认定、管理（或委托管理）的国家级和省级文化资源，以及甘肃省文化资源普查办公室评估认定并核定公布、报送备案的文化资源。市州级文化资源是指甘肃省各市州、县级政府及其管理部门已经明确命名、认定、管理的市县文化资源，以及甘肃省文化资源普查办公室评估认定并核定公布、报送备案的市县文化资源。甘肃省内世界级文化资源（遗产）纳入省级文化资源管理范围，暂未认定级别和不需认定级别的文化资源统一纳入市州级文化资源范围。

推出《甘肃省文化资源名录》，对于推进华夏文明传承创新区建设、甘肃文化大省建设、丝绸之路黄金段建设意义深远。《名录》不仅仅记录了甘肃文化资源的种类和数量，也使甘肃文化资源的资源类别、品相级别、蕴藏情况、流布地域、传承范围和衍变情况得以准确和清晰化。通过编辑出版《甘肃省文化资源名录》，形成一个科学完整的文化资源数据库、文化资源研究的学术平台、文化资源传承保护和开发利用的指南，有助于更好地挖掘那些具有世界影响、国家价值、显著特点、唯一仅存、开发潜力巨大的代表性文化资源，为文化资源的有效保护提供科学依据，为重点文化资源找到开发的机遇并重塑生长的价值，为文化产业项目的开发利用提供可靠的参考。所以，《名录》的推出，是甘肃省文化资源普查成果面向世界迈出的第一步，是文化实力助推甘肃转型发展的坚实步伐，它为甘肃省今后对文化资源进行保护传承、专题研究、数字展示、市场开发奠定了基础。

甘肃省社会科学院

2017 年 7 月

目　录

前　言　　　　　　　　　　　　　　　　　001

村、社区　　　　　　　　　　　　　　　　001

（十）天水市麦积区　　　　　　　　　　　002

（十一）天水市清水县　　　　　　　　　　091

（十二）天水市秦安县　　　　　　　　　　138

（十三）天水市甘谷县　　　　　　　　　　160

（十四）天水市武山县　　　　　　　　　　201

后　记　　　　　　　　　　　　　　　　　232

甘肃省文化资源名录
第三十一卷 地名文化 Ⅱ

村、社区

（十）天水市麦积区
（十一）天水市清水县
（十二）天水市秦安县
（十三）天水市甘谷县
（十四）天水市武山县

（十）天水市麦积区

0001 麦积镇后川村

简　介：全名为朱家后川，因有朱元璋的后人居住于此而得名。后川村地处仙人崖景区旁，近邻佛教圣地净土寺和兰州饭店天水和谐园。辖7个自然村，280户，1280口人，总耕地面积3333亩（已退耕3321亩），为市列城乡一体化试点村。

0002 三岔乡黄龙村

简　介：黄龙村位于三岔乡最西部，东邻元龙镇佃儿村，西接三岔乡葡萄村，南邻秦岭山脉，北接清水县山门镇史家沟村，距三岔乡政府大约18公里。相传轩辕皇帝在一次回清水探亲祭祖时经过此地，见此地四面环山，山清水秀，山峰重叠，高低排列有序，并且黄河第二大支流渭河从村边流过，站在村中央一看，犹如一朵莲花，因此轩辕皇帝起名"黄龙"。2004年撤乡并镇时收毛窝、桑家门合并在黄龙村，现全村267户，总人口1186人，全村土地面积为2200亩。

0003 三岔乡秦岭村

简　介：秦岭村原有大家坪和石碑子两个自然村，其中一个自然村里有一个石碑，因此就叫石碑子，另一个以前有秦家台子，因此叫大家坪。后来两个自然村合并，因为地处秦岭山脉，又与利桥乡秦岭村相接，以秦岭山为界，故总称为秦岭村。秦岭村地处林区，古树茂密，山清水秀，空气清新，气候凉爽，是古代通往汉中的一条便道，有石碑子为证。北至小坪村，南至利桥乡秦岭村，东至立远山界，西至墁坪村。

0004 花牛镇白崖村

简 介：白崖村原名裴家崖，本村以裴、阮、董、周四大姓为主，由于在本地方言中裴与白同音，历史演变为白崖村。白崖村现位于羲皇大道以南，全村共有326户，1608人，耕地面积1142亩。

0005 中滩镇赵崖村

简 介：赵崖村位于麦积区中滩渭北西山坪干旱区，海拔约1500多米，属西北黄土高坡典型的山村，南邻渭河峡谷，村子东、西均为沟壑，可谓谷大沟深，崖高险要。"两谷夹一村"是此山村最为准确的描述。本村以"赵"姓居多，有少数"李"姓。将地形特征跟姓氏相结合，故名为"赵崖"。全村总人口1084人，4个村民小组，共283户，全村耕地面积1754亩。

0006 花牛镇沽沱村

简 介：沽沱村位于渭河西岸，全村共有4个村民小组，187户，947人，耕地面积1813亩，以种植小麦、玉米为主。沽沱村名主要是由于居住地地质结构松动形成很多沽圈，后人称之为沽沱村。

0007 花牛镇肖家庄村

简 介：肖家庄村位于籍河北面半山坡，已有600多年历史，现有村民204户，人口1044人，耕地面积1000亩左右，现已全部退耕还林。因该村肖姓人口居多，故而取名肖家庄。

0008 花牛镇高集村

简 介：高集村位于花牛镇北部山区，全村两个村民小组，230户，1170人，耕地面积2222亩，人均耕地1.9亩。因该村居住地较高，故而取名高集村。

0009 中滩镇渠刘村

简 介：渠刘村地处中滩镇中心区域，西接余家峡村，北靠霍坪，东抵雷王村，南隔渭河与渭南镇程村、吴村相望。道路四通八达，交通极其便利，天巉高速公路、中卦公路、麦（积）甘（谷）公路、秦南公路斜穿全村。渠刘村于明代中后期建村，传说由"货郎爷"所建，相传过去渠刘村大小巷道都有清澈见底的小渠贯穿而过，这些渠水通常用于满足人们日常的生产生活，而村庄又以刘姓人居多，故称渠刘。渠刘历史文化悠久，族人乐善好施，坚守仁义礼智信的祖辈遗训，同时深明孝悌之义，并付诸于行动，融于骨髓之间，成一方美谈。村西头渭河中的封姓石历史文化悠久，渭水秋声被古今多少文人骚客所赞美。九龙山集儒释道为一家，弘扬传统文化，滋润一方百姓。

0010 桥南街道埠南社区

简　介：桥南街道埠南社区位于麦积区埠南路以西，高速公路便道以南，成立于2001年9月，由原桥南居委会、林水居委会和渭西居委会合并而成，因辖区主干道埠南路而得名。辖区占地面积3平方公里，现有行政企事业单位35个，居民2650户，8260人。

0011 琥珀乡庆胡村

简　介：原系琥珀人民公社庆家湾村，在新阳公社时期叫庆家湾，由新阳公社分为凤凰公社改为庆胡村。庆家湾起始以庆姓家族为主叫庆家湾，在19世纪初将新阳胡大村胡氏家族移民搬迁至庆家湾，现以胡氏家族人为主改为庆胡村。于2004年并入琥珀乡至今。该村东邻马家坡村，南邻高方村高家山庄，西邻罗家村，北邻渭河。全村168户，733人。

0012 中滩镇漆李村

简　介：漆李村地处麦积区北路北西山区，相传宋朝末年，有几户漆姓的人家为躲避战火来到此处，因三面都是峡沟，背靠平坦的坡地，气候温和、日照充足、降水适中、适宜耕种生活，于是落根于此处，加之地势平坦，所以取名漆坪村。后来，又有姓李的人家迁入，建立了李坪村，至2004年为了方便管理，进行了整村推进项目，将两个自然村合并为一个行政村，命名漆李村。全村共有8个村民小组，漆坪村为一至四组，李坪村为五至八组，共有338户，1443人，耕地面积为2700亩，村内主干道全部硬化，交通便利。全村的主要农作物有小麦、玉米等，经济作物有花椒、核桃等。

0013 花牛镇曹家埂村

简　介：曹埂村因"曹"姓和地形而得名。曹姓居多，周姓次之，位于羲皇大道中段，距市区仅5公里，现有人口1300人，分3个村民小组，现有耕地800亩山地。

0014 党川乡马坪村

简　介：马坪村位于党川乡南部，距党川乡政府35公里，东接夏坪、火吉村，南邻陇南市徽县太白乡，西靠观音村，北连花庙村，道光二十年（1840年），马月侯、马金郝兄弟俩从四川逃难到这里，看到这里是风水宝地，就把家安在了这里，当时分为上院和下院，上院一辈单字，下院一辈双字，一辈可取三个字、一辈可取两个字，他们给后人规定了十辈人用字，即文、洪、开、太、永、万、福、满、吉、昌。现在取到了福字头。马坪村位于党川乡东南部，距乡政府所在地40公里，总土地面积995亩，海拔1500～1750米，属小陇山纯林区，无霜期240天。年平均降水量550毫米，最高的山峰马家大梁海拔2800米。全村有4个村民小组，农户55户，213人。

0015 桥南街道天河社区

简　介：桥南街道办事处天河社区位于麦积桥南新城，成立于2001年9月，由桥南街道办事处原桥头和渭东两个居委会合并而成，因辖区内城区主干道天河南路而得名。社区东邻天河南路，西接埠南路，北依渭河，南至羲皇大道，辖区面积1.7平方公里，辖区内有居民2310户，7132人，企事业单位14家。

0016 中滩镇丁赵村

简　介：丁赵村地处麦积区北路渭北山区，相传明朝末年，有几户丁姓的人家为寻找水源来到此处，因四面都是峡沟，气候温和，日照充足，降水适中，适宜耕种生活，于是落根于此处，加之地势平坦，所以取名丁坪村。后来，大约清朝中期，因逃难的赵姓人家相继落根于丁坪村对面，此地因处四面环山而围成的湾里故名赵湾村，两村遥遥相望，相距几百米。至2004年撤乡换镇，将两个自然村合并为一个行政村。全村1389人，耕地面积为1620亩。

0017 党川乡石咀村

简　介：石咀村位于党川乡东部，距党川乡政府15公里，东接利桥乡，南邻夏坪村，西靠花庙村。共计有5个村民小组，119户，496人，大多数村民均为外地迁移而来，地名由石咀村石咀组与焦家庄组交界的山峰上的像人嘴的缺口而得名,据石咀龙珠寺现存碑文记载,早在乾隆年间就有较多人居住,在道光年间人口最多。解放后,石咀村名为石咀生产大队,沿用至今,包家沟组在1997年整组迁入石咀组合并为一个组,因此石咀村现有5个村民小组。

0018 花牛镇董家塬村

简　介:董家塬村位于藉河北安山区村,全村现有190户,920人,4个村民小组,全村耕地总面积1483亩,其中果园面积822亩;由于地处北顷塬塬顶,且村内董姓人占多数,故而取名董家塬。

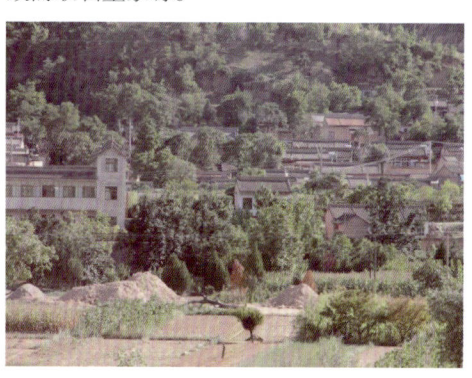

0019 花牛镇师白村

简　介:师白村位于渭河东岸,全村共有5个村民小组,191户,854人。耕地面积1988亩,以种植小麦、玉米为主,村名以两个自然村师家庄和白家庄组合而成。

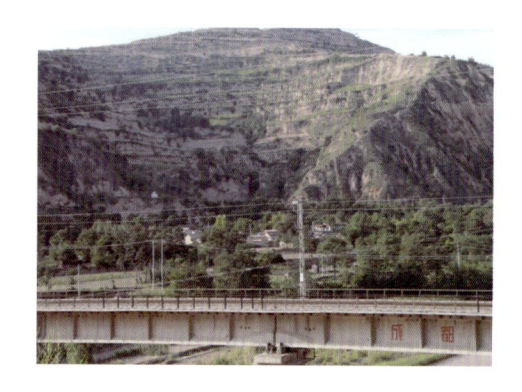

0020 花牛镇罗集寨村

简　介:罗集寨村地处花牛镇南部山区,属于干旱山区,因坐落于罗集山,故村名为罗集寨村。全村共有960人,分为3个自然村,主要产业以小麦、玉米为主。

0021 中滩镇蒲甸村

简　介:蒲甸村处三阳川渭河与葫芦河之间的平川内。蒲姓主要的来源有两支,其中之一源于三皇五帝之一的帝舜时期,传有位名为蒲衣的老师,因教授帝舜有功,在帝舜当政时被分封于蒲,建蒲衣国,他们的后裔以蒲为姓。还有一支源于东晋十六国时,这支人中的一位酋长的水池里长出一棵蒲草,高达五丈五节,与竹子差不多,人们以为神异,就把这家称为蒲家。久而久之,这家人以蒲为姓。后来,这支蒲姓人的后代还在十六国时期建立前秦国,成为帝王之家,其姓氏也一度改为苻。在其建国或亡国后,仍有不少人以蒲为姓。也是这支被称为蒲甸村的先祖。苻坚，字永固，氐族，前秦皇帝，为三阳川蒲甸先祖，生于三阳川，今石佛辖区龙子湾。今蒲甸村百分之九十的户都仍然姓蒲，这也被多数人认可为蒲甸村的来源。

0022 桥南街道花牛社区

简　介：花牛社区成立于2001年9月，由桥南街道办事处原花牛居委会、建新居委会和建南居委会合并而成，因辖区内主干道花牛路而得名。花牛社区地处麦积区羲皇大道中段，东起东风汽修厂，西面紧临花牛镇，辖区面积1.7平方公里。辖区共有企事业单位9家，常住人口2664户，7309人。

0023 麦积镇麦积村

简　介：因位于著名的麦积山风景名胜区内而得名，位于麦积山脚下，现辖7个自然村（其中上河、寺沟2个自然村处于麦积山风景区内）。

0024 花牛镇地校社区

简　介：地校社区因甘肃工业职业技术学院而得名。地校社区东起花牛镇政府，西至横河，北起羲皇大道，南至甘里铺村。2002年由花牛居委会分设而成，成立地校社区居委会。辖区辖1518户，5868人，辖8个企事业单位。

0025 花牛镇上湾村

简　介：上湾村地处花牛镇南部山区，属于干旱半干旱地区，现有人口710人，全村共有4个村民小组，现有耕地2081亩，主要农作物为玉米、荞麦、苹果树。因村庄居住在大山道外，故取名上湾村。

0026 花牛镇崔家山村

简　介：崔家山村地处花牛镇南部，处半干旱山区，现有人口1050人，全村共有5个自然村，耕地面积3740亩，以种植小麦、玉米、苹果为主要经济收入。村名以人口最多的崔家山自然村命名。

0027 麦积镇冯王村

简　介：因冯家大湾和王家庄合并而得名，位于麦积镇东北部，属半山区村，距麦积镇23公里，现辖5个自然小组，全村228户，1033人，总耕地面积3100亩，其中退耕还林面积360亩。该村比较偏远，交通不便。

0028 中滩镇文沟村

简　介：文沟村位于麦积区北路渭北山区的西坪山上，海拔1200多米，是中滩镇几个山区行政村之一。因村民姓氏主要是文姓，且村子处在两座山中间的一条沟中，因此取名文沟村。文沟村全村共有农户112户，总人口534人。

0029 麦积镇陈山村

简　介：因村子以陈姓为主的人在半山居住而得名，地处麦积镇东北河谷地带，属半山区村，距镇政府约4公里。全村现有人口186户，865人，共有4个村民小组，全村耕地总面积2650亩，其中退耕还林面积1653亩。

0030 麦积镇永庆村

简　介：原名永红村，因庆祝土改，农民分到土地而改名永庆村。永庆村位于神农山脚下，现辖6个自然村（其中小山自然村处于神农山半山腰），共有286户，1181人，其中贫困人口225人，占总人口的19%，总耕地3768亩（其中退耕还林3742亩）。

0031 党川乡新庄村

简　介：新庄村位于党川乡西南部，距党川乡政府25公里，东接刘坪村、观音村，西南与秦州区娘娘坝镇相连，北靠冷水河村，是党川乡人口最多的行政村，全村138户，816人。

0032 花牛镇峡口村

简　介：峡口村位于籍河与渭河相汇处，紧靠靳庄，峡口全村共有5个村民小组，368户，1740人，耕地面积1962亩，以种植葡萄为主。峡口村村名是因为地处在渭河河谷口和籍河河谷口，故称峡口村。

0033 桥南街道龙园社区

简　介：桥南街道龙园社区成立于2001年，由桥南街道办事处原商场居委会和开发区居委会合并而成，因辖区内龙园而得名。现辖居民小区53个，居民4568户，14000人，占街道总人口的26.5%，辖区共有12条主街道，现驻企事业单位19个，总面积3平方公里。

0034 中滩镇种田村

简　介：种田村地处中滩镇西北部山区，属典型的渭北干旱山区，距离镇政府9公里。种田村已有150年历史，原地名叫种地湾，1966年工作组把种地湾改为种田湾，后来人们慢慢相传，去掉湾成为了种田村。种田村全村海拔1500米至1800米，年降雨量495毫米，年均气温11℃。现在全村84户，460人，3个村民小组，劳动力145人，耕地面积为700亩。种田村位于三阳片区规划区，全村主要种植花椒48亩，种植粮食作物为390亩。

0035 琥珀乡罗家村

简　介：据传说，该村人口主要由原韩家津、老旧庄五大弟兄的后代繁衍而来，因当年渭河长年泛滥，旧址已经不适宜居住，五大弟兄经商议决定：老大、老三、老五迁移至罗下，老二、老四迁移至罗上，随着时间的推移逐渐形成了以罗氏为主要姓氏的格局，在衍变当中，有张、辛等外来姓氏入驻了罗家村，因生活需要，一小部分居民迁至西山、尧上。渐渐地罗家村别名也随着出现，由于地处川区，人口相对集中，慢慢地发展起了集市，在民国年间已初具规模，周边村民纷纷来赶集，于是形成了罗家砚川子的别名，最后慢慢地都叫成了罗家村。

0036 中滩镇雷王村

简　介：雷王村位于三阳川地理中心位置，是中滩镇政府所在地，自古商贾繁华，现在更有雷王集贸市场和主街的商铺。现有人口2600多人，主要从事商业贸易，兼顾农业生产。雷姓是村上的大姓，外来姓氏较多较杂，有王、李、刘、蒋、姚等。古时雷王村叫上集，解放初更名东方大队，后更名雷王村。雷王村村民供奉的地方神是雷家黑爷，是西晋时期官至宰相的秦州名人雷王保。从《雷氏家谱》中推算出隋朝时雷王保第九代定居石佛峪口，峪口雷氏的一支迁徙到了中滩，便发展成了现在的雷王村。在雷王村西方的雷王堡子，是樊家城遗址所在地，相传1300

多年前的唐朝贞观年间，樊梨花在这里驻扎过军队。在雷王堡子上还有一座精致典雅的小学，是始建于1945年的雷王堡子学校，现名为中滩镇中心小学。

0037 花牛镇纸碾村

简　介：纸碾村地处恒河流域中段，是半干旱山区，全村共有5个村民小组，303户，1420人，主要收入为苹果种植和劳务输出。纸碾村村名由来，传说与汉朝蔡伦造纸有关，造纸要把破麻、杂草捣碎成浆后，用石碾子碾草、麻之类，因石碾子而得名。

0038 花牛镇二一九社区

简　介：因核地质二一九大队而得名。东起五公司水电队，西至核地址二一九大队，北起羲皇大道中路，南至南山根。2003年10月由花牛居委会分设而成，成立二一九社区居委会。辖区辖1393户，3015人，辖区企事业单位4个。

0039 中滩镇张白村

简　介：张白村位于天水市麦积区中滩镇最下游，全村共3862人，有10个村民小组，土地面积5320亩，其中耕地面积1715亩，在葫芦河和渭河交汇之处，三面临水，地势平坦，土壤肥沃，气候宜人，适宜人口居住。相传村民由山西大槐树迁徙而来，形成张、白两个自然村，1954年农业社建社时期合并两个自然村更名为张白村，是一个以发展大蒜、香菜等蔬菜产业为主的农业村。

0040 花牛镇罗家沟村

简　介：罗家沟村位于花牛镇西南方，横河以西，天水市水泥厂以南。全村总人口1350人，以种植业为主。唐朝末年，罗家人躲避战乱，搬至横河流域，因罗姓居多，故而取名罗家沟。

0041 麦积镇贾河村

简　介：因村子在贾姓为主的河边坐落而得名，地处麦积山风景区内，贾河村共有6个自然组，总人口1892人，354户，人均耕地面积25亩，退耕还林3100亩，居住人口比较密集。

0042 花牛镇地质队社区

简　介：地质队社区因地质总队而得名。地质队社区由航修厂和地质大队组成，位于羲皇大道中段。2002年由花牛居委会分设而成，组建地质队社区居委会。全社区共有2103户，5211人，辖企事业单位4个。

0043 党川乡党川村

简　介：党川村位于党川乡北部，距离麦积城区50公里，东接石咀村，南邻花庙村、刘坪村，西靠冷水河村、本区麦积镇，北连伯阳镇、元龙镇、三岔乡。党川村是以驻地姓氏"党"命名的。1940年始设党川乡辖党川村。党川村地处小陇山腹地，宝天高速公路在全村通过，交通便利，环境优美，气候湿润，适合旅游、度假和避暑。党川村全村有10个村民小组，人口815人，215户，有少许回族，耕地2175亩，大多数以山地为主，现已发展成以华山松、白皮松、油松苗木为主的产业结构，农民收入得到了提高。

0044 中滩镇背湾村

简　介：背湾村位于天水市麦积区文化之乡三阳川中滩镇政府的西北角，距镇政府不足1000米，樊家城遗址脚下，全村241户，1138人。民风淳朴，以农耕种植业为主。听村里老人谈背湾村的前世今生，虽没有历史学术的严谨，但也能知晓一二。很久以前现在的背湾村所在地还没有人居住，大约晚清时期居住户数还不是太多，后面陆陆续续有外乡人在此安家落户，才发展成现在的样子。由于这里地势较低，四周的水到雨季时就会聚集到这里，泥水会漫过小腿，泥泞难行，所以大家给它取名叫"烂泥湾"。后来觉得这名太难听，又居于樊家城背后，就改名"背湾村"沿用至今。村里人口比较多的姓氏有师、杨、雷、李、赵、吴、王等。由此也可见背湾村居民的演化过程，并不是一个大姓发展而来，而是陆陆续续由附近乡镇迁移到此。

0045 中滩镇缑杨村

简　介：缑杨村位于三阳川中滩镇东南边，东边与蒲甸村相连，西边与高磨村相连，最早缑杨村主姓为缑，被称为缑家村，后在农业社建社时期，与就近的河里杨家村合并成为一个行政村，改名为缑杨村。地处渭河冲积平川，土质肥沃，适宜耕种，南边以蔬菜大棚基地相接。全村共470户，2370人。降雨比较频繁，有利于农作物的生长，种植以蔬菜大棚为主，还有部分耕地承包给了个体户，现已成为君木伴远养猪场。缑杨村是个文化历史悠久的村庄，有书法、绘画、武术等爱好的村民层出不穷，每年正月初九举办武术表演、象棋比赛以及其它活动，深受村民的喜爱和赞扬。村内有一颗前枝柏树，传说在很久以前，秋季降雨频繁，渭河洪水猛涨，眼看洪水就要淹没整个村庄时，河水流到前枝柏树突然下降，保住了村庄，为了纪念这颗柏树，缑杨村村民一代传一代，把这个传说流传至今。

0046 花牛镇董家沟村

简　介：董家沟村原系董氏家族为主，祖先为陇西人，在蜀汉三国时期，避战乱迁于天水郡，后居住在董家沟村，因依山而建，有一沟横贯村中，将村子分为南北两面，故而先人取名董家沟村。本村现有人口1025人，耕地约1500多亩，收入以务工为主。

0047 花牛镇花牛村

简　介：花牛村坐落于麦积南籍河畔，有一千五百多年的历史，华家、牛家、蔡家最早，集中居住在杨家崖下的一个山寨，因而取名华牛蔡，即花牛寨；1965年，天水市麦积区原二十里铺乡花牛寨果农把培育的红元帅苹果首次运往香港试销，为了便于辨认，技术人员在苹果箱上用铅笔标注"花牛"字样的记号。此后，"花牛"苹果销到英国、美国引起轰动，一举成名。同年，花牛寨果农还给毛主席寄送了两箱苹果，主席品尝后非常高兴，并在家用花牛苹果招待时任甘肃省省长的天水籍著名人士邓宝珊时称赞说："你家乡天水的苹果好吃！"后来，主席专门委托中办有关同志，给花牛寨两位村民致函表示感谢，并随信寄来了44.82元的苹果款。从此，"花牛"苹果名扬海外，成为世界著名品牌，花牛村也因此而得名。

0048　党川乡刘坪村

简　介：刘坪村位于党川乡西南部，距党川乡政府15公里，东北与花庙村相连，南邻观音村，西靠冷水河村，刘坪村现有人口520人，6个自然小组，呈一条南北通道，全长12公里，分散居住。清末民初，刘氏人家居住在这里，后人就叫刘家坪。在60年代以前叫刘家坪生产大队，后来改革开放初期改为刘坪村。本村的主导产业主要是育苗业，本村气候湿润，适合苗木的生长，主要粮食作物以小麦和玉米为主，畜牧业以猪、牛、鸡为主。

0049　中滩镇演营村

简　介：演营村地处麦积区中滩镇中心地段，由高磨村和熊家村两个自然村组成，2005年由于体制改革，把两自然村合并为一个行政村，当时有人提出叫高熊村，这个村名一是听起来不响亮，二是听起来不顺耳，有学识渊博的先生经过多次讨论，以附近著名的演营寺命名为演营村。该村共有303户，1437人。

0050　中滩镇谢坪村

简　介：谢坪村位于麦积区中滩镇渭河北西山坪干旱山区，属西北黄土高坡典型的山村，村子坐落于西山坪半山腰，海拔1210～1500米之间。南邻渭河峡谷，山麓连接麦甘公路，与卦台山相望，东至邈梁沟，北接五龙乡中庄，西与种田村接为邻庄，人口大至在由南向北的坡度递增梯台上居住，地势陡缓，庄子顶头原野平坦广阔，故村人习惯用"坪"或"坝子"来称呼这里的地貌。村子中先前姓氏单一，以谢姓为主，随着人口的繁衍发展和通婚往来，以及外来人口的迁移，出现了曹姓、马姓等杂居的现状。全村总人2352人，有12个村民小组，共496户。

0051 花牛镇水眼村

简　介：水眼村原名水眼寨村，位于北顷塬以下，藉河以北半山区，自古以来本村有一眼山泉，故称水眼，所以取名水眼村。全村总人口2083人，总户数490户，耕地面积2252亩，共有4个村民小组，以果树为主产业。

0052 中滩镇汪李村

简　介：在1966年前汪李村又叫汪家坪，传说500年前汪李人是从山西大槐树迁移而来，最早是一个姓汪的铁匠来到了此地，后来又来了一个李家的木匠，两人亲如兄弟，并在此地扎根，还组建了各自的家庭，开荒种地。1969年社教运动结束后更名汪李村。2001年撤乡换镇，为减轻农民负担，又将两村合并成一个行政村，也就是今天的汪李村。汪李村位于三阳川西山脚下，属半山半川，土地面积740亩，山地川地各占一半，人口有934人，全村人均土地面积为0.8亩，以种植为经济来源。

0053 党川乡夏坪村

简　介：夏坪村位于党川乡中南部，距党川乡政府20公里，东接石咀村，南邻火吉村，西靠马坪村，北连花庙村，夏坪村是具有百年历史的小村，现有农户91户，457人。道光二十一年（1841年），夏德发、夏德明、夏德池三兄弟逃难到这里，他们三兄弟在这里落户，所以以"夏"字为名，叫夏坪村。全村共有6个村民小组，以种植业为主。

0054 花牛镇毛集村

简　介：毛集村位于花牛镇南部山区，横河流域上游，地属干旱半干旱地区，全村共有人口708人，共分为4个村民小组，共有耕地682亩，种植以玉米、小麦为主；本村以毛姓人口居多，故而取名毛集村。

0055 花牛镇兴旺山村

简　介：兴旺山村位于麦积区花牛镇南山苹果基地，全村共有3个村民小组，132户，560人，人均耕地4.8亩，主要产业为苹果，拥有2000亩果园。村名最早因风大取名风旺山，历史演变为兴旺山。

0056 中滩镇杨成村

简　介：杨成村位于麦积区北路渭北山区的西坪山上，西与麦积区五龙乡接壤，东与秦安县千户乡毗邻，海拔1600米，是中滩镇海拔最高的行政村。杨成村村名据说是取自村里的两个主要姓氏杨姓和成姓。当然这个说法的真实性已经无从考证，但是现在居住的村民姓氏主要是杨，其次是黄和成。杨成村全村共有农户78户，总人口366人。主要经济来源是种植小麦、玉米、油菜、苹果、花椒等粮食作物和经济作物，以及农闲时劳动力打短工和青年人劳务输出。杨成村所处位置属温带半温润气候，其特点是冬无严寒，夏无酷暑，气候温和，四季分明，日照充足，降水适中，适宜人居住和农作物生长。

0057 麦积镇刘坪村

简　介：因以刘姓人为主而得名，刘坪村地处麦积镇西北部，属半山区村，距镇政府约3.5公里。全村现有人口134户，613人，共有3个村民小组，全村耕地总面积1910.55亩，其中退耕还林面积973.9亩。经济收入以种植及劳务收入为主，2013年度农民人均纯收入4600元。

0058 琥珀乡霍家沟村

简　介：据琥珀乡霍家沟宝池观史料记述，周灭商而有天下，文王子武王分封列土，武王封其弟叔处于今山西霍州市一域为霍国国君，叔处子孙在霍山周围汾河流域繁衍生息，成为霍姓的源头。霍姓人氏由其发源地山西向外迁徙的历史始于秦汉之际，乡里老人说，明永乐年间，由于各种社会矛盾，皇家出台移民政策，霍姓两兄弟带领同宗族亲属一班人，跨越黄河，踏进甘肃，有些落户新阳霍家坪等地，霍姓两兄弟西行至琥珀乡境内，霍老大访得比较偏僻而贫瘠的山沟为栖身之地垦荒种地，形成了今天的霍家沟。该村东邻高方村，南邻康李村，西邻新阳镇，北邻罗家村。全村288户，1399人。

0059 琥珀乡霍家川村

简　介：霍姓是周文王的第六房子孙，始祖霍叔处。霍姓人氏由其发源地向外迁移始于秦汉，迁徙至河南、河北、山东等地，宋朝又有霍姓人氏迁徙至广东、海南、江苏和福建等地。明永乐年间（1403-1424）由于各种社会矛盾皇家出台移民政策，当时有霍氏两兄弟带领同宗亲属一班人一路西行至天水境内，一行人化整为零分移至立远乡霍家山、渭南镇霍卢家、西山平乡霍家坪、新阳镇霍家坪，最后两兄弟西行至琥珀乡境内，经观察那些阳山、浅山比较好的山地，被早先的罗、马、高、方等部族开发居住，霍老大只好选了偏僻而贫瘠的山沟霍家沟，霍老二来到了动荡多变的渭河边，依山而居，挖窑扎寨，治理河滩，征服山洪，开挖渠道，终于开拓了琥珀乡唯一的一块小盆地霍家川。

0060 麦积镇杨何村

简　介：因杨姓人跟何姓人居多而得名，杨何村位于镇政府正北方向，距镇政府15公里，直线距离4公里，距天水火车站32公里，直线距离18公里。杨何村属半山区村，全村共有住户292户，1316人，共有4个村民小组，全村耕地总面积4485亩，其中农作物播种面积3880亩。

0061 花牛镇杨家河村

简　介：杨家河地处渭河流域，全村共4个村民小组162户，658人，耕地面积1189亩，以种植小麦、玉米为主，杨家河因杨姓人口居多，故称杨家河村。2005年2月，杨家河与八土河村合并为杨家河村，办公地点在杨家河。

0062 花牛镇卜王寨村

简　介：卜王寨村以前叫卜郎村，有一名走街串巷的货郎，因腿瘸着，后定居此地，故取名卜郎，后演变为卜王村。本村位于横河流域中段，共3个村民小组，总户数256户，人口942人，以种植业为主。

0063 花牛镇阳坡村

简　介：阳坡村位于北顷塬以下，藉河北面的北山坡，由于地势向阳，四季日照充足暖和，所以起名阳坡村，距今已有600多年历史。全村278户，人口1087人，耕地面积山地约1600亩，川地600多亩。

0064 琥珀乡高方村

简　介：现高方村是2006年行政区化调整中，将原高家村和方家村合并为一个村，取原高家村和方家村第一个字而得高方村村名。原高家村和方家村村民祖籍在山西某地，在明朝政府官方组织的山西洪洞县百万大移民工程中，祭祀了先祖，告别了大槐树，离开了山西地面向西行进，沿途定居，继而迁走，迁后定居，最后到了秦州，定居到了现在的高方村至今。该村东临新阳镇，南临西山村，西临罗家村、霍家沟，北临霍家川、马家坡。全村291户，1246人。

0065 麦积镇街亭村

简　介：因街亭古镇而得名，街亭村习俗上称为"街亭古镇"，当地人又称作"街上"，主要由东、南、西、北十字交叉的4街构成，也是古镇经济文化中心。街亭古镇历史悠久，文化灿烂，是《水经注》《秦州直隶新志》记载的轩辕黄帝诞生地，是放马滩先秦木板地图中有明确标志的古镇，是"华夏第一县"上邽县治的所置地，又是杜甫流寓东柯的胜地，也是陇右唯一至今明清风貌保持比较完整的历史古镇。街亭古镇夏、商、周三代属雍州，先秦时设亭，称街亭，属邽县，汉景帝时期为上邽县县治所在地，北魏为镇，西晋属秦州，宋时为"天水县东柯社第三保"（见街亭出土宋墓志铭），明属巩昌府直隶秦州，清朝至民初为天水县街子镇，新中国成立后为朝阳区，"文革"后为街子乡，2004年撤乡并镇将街亭村划属麦积镇。

0066 中滩镇陈大村

简　介：陈大村最早称为"大庄里"，因居住人口主姓为陈，故名陈大村。陈大村位于人文始祖伏羲故里三阳川中滩镇东北部，地处葫芦河冲积肥沃耕种区，全村总人口共450户，2280人，耕地面积1100亩，交通便利，历史悠久，文化繁荣，自然条件良好。相传大约明末清初有陈姓人家逃荒于此，后开垦，生息繁衍至今。陈大村地形是由渭河与葫芦河冲积、侵蚀而形成的河谷盆地，其河北属于黄土高原南缘，河南属于西秦岭北支系山脉，海拔1100米左右，气候温暖，四季分明，雨量适当，属于温带气候。

0067 中滩镇文岔村

简 介：相传此地在清末以前以汪姓人为主，大约在二十世纪初发生的一次大的山体滑坡中，汪姓人全部遇难。后来由文氏人寻找水源落户于此，现以文姓人为主。因地处在山路分岔处，两边都是山沟，因此命名为文岔村。现全村有110户，512人。2004年以前属西山坪乡，2004年1月因撤乡并镇将其划归中滩镇。属大陆半湿润季风气候，冬无严寒，夏无酷暑，气候温和，四季分明，日照充足，降水适中，年平均降水量600毫米。交通便利，紧邻天巉高速，距离中滩镇仅6.2公里。

0068 党川乡火吉村

简 介：火吉村位于党川乡南部，距党川乡政府30公里，东南与陇南市两当县太阳乡相连，西靠马坪村，北连夏坪村，本村共有165人，39户。共有2个自然小组。火吉村原名金鸡山，在很久以前，人们就发现这里有着丰富的金矿，在开采过程中，发现了"金鸡"，于是人们便将这里称为"金鸡山"，在一代代相传中又变成了"火鸡山"，后来又将"鸡"字改为了"吉"就是现在的火吉村。火吉村与陇南相连，只有一山之隔，地处嘉陵江上游，花庙河弯弯曲曲从村庄中过，将整个村落从中间分开，这里山清水秀，气候怡人，是人们观光旅游的好去处。

0069 中滩镇毛家村

简 介：毛家村是中滩镇下辖的一个行政村，位于中滩镇中部，在渭河与葫芦河流域中间，是中滩镇公路沿线村之一。共有345户，1640人，占地8940亩，其中耕地6700亩，林地980亩，村占地1260亩。毛家村交通方便，地理环境优越，人民生活勤劳而淳朴，是个美丽的小村庄。中滩镇毛家村已有几百年的历史，在宋元战争时期，由于蒙古人打入中原，在统一中国后，他们实行等级分明的民族区分，而汉族被排在最末，蒙古族及其他少数民族占用汉族人民土地，驱逐汉人，因此汉人逐渐往各地迁徙。毛家村的先祖也不例外，他们原先居住在山西省的一个叫槐树村的地方，生活所迫致使他们往西北地区迁移。在迁徙到天水之后，他们决定在这块土地上生活。在彻底稳定之后，因为迁徙来的人之中以毛姓人最多，因此在村里人的共同商量之下，命名为毛家村。

0070 中滩镇刘阳村

简 介：刘阳村地处中滩镇西北部。现有3个自然村，分别为杨岘、刘阳、刘硬。2003年以前，由西坪乡管辖，分别为3个独立的行政村，杨岘村方言称为岘口，以姓杨和姓漆的人家为主，是原西坪乡政府所在地，地处交通要道，后右公路横穿村落。西坪中学、杨岘小学、杨岘卫生院都就坐落在杨岘村。刘阳村方言称为"刘家寨子"，地处西坪山的阳面，因此方言称其为"阳山"，又因以姓刘为主，所以得名为"刘阳"。

0071 琥珀乡康李村

简 介：因康李二姓村民移居本村最早，故命名为康李村。该村东临西山村，南临郭文关村，西临新阳镇，北临霍家沟。全村278户，1321人。

0072 麦积镇宏罗村

简 介：因村子内有宏罗寺而得名，宏罗村位于麦积镇北部，元温公路旁，距麦积区29公里，临近街子温泉度假酒店，全村共有387户，1846人，共有8个自然小组，耕地面积4030亩，为曹温梁万亩优质花牛苹果基地的主产区，全村共栽植苹果7000余亩，村庄沿元温公路（元店至温泉）至麦贾公路分布，交通方便。

0073 琥珀乡新军沟村

简 介：三国时期蜀汉大臣诸葛亮在228年至234年发动北伐战役，当初琥珀乡叫"行军"，后诸葛亮因为返程路山大沟深，"沟"字因而得名，后由新阳公社分为凤凰公社改为"新军沟"，1952年从凤凰乡分属，后张氏家族人改为"新军沟村"，于2004年并入琥珀乡至今。

0074 党川乡花庙村

简 介：花庙村位于党川乡中部，距党川乡政府10公里，东接石咀村，南邻夏坪村，西靠刘坪村、冷水河村，北连党川村，1958年9月花庙、观音合并为花庙公社，1966年2月党川区撤销，花庙、观音并入党川公社。1983年12月党川公社改为党川乡，辖花庙村沿用至今。花庙是古代丝绸之路的要塞，驼队下四川、汉中，途经花庙街，有陕西商人、商铺。传说花庙有个神庙，内有优美非凡的造型，精湛的画工，故名传四方，从而得名花庙村。

0075 花牛镇九峪村

简　介：九峪村位于花牛镇东南部山区，属干旱山区，因有九条沟汇聚而得名。九峪村现有330户，总人口1300人，耕地面积5800亩，以种植小麦、玉米为主。2005年2月，九峪由郭家窑合并为九峪村。

0076 花牛镇吴庄村

简　介：吴庄村位于籍河北岸，紧靠靳庄、峡口，全村共有6个村民小组，390户，1731人，耕地面积2350亩，经济收入以种植葡萄为主。吴庄村村名以吴姓人口居多，故取名吴庄村。

0077 琥珀乡西山村

简　介：西山村位于琥珀乡东部山岜地区，距乡政府所在地15里路。全村有186户，829人，5个自然村（胡家坪、大庄里、周家山、窑门、大地里）。相传西山是新阳镇胡家大庄的分支，西山位于新阳镇胡家大庄西边山卩，村里大部分人与胡家大庄人一样都姓胡。据说，胡家大庄有三兄弟，川里地少无法供给三家人生活，而胡家大庄的西边，即现在的西山村，土地多而且肥沃，所以为了方便种地，三兄弟中的老大带着全家及老二的部分家人迁移至西山，时至今日西山被划分给琥珀乡，虽然地处琥珀乡东边，但依然叫西山。

0078 党川乡冷水河村

简　介：冷水河村位于党川乡西部，距党

川乡政府20公里，东接刘坪村，南邻新庄村，西靠秦州区娘娘坝镇，北连本区麦积镇，因本村有一条弯曲的小河流经本村，而这条河的水温很低，清凉可口，而且夏天河水也是很冰凉，因此大家都叫这条河为冷水河，因而这个村也就叫作冷水河村。冷水河村全村86户，人口306人，本村四面环山，风景优美，气候宜人。

0079 党川乡观音村

简　介：观音村位于党川乡西南部，距党川乡政府20公里，东南与马坪村相连，西靠新庄村，北连刘坪村。观音村又叫观音殿，以前又叫进忠庵，在清朝年间进忠庵起火，传说观音菩萨经过此地，救灭了火，道光十九年人们将进忠庵重修，改名叫作观音殿，观音村因此而得名。全村人口560人，共有5个自然小组，本村位于娘娘坝镇下游，这里山清水秀，风景优美，气候条件好，是夏季旅游、避暑的好去处。

0080 琥珀乡唐温村

简　介：温氏起源于夏代，距今已有约四千年的历史。西周初，温人一支向西迁到甘肃祁连山，与月氏人相遇，成为月氏人中的温部落，再往西迁的温人在新疆南部建立了温宿国，成为汉代西域三十六国之一。唐姓的最早来源当出自祁姓，也称伊。祁氏，是陶唐氏的后代。到夏朝时，丹朱的裔孙刘累迁到鲁县，刘累的子孙仍然有一部分人居守在故地。商朝时，改号为豕韦氏。周朝时又改为唐公。周成王时，唐国发生动乱，周成王派周公灭掉唐国，将其地封给了他的弟弟叔虞，并将唐公迁到杜城(今陕西长安)，降其爵位为伯。唐国灭亡后，其子孙就以唐为姓氏。经过历史的演变，唐姓人和温姓人的后代散住在琥珀乡，唐温村主要是唐姓人和温姓人组成，唐氏一族形成一村，名称唐家庄，而温姓人较多，分为新庄里和旧庄里。由于这三个自然村人口较少，为便于管理，后来合并为一个行政村，以唐姓人和温姓人的姓氏命名，故称唐温村。

0081 琥珀乡郭文关村

简　介：郭文关行政村由3个自然村组成：郭家尧、文家山、关家咀，故名叫郭文关。该村东临张家寺村，南临新阳镇，西临唐温村，北临康李村。全村282户，1387人。

0082 花牛镇沈家河村

简　介：沈家河村地处渭河流域河谷地带，为花牛镇最北的村庄，现有人口1030人，所辖6个村民小组，全村耕地面积1730亩，经济收入以种植和劳务输出为主。本村村名因早期居住在此的沈姓为主而得名，后由于历史变迁，沈氏后人搬迁到三阳川的沈家村，但村名一直沿用至今。

0083 中滩镇四合村

简　介：四合村位于天水市麦积区中滩镇的川区地带，葫芦河以南，渭河以北，东与陈大村为邻。全村由蒋庄、李庄、陈庄、王庄4个自然村组成，故名四合村，共有512户2289人。全村经济收入以种植、养殖、务工为主。过中滩镇主街区从雷张公路向东行驶两公里处向北进入四合村演营大道，村口大门正面有著名书法家陈石先生书写的"羲皇故里四合村"，彰显着四合村村民淳朴善良、勤劳朴实的优良传统。位于四合村的演营寺，相传唐朝樊梨花占据樊家城时曾在该寺演练兵马，故名演营寺。可惜，寺内殿宇和一些古柏在"文革"期间被毁，现存的四棵苍劲有力的古柏，其中一株仅次于天水市南郭寺的"南山古柏"，位列天水市第二古柏。

0084 琥珀乡张家寺村

简　介：张家寺坐落于琥珀乡东部。东临新阳镇，南临唐温村，西临郭文关，北临西山村。地势凹陷，这里的人们醇厚朴实，以务农为主。随着社会发展大多数年轻人外出务工谋生。相传，张家寺先祖是山西大槐树人，由于自然灾害流落到此，见这里地势险要，土地良多，就落户于此，繁衍至今张家寺已成为有181户、829人的村庄，分布在3个自然村，即李家台子、新农村和庄里，又因为在这个地方原有个寺庙叫庇鹿寺，在村民的口口相传下，此地就被叫成了"张家寺"。

0085 中滩镇霍坪村

简　介：霍坪村位于中滩镇西山坪浅山区，全村共146户，661人，耕地887亩。全村以霍、李两家姓为主，相传明末有霍姓的一家来此安家繁衍生息，加之西山有5个坪（谢坪、漆坪、李坪、霍坪、丁坪），地势相对平坦，故得名霍家坪。

0086 中滩镇后川村

简　介：后川村由后川、陈窑两个自然村组成，位于麦积区中滩镇以北，葫芦河畔，属于半山半川区，距离镇政府约2公里。天巉公路、秦南公路依村而过，全村共有359户，1627人。总耕地1493亩，川地700亩，山地793亩，是麦积区农业生产条件较好的地带。后川最早的历史可以追溯到大禹治水时期，大禹治水后，由于地理位置优势逐渐被最早的一些移民发现，这些移民主要是来自山西洪洞大槐树，这些最早的移民定居在此后取名为后川里，川既说明了后川所处地势的平坦，也取河流川流不息之意。里则是早先人口的计量单位，后川里的名称一直沿用到解放前，解放后叫后川村，后来在"文化大革命"时期又改名为燎原村，后来又恢复了后川村的叫法。后川村由后川和陈窑两个自然村组成，到2007年，为了便于管理又将后川、陈窑两个自然村合并为一个行政村。

0087 琥珀乡杨家湾村

简　介：杨氏起源于春秋战国时期，距今已有2779年的历史，从周武王分封其弟虞于唐邑，以国为氏，建立了杨国，之后护城河水曾经在此处形成河湾，好像岸边的凹陷处，便于停船的港湾一样，湾字因而得名，经过历史的衍变后由杨氏家族的人命名为"河湾村"，杨家湾是由杨姓和河湾二字组成，杨氏家族人认为这里是山区地带，所以又被改为"杨家湾村"，2004年由凤凰乡并入琥珀乡至今。

0088 桥南街道陇林社区

简　介：陇林社区成立于2001年9月，由桥南街道办事处原陇林居委会、分路口居委会和育才居委会合并而成。因辖区单位小陇山林业局片区而得名。有常住居民2700户，7443人，辖区占地面积1.2平方公里，驻社区企事业单位7家。

0089 麦积镇红崖村

简　介：因村内有一山崖颜色为红色而得名，地处麦积镇东南河谷地带，属半山区村，距镇政府约10公里。全村现有人口179户，759人，共有4个村民小组，全村耕地总面积3600亩，其中退耕还林面积1224亩。

0090 花牛镇高家湾村

简　介：高家湾村位于羲皇大道中段，现有人口1390人，户数286户，耕地面积1620亩，有回族、汉族，经济收入以种植业、生态观光餐饮、运输、租赁为主，本村以"高"这个姓氏和地形特点，而取名高家湾村。

0091 花牛镇翟山村

简　介：翟山村地处天水市南面，位于南山万亩苹果基地中心，本村共4个村民小组，耕地面积2222亩，总人口408人，现主产业为苹果，拥有1038亩；因本村翟姓人口多，又靠山而居，所以起名为翟山村。

0092 花牛镇邓庄村

简　介：邓庄村位于天北高速中段，籍河北岸，因邓姓人口居多，故而得名邓庄村，也是邓宝珊将军故乡。距今已有800多年历史，有3个村民小组，1200多人，200户人家，耕地以山地为多，产业以耕种为主。

0093 麦积镇北湾村

简　介：因位于街亭北面，又在山湾之间而得名。麦积镇北湾村地处麦积镇正北，属山区村，距镇政府约15公里。全村现有人口170户，680人，共有4个村民小组，耕地总面积2000亩。

0094 中滩镇余峡村

简　介：据《风俗通》载，余姓为"由余之后，世居歙州，为新安大族，望出下邳、吴兴"。历史上，余姓基本上是一个较典型的南方姓氏。余氏最早的发祥地应在今陕西凤翔至咸阳一带，具体搬迁情况因缺乏资料，故难以详考。余峡村位于中滩西5公里处，距麦积城区约55公里，早先因此处位于渭河流域峡口处，依山傍水，绿荫葱葱，南北环山，东西渭河经过，适宜耕种生活，余氏定居于此，故名为余峡村。最先划分在渭南镇，后于2004年初划分到中滩镇，现有人口165户，705人，人口呈长方形分布，比较集中。耕地以山地为主，总面积1600亩，以玉米和小麦为主。

0095 麦积镇草滩村

简　介：因村子位于一片滩涂地带而得名。地处麦积镇的西南部，在麦积山景区的核心区域内，与著名的麦积山石窟遥遥相对，全村共有4个村民小组，191户，935人，总耕地面积2437亩。

0096 花牛镇东缑村

简　介：东缑村属于籍河北岸山区村，全村现有89户，390人，两个村民小组，耕地面积1395亩，其中果园面积60亩。该村由东湖湾和缑家湾两自然村组成，因而取名东缑村。

0097 麦积镇滩子村

简　介：因村子位于一片滩涂地而得名，位于麦积镇东北部，景区环道旁，距麦积区31.5公里，现辖5个自然小组180户，800人，总耕地2680亩。经济发展以小麦种植、劳务产业为主。

0098 花牛镇安坪村

简　介：安坪村位于花牛镇南山半山，全村现有人口1100人，村内以苹果、樱桃收入为主，兼农牧业。村内以陈姓、安姓为主，由于陈姓人口逐渐减少，故而改陈家坪为安家坪，现为安坪村。

0099 花牛镇田家窑村

简 介：田家窑村地处天水市南面，位于南山万亩苹果基地中心区域，本村共有4个村民小组，现有人口1276人，耕地面积2023亩，主要经济收入为种植苹果。本村因田姓人口居多，且村民大多居住窑洞，所以取名田家窑村。

0100 花牛镇河湾村

简 介：河湾村位于渭河北岸，全村5个村民小组，110户，565人，耕地面积1207亩，以种植小麦、玉米为主，由于地处渭河流域冲刷形成的湾道内，故取名河湾。

0101 花牛镇元柳村

简 介：元柳村因村里长有一颗近千年的柳树而得名。元柳村位于花牛镇政府西南山区，现有人口656人，分为两个自然村，现有耕地1100亩，均种植苹果树，经济收入以劳务输出为主。

0102 琥珀乡马家坡村

简 介：马家坡村隶属于甘肃省天水市麦积区琥珀乡，相传为赵奢的后裔（赵奢，嬴姓，赵氏，名奢。战国时代东方六国的八大名将之一，被封马服君，后简曰"马"氏）。元末明初，中原一带十室九空，而山西则经济繁荣，人口稠密。为平衡地方人口，发展农耕，明政府在洪洞大槐树下设局驻员，集结万民，发放物资，遣赴各地，马家坡的祖先就是随着这一迁徙大潮来到甘肃省天水市的。经过祖祖辈辈的口耳相传，"问我故乡何处是？山西洪洞大槐树。祖先故居叫什么？大槐树下老鸹窝"的民谣还会时常响起。据说，当时有马家三兄弟携家带眷来此，起初是定居在山脚的平川地带，后来在实践中发现平川地易发生洪涝灾害，土地容易发生板结，因此，勤劳的马氏先祖继续向附近的山坡上搬迁。山坡北临滔滔之渭河，南视青青之高山，坐北朝南，落于蟠龙山之坡。古有"山环水抱，藏风聚气"之说，马家坡村正是应此说而选址建村。几百年的繁衍之后，逐渐形成今日之规模。

0103 花牛镇赵崖村

简 介：赵崖村地处羲皇大道沿线，交通便利，地理优势明显，人口2008人，农业产业以苹果为主，近年人均纯属收入达到3500元。历史上最早该地区居住以赵姓为主，时至今日，赵姓依然是全村大姓，故名。

0104 五龙乡谢家咀村

简　介：据老人讲，该村因原谢家坪部分谢家姓氏迁入此地山咀上居住而得名。1961年划归为石洞公社，1971年划归为五龙公社，1983年五龙公社变更为五龙乡后，属五龙乡至今。东与中滩种田湾相望，西至温家湾，南与新阳蚰蜒咀相连，北与汪家山王窑自然村相连，全村共有两个小组164户，753人，现有耕地1347亩，全村经济收入以劳务及农业为主。

0105 新阳镇坚家山村

简　介：天水市麦积区新阳镇坚家山村，村民以坚姓为主，位于凤凰山南面，交通比较便利，以山地为主，这里物产丰富，人杰地灵，百姓和谐。全村190户，900人，耕地面积1561亩。

0106 社棠镇柏林村

简　介：柏林村由沙湾里、大湾里、石咀3个自然村组成，共有7个组，340户，1986人。现大部分人以务工为主。最早叫沙湾里，后因北山上大量栽植柏树且成林而改名柏林村。2005年2月，石咀与柏林村合并为柏林村，办公地点设在柏林村。

0107 新阳镇席寨村

简　介：席寨村由席东村和席西村合并而来，地处凤凰山山脚，为全国道教协会会长任法融故里。全村286户，1340人，耕地面积2292亩。

甘肃省文化资源名录 第三十一卷 地名文化Ⅱ 村、社区

0108 渭南镇张元村

简 介：张元村位于渭南镇中部川区，耕地面积1610亩，现有户数339户，人口1651人，共有5个村民小组，经济收入以出外务工和种植业为主。原名张原村，1983年更名为张元村，村内有"张、赵、杨"三大姓氏，其中，张姓由回族汉化而来，赵氏源于山西大槐树三兄弟逃难，落户此地而来，杨氏则是渭南镇渭东村杨家移居而来。

0109 新阳镇肖王村

简 介：肖王村是由原肖王村和硬瓜村于2004年村组合并而来，人口以肖王村为主，故名之。地处麦积区新阳镇南部凤凰山南侧，距离镇政府13公里。全村179户，828人，耕地面积1710亩。

0110 伯阳镇下坪村

简 介：下坪村位于伯阳镇西，地处秦岭支脉的柴家坪，北依渭河为界，隔河与兴仁村相望，西与西坪村紧密相连，310国道纵向越山岭而过。全村330户，1580人，在2006年时与下河村合并为下坪村委会。下坪村历史悠久，距柴家坪古遗址一里之交，这说明在5000年以前就有先民散居而繁衍生息。宋朝年间，山西解州夏县的夏氏一宗族，先迁入雍州柴塬后又迁至翟家坪，夏氏宗族为不忘祖先原居地，将翟家坪改名柴家坪，以做纪念。

0111 石佛镇裴家腰庄村

简 介：村里大多数人姓裴，生活条件艰苦，居住环境恶劣，处于半山腰上，因此村名叫裴家腰庄村，下辖平路上、腰庄、何家庄，腰庄村坐落于宝峪沟中段，地形复杂，条件艰苦，全村90户，370人，总耕地面积1410亩，由于经济条件的制约，主要种植小麦、玉米，有几户种植果树。

0112 马跑泉镇团庄村

简　介：马跑泉镇团庄村有 8 个村民小组，4666 人，1010 户。地处天水市麦积区城郊，坐落在卧牛山之麓，渭河之畔。著名的马跑泉遗址——仰韶文化、齐家文化遗物的地下宝库就在团庄村，1963 年 2 月 21 日，被认定为省级文物保护单位。

0113 石佛镇夏家村

简　介：最早是由姓夏的一户迁此定居，一直沿袭至今，如今大多数人都姓夏，所以叫夏家村。夏家村位于石佛镇东边，全村 6 个村民小组，总人口 1367 人，总面积 2134 亩，村庄交通便利，以农业生产为主导产业，大力调整产业结构，在山地种植果树。

0114 渭南镇团庄村

简　介：团庄村位于渭南镇东南部，陇海铁路及麦甘公路以北，全村 165 户，812 人。该村在铁路和渭河流域中间，因此叫团庄村，经济来源以西瓜、小麦、玉米及其他农作物为主。

0115 马跑泉镇新胜村

简　介：马跑泉镇新胜村位于稠泥河流域，北靠南山万亩果园基地，南接甘泉镇，东邻闫家庄村，西邻龙槐村。由 6 个自然村组成，有 8 个村民小组，1820 人，398 户。原名杜庙大队，"文化大革命"时期变更为胜利大队，后来又改为新胜村。

0116 五龙乡王家咀村

简　介：据老人讲，由于王家咀居民居住在山咀，起名为王家嘴村，即王家咀。2004 年之前，本村属西山坪乡，2004 年之后划归为五龙乡至今。东与中庄村斜望，西靠周家山村，南与汪家山村相连，北与张强村相望，本村共有3个自然村，82户，345人，现有耕地977亩，居民收入以劳务收入为主。

0117 利桥乡墁坪村

简　介：墁坪村位于利桥乡东北部，北接党川乡，南接杨河村，西接秦岭村，东与东岔乡相连，有利桥北大门之称。境内村民全部为汉族，人口111户，510人，农作物以玉米、小麦、马铃薯为主。1983年12月，成立利桥乡墁坪村，沿袭至今。

0118 石佛镇张家湾村

简　介：张家湾村地处石佛镇北部干旱山区梁峁地带，东临清水县郭川乡，北临云山乡，是本镇较偏远的山村之一，因村庄坐落在一湾形地带，过去以张姓为主，故称张湾。全村共4个村民小组，226户，1026人，耕地面积2678亩。

0119 马跑泉镇闫家庄村

简　介：马跑泉镇闫家庄村位于稠泥河流域，北靠南山万亩果园基地，南与崖湾村相望，东邻大柳树村，西邻新胜村。由7个自然村，11个小组组成，总人口约1860人，以农业为主。地处山区，由于闫姓村民多故取名闫家庄村。

0120 新阳镇石坡村

简　介：地处新阳镇南部浅山区，距镇政府约5公里，全村现有人口205户，976人，共有5个村民小组，全村土地总面积1652亩，经济收入以农作物种植为主。

0121 五龙乡张强村

简　介：村内以张姓和强姓为主，村内一条大沟将村庄一分为二，因此村庄命名为张强村。据前辈讲，张强村张姓人是从山西大槐树搬迁至此。张强村原属天水市北道区西坪公社，在2004年撤乡并镇后，由张沟村和强庄村合并，行政归属于五龙乡。全村共有

5个村民小组，185户，796人，村民收入以务工和农业生产为主。

0122 五龙乡陈家山村

简　介：陈家山地处五龙乡北部，人口1012人，村内有陈、张、巩、岳、安、景、田、温等八姓氏，但以陈姓为多。因地处山腰，且以陈姓为主而得名。在民国期间，属秦安管辖，解放以后成立乡政府，命名为石洞乡陈家山村，成立人民公社后，命名为五龙公社陈家山村生产队，1983年为五龙乡陈家山村至今。东接石洞沟村，西连岳家湾村，南与梁家庄相望，北靠上石村，全村共辖2个自然村，220户，967人，现有耕地1785亩。

0123 五龙乡陈家湾村

简　介：陈家湾村因渭南镇陈氏搬迁本地，居住在山腰躺湾地而得名，解放前由秦州天水管辖，新中国成立后为西山坪公社，后在西坪公社改为西坪乡后，属西坪乡管辖。2004年经撤乡并镇划归为五龙乡管辖，东接中滩镇杨成村，西至雷窑村，南与常渠村毗邻，北与千户乡何吕村相望，全村由陈湾和陈山两个自然村组成，全村共有农户170户，862人，现有耕地1568亩。

0124 利桥乡杨河村

简　介：杨河村位于利桥乡东南部，处于秦岭山脉西端，东临陕西省凤县唐藏镇和陇南市两当县张家乡，与蔚民村、吴河村、利桥村、墁坪村相邻。

0125 新阳镇赵胡村

简　介：赵胡村由赵家湾和胡家沟两个自然村构成，故而得名赵胡村。位置处于新阳镇凤凰山山区。全村115户，560人，耕地面积1270亩。

0126 甘泉镇廖庄村

简　介：廖姓有以国为氏和以人名为氏两支。以人名为氏之廖出自周文王姬昌的儿子佰廖，佰廖的后代以他的名字为氏。廖氏早期主要是在今河南的上蔡、平舆、汝南等县发展，因这一带西汉初属汝南郡，故廖氏族人皆称先世居汝南。廖氏在隋代以前已有族人迁至今河北、湖北、湖南、福建、广东等省。廖化的四世孙廖子璋西晋武帝咸宁二年任镇国大将军，廖子璋的二世孙廖廷龄任武威太守，其后代在甘肃繁衍生息，在甘肃形成了廖家庄、廖家岘、廖集寨、廖家磨。

0127 渭南镇青宁村

简　介：地处渭南镇中部310国道旁，村里有北魏时期建造的早阳寺。环境优美，民风淳朴，村名青宁村，取清净安宁的意思。村里以张姓跟李姓人居多。现有人口196户，960人。

0128 甘泉镇云雾村

简　介：云雾村地处甘泉镇甘江发源地，现有居民2860人，6个自然村，分别为刘家山、朱家岭、上河村、胡家庄、安庄村、景家山。本村依小陇山林区，青山环绕，绿水相伴，景色秀丽。相传明代因地震灾害，庙宇无法修复，迁至普陀里，这里早晨常有云雾出现，景色优美，胜似仙境，取名云雾山，名字一直沿用至今。邓宝珊秘书冯国瑞曾于1962年在云雾山养病数月，留下许多书画墨迹，现藏于麦积山文化馆。

0129 社棠镇刘尧村

简　介：本村共计137户，637人，村民主要种植玉米、小麦、菜籽、桃、杏等。村民以刘姓居多，以前村民都是居住窑洞，所以叫刘窑村，现改为刘尧村。

0130 渭南镇刘沟村

简　介：刘沟村地处渭南镇西部，与新阳镇接壤，属半干旱浅山。距镇政府15公里，全村共有249户，1225人，耕地面积3365亩，2011年度农民人均纯收入3185元。

0131 伯阳镇马岘村

简　介：马岘村在伯阳镇西南8公里，处西秦岭北麓的大坪岭马岘梁，全村154户，840人，由马岘、张家庄、莫家庄组成。近年来，将果品产业作为支柱产业，大力发展红苹果系列、红富士等。

0132 渭南镇毛村

简　介：毛村位于渭南镇东南部，陇海铁路及麦甘公路及渭河流域以南，全村250户，1310人。1921年后，姓氏以毛姓为主，在正阳最下面就叫毛家底村。现在变更为毛村，交通便利，气候宜人，适宜人居，经济来源以杏、小麦、玉米、油菜及其他农作物销售以及外出务工为主。

0133 东岔镇腰庄村

简　介：腰庄村地处小陇山林区，距东岔镇16公里。其名称由腰庄村二组地名"腰庄"而命名，原因有二：一是地处在全村中间，以人形象比喻中间为"腰"，取名腰庄；二是大多数村民在上世纪六十至八十年代居住于半山腰，根据老者回忆，以前曾改名叫红光大队，后来恢复了腰庄村，沿用至今。全村现有6个村民小组，155户，638人，其中党员28名。耕地面积1348亩。

0134 伯阳镇南集村

简　介：南集村位于伯阳镇西北，依渭河以北而居，临界清水县，陇海铁路沿村而过，在村东北有南集火车站。全村245户，1145人。

0135 甘泉镇归凤村

简　介：龟凤山是长江、黄河流域分水岭齐寿山脉的支系，坐落于大江峪沟最中段归凤村老王河庄南山。龟凤山下的老王河村是大江峪18庄的中心，自明朝以来，这里经济繁荣，人口众多，以张、杨、陈、肖、邓等姓氏居多。新中国成立后，党和政府为了便民利民，就在老王河成立了"归凤公社"。为何取"归"而不用"龟"呢？是因为"归"有回来、带来之意，能给人民带回来吉祥、幸福的生活，还借用了"龙凤呈祥"之意，祝愿大江峪人民永远增福、增禄、增寿，故而取"归"。后来，因行政区域调整，撤去了归凤公社，老王河又演变成归凤村，划归甘泉公社即现在的甘泉镇管理，后来有的人把龟凤山又写成了归凤山。

0136 社棠镇东山村

简　介：本村位于渭北干旱浅山区，全村104户，487人，耕地面积830亩，人均1.7亩。主要种植玉米、小麦、葡萄、苹果等。本村原名叫杨家寨，是因都是杨姓人居住，后因东姓人移居，清朝道光年间改为"东杨家寨"。后来因东姓人的繁衍增多，在师公祭庄时正式更名为东山村。

0137 东岔镇曹坪村

简　介：曹坪村地处秦岭山脉腹地，位于东岔镇东南部，气候温润，海拔1130米，距镇政府所在地6公里。曹坪村共有6个村民小组，群众分散居住在东岔河两边，全村共有141户，总人口613人，耕地面积1082亩，人均耕地面积1.7亩，退耕还林面积5148亩。

0138 石佛镇黄家庄村

简　介：最早是由一户姓黄的迁徙至此，一代一代繁衍至今，大多数都姓黄，所以叫黄家庄。黄庄村地处麦积区石佛镇葫芦河北岸，地势独特的莲花山（俗名高寺咀）下，村内报恩寺历史悠久，西南角有伏羲开天辟地之卦台山，为东南角有秦州八景之一。

0139 石佛镇王家窑村

简　介：在很久以前，这里生活艰苦，环境条件恶劣，王姓的人比较多，并且他们大多居住的是窑洞，所以叫王窑。全村共1个自然村，3个村民小组。169户，788人，总耕地面积2358亩，由于位于干旱山区，所有耕地为山地，以种植小麦、玉米为主，少量种植林果业。

0140 马跑泉镇余家山村

简　介：马跑泉镇余家山村位于东柯河以西，北山林带以南，东与沽沱村相邻。有532人，110户，以农业为主，主要种植小麦、玉米等，耕地面积1671亩。由于居住山上，以余家大姓为主，故村名为余家山。

0141 伯阳镇保安村

简　介：保安村位于伯阳镇东北，是伯阳镇的东大门，位于保安山北麓，因此而得名。全村310户，1430人，由蔡阳川、保安、兴平3个自然村组成，渭河水贯穿而行，310国道绕村穿行。

0142 伯阳镇王坪村

简　介：王坪村位于伯阳镇东南8公里，地处保安山山岭南北西麓。由庄子、王家坪、保安山、南山湾、上湾里、下沟里等7个村落组成。保安山，古名刑马山，脉源于秦岭主峰进家山。在王坪梁分支向东北弯转成为保安山。今下渠沟水发源于保安山、上湾两沟谷，东以山岭为界与元龙镇麻杜家坪为邻，西以王坪梁为界与巩坪村、高坪村接壤，南以课槽梁为界与范河村课槽自然村相交，北与保安村接连。村境面积约7.5平方公里。两宋以前，建置为什伍属保安里，元朝以后，建置为里属保安亭。明朝时期，保安一带6

个村庄，合并设置为王坪乡行政村，民国期间，王坪村建制为保，解放后改为王坪行政村，村名沿用至今。

0143 北道埠街道商埠社区

简　介：因社区位于商埠路而得名。商埠社区辖区面积0.5平方公里，人口3500人，现有9个居民小区，居民住宅楼15栋，地处商埠路商业步行街繁华地段，其中辖区单位11个，个体商业网点512个，辖区内包括火车站、长途汽车站、金都商城和新亚购物广场等窗口单位，是麦积区的文化、经济、旅游之中心。

0144 渭南镇渭西村

简　介：渭西村位于渭南镇政府所在地，管辖19个村民小组，1694亩耕地，2974人。辖区内西接天水市十中，东南接渭南初级中学，也是镇政府机关、镇卫生院、镇派出所、畜牧兽医站、信用合作社所在地。

0145 伯阳镇红崖村

简　介：红崖村位于伯阳镇东南10公里，地处黑洼山北麓，保安之马鬃梁南，毛峪河谷山地，属沿林区。村境面积10平方公里，绝大部分面积属小陇山森林面积。由红崖、师家磨、老碾、梁子树等5个小村庄组成。宋朝以前，红崖村的建置都为马鬃里，下属莲花、井兜、小坪、豆沟、老碾5个什伍。宋朝时期，五龙井兜的师氏、李氏等姓氏在老碾下建水磨碾子，在师家磨建水磨，并建庄、村舍，开发了土地，定居下来才有了今日的红崖、老碾下、师家磨等村庄。因红崖地形为崖，岩为红色，称名红崖村。2006年初，红崖村和梁子树村两村合并为红崖村村民委员会。

0146 石佛镇张家曳山村

简　介：曳山村地处石佛镇北部干旱山区梁峁地带，东临清水县郭川乡，北临云山乡，是本镇较偏远的山村之一，因村庄坐落在一湾形地带，过去以张姓为主，故称张家曳山村，曳山村位于石佛镇东北方位，距石佛镇15公里，与秦安县清水县接壤，毗邻省道207线，由于历史上发生过大滑坡，村庄由原址搬向地势较低的地方，张姓居多，所以名为张家曳山村。全村4个村民小组，168户，739人，总耕地面积2088亩，其中核桃600亩，苹果30亩。

0147 三岔乡太碌村

简　介：太碌村地处天水市麦积区三岔乡东南以下，是本乡的公路沿线重点村，风景优美，以种植花椒为主，外地务工人员较多。全村283户，共1306人，总耕地面积为2004亩。2005年，史家勿、松木台与太禄合并为太碌村，办公地点设在太碌村。

0148 石佛镇石佛村

简　介：在几百年前，有次突降暴雨，在两山河沟之间发洪水，雨停之后，村民在河沟发现一尊两米多高的石雕佛像，村民将佛像保存，村名也改为石佛村。石佛村位于石佛镇管辖中心地带，有一个大型农贸市场，带动着石佛村的经济发展，周边有石佛镇政府、派出所、卫生院。下辖东石、中石、西石、田庄村。

0149 社棠镇半山村

简　介：本村位于麦积区北山浅山区，共有2个村民小组，109户，437人，有耕地面积1368亩，主要种植苹果。最早迁来此地的人姓张，建居后按地形上不到山顶，下不着川而起名张家半山，后更名为半山村。

0150 五龙乡温家湾村

简　介：因本村居民住在山腰一躺湾，且温姓为主而起名温家湾。1961年划归为石洞公社，1971年划归为五龙公社，1983年五龙公社改五龙乡后，属五龙乡至今。东到王窑自然村，西到柏树王，南与贾沟自然村相望，北靠汪家山村，全村共有2个村民小组，118户，517人，耕地面积为797亩，全村经济收入以劳务及农业收入为主。

0151 社棠镇李家渠村

简　介：李家渠全村共有229户，1022人，现有李、张、周、朱4个姓氏，其中李姓占98%，所以叫李家渠村。

0152 元龙镇石家湾村

简　介：地处秦岭南麓之角，前有渭河相拥，位于元龙镇西部，距麦积区政府35公里，现辖2个村民小组，人口130户，542人，耕地面积1274亩。

0153 三岔乡吴寨村

简　介：吴寨村群众俗称吴砦城。位于麦积区东部，秦岭山脉北麓林缘区，渭河河谷地带。全村共402户，1981人。全村土地面积3000亩，人均纯收入约2600元。该村为宋朝抗金名将吴璘、吴阶兄弟俩屯兵时所筑，故名吴砦城，旧时确有城墙。《秦州直隶州志》载："城西、南和东南三面长度各为一百零四丈，城高分别为二丈二尺、一丈八尺和二丈，北面长五十丈、高二丈，南和东南各有城门一座，有城门楼。"其地理位置处甘、陕、川三省咽喉，是东达汉中，南通徽（县）成（县），北抵关山，西到天水的交通道口。旧时商队行人络绎不绝，自明清以来视为重镇，故历朝对此地十分注重。现大部已毁，保留下来的有东南面的城门和西南角处不完整的城墙，从东南面的城门进城，有一条一百二十多米的斜坡大道直达城口，它是进城的唯一通道。路的尽头有一牌楼，牌楼匾额正面书"三岔厅"三个大字，上阙是乾隆庚戌冬立，下阙是判秦州事纵司焈，背面书"和风甘雨"4字，上阙为孟冬立，下阙为江左纵司焈。城内有城隍庙，门楼和庙内部分建筑还在。现存古迹有城隍庙、古城门、古城壕、古牌坊、清乾隆时期书写的"三岔镇"牌匾。2004年撤乡并镇时，吴砦村与合丰村并为吴寨村。

0154 甘泉镇谢崖村

简　介：谢崖村位于甘泉镇西部，东邻吴河村，南接甘江沟，西与庙沟村毗邻，北与大江沟接壤。现有果园面积2860亩，年产值100余万元，年输转劳动力200余人次，年收入600余万元，现新建养鱼塘1处，占地面积16亩，新建养羊场1处，占地面积20亩。谢崖村境内山脉纵横，地势西北高，东北低，因古老地层褶皱而隆起，形成山地地貌。谢崖村名由来历史悠久，据一些高龄老人介绍，谢崖村有考证的"谢氏"距今已有100余年，"谢氏"居住半山崖上，古称"谢崖"，现村内并无谢姓之人，村内现有百年历史古庙1座，占地面积5亩有余，千年古槐1棵。

0155 社棠镇郭坪村

简　介：郭坪村位于黄土高原半干旱浅山区，全村108户，490人，耕地面积1056亩，以葡萄种植为主，苹果、梨、桃子等果树为辅。郭坪人是在明朝人口大迁移时从山西洪洞县迁移至此的，刚来在山脚下开荒种地，但发现山下河滩是半沙地，不好开垦，又多洪水不易生存，所以搬到山上居住生活，遂起名叫郭家坪，2005年公章改革时简化为郭坪村。

0156 新阳镇胡家大庄村

简　介：胡家大庄村位于麦积区西部，地处新阳镇西北部，东北渭河环绕，系渭河中上游流域，坐落于北甘、新凤公路交会处，距新阳农贸市场0.5公里，交通便利，群众出行购物方便，村域东南方是新阳小城镇建设规划区，与新政区比邻相连，已发展成为新阳人流、物流中心地带，胡家大庄村辖3个自然村，765户，3765人，有果品、劳务、养殖三大产业，胡家大庄村胡氏祖先于清乾隆年就一次性规划设计了四、五、六、八米多宽的村庄道路，格局为三纵四横，以总门、西门、东门、北门为出入口，有排水、防御功能的堡寨式村庄，现已扩建为六纵六横，十多个十字路口，道路宽阔，四通八达，路网相交有序，分南、北、中3个居民区的胡家大庄村，2012年12月入围国家第一批传统村落，2013年被公布为第六批历史文化名村。

0157 渭南镇程村

简　介：程村位于三阳川渭河南岸的川道地区，西邻310国道，南接麦甘公路，南靠陇海铁路，距镇政府2公里，距天水市25公里，村域1.89平方公里，其中村庄面积0.2平方公里。全村有8个村民小组，320户，1514人，劳动力700人，耕地面积953亩。

0158 三岔乡闫西村

简　介：闫西村地处天水市麦积区三岔乡西部，距乡政府3.5公里，属于310公路沿线村，道路畅通，山清水秀，风景优美，以种植花椒和外出务工为主，全村160户，730人，总耕地面积980亩。

0159 伯阳镇巩坪村

简 介：巩坪村位于伯阳镇东南，距伯阳镇8公里，地处保安山山梁南麓的山坪地。北以山岭与王坪村接壤，南越毛峪河延至穆弯山北麓半坡，东与刘沟村交境，西连毛峪河峡口，村境面积约6平方公里。巩坪村所占山岭，东北起于虎头山，经王家坪梁、马鬃梁，蜿蜒接进家山（秦岭主峰），史称邢马山。今巩坪、高坪、王坪、范河一带，距今有千年之久的建置历史，上溯至春秋战国时也有零星开垦的土地和散居的居民，西汉时期，巩坪建置为什伍属圣湫山里，北魏时巩坪建置为里属圣湫山党。直到元朝后，迁徙人口调整建置，今巩坪村，巩姓大户迁入，扩建庄园，开发土地，与圣湫山分治，单独建置为村，按巩姓，地处山坪地，称为巩坪。民国时期，巩坪为保，解放后，巩坪改为行政村，后又改称巩坪村村民委员会，沿用至今。

0160 甘泉镇八槐村

简 介：甘泉镇八槐村现有539户，共2278人，土地面积约为3900亩，主要经济农作物是苹果。"九股松，八股槐，白水涧，砚窝台，仙人场，逼水崖，杜甫淹留地，草堂建起来。"这是流传于天水街子八槐的一首民谣，它真实而生动地反映了诗圣杜甫当年栖身东柯的情况。乾元二年的中秋时节，杜甫举家来到了这里，就在族侄杜佐所在的这个地方，暂时借居了下来。据当地人讲，这棵高大挺拔、枝分八股的槐树叫八股槐，当年杜甫常来这里散步、思考和吟诵。八槐村的村名由此而来。后来人们也将它叫作子美树。白水涧在距草堂不远的西南面，当时杜甫诗中描写的模样已不复见，但如今被人们称为"子美泉"的涧水仍然欢快地向外喷涌着，浇灌得这片果园枝繁叶茂，果实累累。

0161 五龙乡石洞沟村

简 介：因有碧莲石洞而得名。在撤乡并镇合村之前，石洞村和蒲李村是两个独立的建制村，撤乡并镇之后，由蒲李村和石洞沟村合并为一个行政建制村。东至柏树王村，西至陈家山村，南至中石孟家沟，北至上石村，全村共有2个自然村，183户，786人，现有耕地1146亩，全村经济收入以劳务收入为主。

0162 石佛镇龙池村

简　介：据老人说，有一老者晚上做梦于家中，梦见村旁有暗流溢出，形成偌大一水池，顿时风云腾起，水池中有一黄色巨龙呈现，当风平时龙不在池中而现于五峰山顶，等老者醒时方知做梦一场，老者天明去五峰山，见山顶果有一巨龙盘卧于上，便叫人请回于池旁一窑洞里，择日在池旁建一龙宫，村上人及附近人烧香叩拜，以保村家平安，由于有龙有池，取名龙池村。龙池村地处渭北干旱浅山区，下辖上龙池、下龙池、九组河3个自然村，共有1250人，土地总面积1533亩。村民主要种植苹果、花椒。

0163 新阳镇姚家沟村

简　介：姚家沟村地处麦积区新阳镇南部凤凰山区，村民以姚姓为主，故名之。村内有当地著名的宝泉寺。全村174户，820人，耕地面积2152亩。

0164 渭南镇霍卢村

简　介：地处渭南镇火车站南，卦台山南脚下，和左李村相邻。因村里以姓霍跟姓卢的人最多，所以取名霍卢村。现有人口316户，1406人。

0165 社棠镇咀头村

简　介：本村位于麦积区北山浅山区，共有2个村民小组，共有74户，305人。主要种植苹果、小麦、玉米。咀头村起源于200年前，村人由祖籍陕西搬迁至此，建居后按地形因在山嘴上而起名咀头。

0166　甘泉镇吴家寺村

简　介：吴家寺村坐落在麦积区甘泉镇东柯河中游，是一个半山半川的村庄。全村9个村民小组，由2个自然村合并而成，即吴家寺村和何家上庄。人口2400人左右，耕地面积3300多亩，主要农作物小麦、玉米，主要经济作物苹果。村委会办公楼处于全村中心，办公楼北边紧挨村文化舞台，南边柳林路两行挺拔的白杨树顺路延伸至东柯河边。村委会广场至今屹立着2棵古槐，1颗榆树，3棵古柏，其中3棵高约40余米，树冠约30余米，直径达4米左右，4个大人方可合抱。据当地老人讲这古树是明朝初年栽植，树龄约600多年，其长势苍劲，高大宏伟，气势雄壮。

0167　北道埠街道大桥社区

简　介：因辖区紧挨渭河大桥而得名。大桥社区成立于2001年3月，位于麦积区东排洪渠以西，天河北路以东，铁路东货场以南，三马路渭河风情线以北。辖区面积0.4平方公里。现有25个居民小区，居民住宅楼73栋，平房区7个，住户2331户，常住人口5639人；辖区单位9个，其中行政事业单位1个，企业8个，个体商业网点346个。

0168　石佛镇赵家窝驮村

简　介：传说有一次下大雨的时候山体滑坡，有只乌龟用背驮住了这个村庄，免受了这场自然灾害。人们为了纪念它，所以叫勿驮，即不要忘记乌龟的那一驮，后来改成窝驮村。窝驮村地处石佛镇北山黄土峁地，村内共有108户，508人，总耕地面积1965亩，人均耕地3.8亩。目前全村有果园110亩，养殖专业4户，外出务工人员80多人。

0169　五龙乡凌温村

简　介：因取村内凌、温两大姓氏而得名。1955年本村划归安林公社，1968年安林公社撤销，本村划归五龙公社，后改为五龙乡。凌温村位于渭河以北干旱山区，是五龙乡政府所在地，由3个自然村组成，总人口为1043人，总户数为219户。

0170 甘泉镇窑庄村

简　介：窑庄村位于东柯河畔西山坡上，由5个组、6个自然村组成，100多户人家，900多人。村子紧靠吴家寺，在明清时代，人们从外地移居过来，就在吴家寺居住。听老人说，在清代的时候人们为了逃避土匪的抢劫，就在村里修了一座堡子。在上面修建了房子，用人工背上去的石头砌了巷道，那时山上才有了人家，叫何家堡子，人们为了生活，就在靠崖的地方打窑，种地。到了解放以后就取名叫窑庄。

0171 利桥乡三岔村

简　介：三岔村因西岔河、秦岭河、东岔河三条河流而得名。三岔村位于利桥乡的北部，坐落于天宝高速沿线。全村142户，642人，5个自然组（散岔组、西岔组、东门组、东沟组、倪河组），全村耕地面积1600多亩。由于利桥乡属于林区，这里气温常年偏低，是避暑游玩的最佳自然场所。

0172 三岔乡北峪村

简　介：北峪村地处陕甘交界，渭河以北，东邻陕西建河村，南邻三岔乡太碌村。北峪村以前是先秦的古战道，地处峡谷之中，渭河北岸，因此就被人们叫作北峪村。陇海铁贯穿而过，现有159户，696人，分为4个村民小组，主要种植花椒、苹果、核桃，总耕地面积1179亩。

0173 伯阳镇穆湾村

简　介：穆湾村位于伯阳镇西南10公里。地处西秦岭恶雨山巅山地。由张家湾、穆家湾、恶雨山3个村庄组成。沿山巅东与南河村山地接壤，西接马岘山梁，南跨山巅与麦积镇温家庄、街亭村为邻，北越恶雨山巅，北麓与刘沟村交壤。土地与村庄分布于3个山湾之中。村境面积约7平方公里。西汉年间，张、李、穆等姓在此开发土地，建居住点，建置为穆湾里，下属3个什伍。清雍正七年，穆湾村改建置为穆湾行政村，下属3个自然村。民国时期，穆湾为保，下属三甲。解放后，穆湾改置为穆湾行政村，期间曾改称过穆湾生产大队，后来又改为穆湾村村民委员会，沿用至今。

0174 五龙乡上石沟村

简 介：上石村、巩家沟村、刘家窑村3个自然村组合成一个建制村，因上石村人口居多，因而起名上石沟村。在公社变乡，大队变村前，3个自然村隶属于五龙公社，在2004年撤乡并镇，合组小队的基础上，将巩家沟大队、刘家窑大队、上石大队合并为一个建制村。山势为沟壑梁峁之地，土层深厚肥沃，适于农耕。

0175 三岔乡王山村

简 介：王山村位于三岔乡东南部，北靠秦岭山脉，东接前进村，西邻吴寨村，南靠小坪村。在很久以前这里住着一户姓王的大户人家，山里大多的土地都属于王家，后来王家逐渐没落，就把土地转给一户赵姓人，赵姓人就将其起名叫王山村。王山村和前进村以前是一个村，1976年和前进村分村。王山村现有210户，940人，五保8人，耕地面积1720亩，年人均纯收入约1300元。

0176 三岔乡新岔村

简 介：新岔村位于天水以东，处于陕甘两省交界之地，南面有五座石山很奇秀，村西是葡萄村，东面是北峪村，北部与清水县城隔着一座山。新岔村自古传说叫野岔村，由于地理位置分散，各沟小岔多，村民不能整齐居住，零零散散，东一户，西一户，故称野岔。全村共142户，620人，耕地面积为1650亩。2005年2月，野岔村更名为新岔村。

0177 石佛镇石崖村

简 介：本村村民靠山而居住，而此山又是石头山，又因为天水人将小山用方言叫作崖，故此得名石崖村。石崖村位于石佛镇东面，上接夏家村，下处导流山脚下，全村 236 户，1017 人，总的土地面积 2350 亩，村庄交通便利，以养殖为主导产业。

0178 五龙乡大窑村

简 介：因本村人多居住窑洞而得名。解放以前隶属于石洞乡，1961 年又划归为石洞公社，1966 年被划归为安林公社，1971 年划归为五龙公社，1983 年至今隶属于五龙乡。山势为沟壑梁峁之地，土层深厚肥沃，适于农耕。东与雷家湾村相望，西与金山镇魏家山村相连，南至小窑村，北与杨王村相望，全村共有 218 户，1086 人，现有耕地 1355 亩，村民收入以劳务收入为主。

0179 石佛镇严家山村

简 介：严山村地处山区，以务农为生，近年来年轻人以外出务工居多，因聚居村民多为严姓，居住在半山村，故取名严家山村。严家山村位于渭北干旱山区，全村 147 户，550 人，总耕地面积 1145 亩。

0180 北道埠街道下曲社区

简 介：因社区与下曲村接壤而得名。下曲社区成立于 2002 年 12 月，东起天拖厂排洪渠，西至东排洪渠，北邻陇海铁路，南接三马路渭河风情线，面积 0.4 平方公里。辖区驻区企业 9 家，事业单位 1 家。

0181 伯阳镇虎头村

简 介：虎头村位于伯阳镇南偏东，距麦积中心城区 18 公里，村庄背靠山峰势如虎头，依山脚而居，因此而命名虎头村。全村耕地面积 3138 亩，400 户，1850 人。是一个文化大村，村民自古酷爱秦腔，村秦剧团早在 20 世纪七八十年代前后就在天水及周边地区声名远扬，历史悠久的社火表演队更是远近闻名。

0182 伯阳镇范河村

简 介：范河村位于伯阳镇东南，踞伯阳镇

9公里，西与高坪村、南河村为邻；东接红崖村；南与石门相连；北与元龙镇西南山村交壤。地处保安山一刀梁两麓山地，又跨毛峪河南北坡地，村境面积约8平方公里。现由课槽里、上下范河、阳坡里、马家沟等5村落组成。明朝时，在自由垦荒政策的鼓舞下，有渭河河谷地带的农民迁入范河，如马、李、韩、杜、范、师等姓，形成了现在的村庄。由于上下范河人口居多，建置为范河里，下辖课槽里、范河、马家沟。清朝后期人口又有增加，又建起了腰场下、阳坡里两个新庄。民国时期，范河为保，下辖三甲。解放后，范河改置为范河行政村，期间曾改称过范河生产大队，后来又改为范河村村民委员会，沿用至今。

0183 新阳镇裴家峡村

简　介：裴家峡村地处新阳镇渭北峡谷地带，村民基本为裴姓，故名之。有山有川，以山坡地为主，紧靠陇海铁路和宝兰二线，距离新阳镇政府仅有3公里，交通道路比较方便。该村现有268户，1061人，耕地总面积为1443亩。

0184 马跑泉镇大穆湾村

简　介：马跑泉镇大穆湾村南靠南山林带，北与李家坪村相邻，西与街停相邻，东与伯阳镇张家庄隔沟相望。有3个村民小组，138户，640人。又名穆湾村，因地理条件差，山高路险，原处半山村，地理条件有限，村民出行不便，又离小穆湾村近，以穆姓、张姓为主，穆姓户居多，故名为大穆湾村。

0185 东岔镇立远村

简　介：立远村地处东岔镇以西约15公里处，位于310国道沿线旁，因盛产板栗，过去被称为栗园村，后取同音更名立远村，一直沿用至今。现立远村为东岔镇14个行政村之一，有6个自然村，人口为802人，耕地面积1707亩，经济收入以务农和劳务输入为主，经济作物以核桃、花椒为主，人均年收入为2600元左右。

0186 元龙镇白家庄

简　介：白家庄位于元龙镇西部，南邻渭河，北依陇海铁路，全村共设4个村民小组，总人口906人，208户。耕地面积1684亩，川地659亩，山地1025亩。

0187 东岔镇土桥村

简　介：土桥村地处东岔沟，很早以前就叫土桥村。因土桥村共有 6 个自然村，其中 4 个自然村在平沟，进入平沟要经过东岔河，过河时要过桥，以前过河搭建的桥为土桥，由此而得名。

0188 石佛镇黄家新村

简　介：原名店院里，后因滑坡致使生活条件艰苦，交通不便，大多数人的地都划到现在的地方，人们也纷纷携带家眷搬到现在的地方，黄姓居多，又是新搬的地址，所以叫黄新村。黄新村处于石佛镇北山黄土沟，海拔 1500 米，土地贫瘠，种植结构单一，贫困人口多。全村共有 6 个村民小组，263 户，1128 人，耕地面积 3608 亩，主要种植小麦、玉米、苹果，村内仍沿用落后的耕作方式和传统的经营模式。

0189 道北街道寨子社区

简　介：寨子社区因毗邻寨子村而得名。寨子社区位于麦积区道北街道办事处北侧，西连育才社区，北抵吕家村，南邻寨子村，东至何家村。辖区有麦积区检察院、道北街道办事处、劳动路幼儿园、金苹果公司等单位。

0190 石佛镇陶小村

简　介：村地处石佛镇北山黄土沟峁地，大多数为陶姓，村庄站到高出看特别小，因此村名为陶小村。

0191 利桥乡吴河村

简　介：吴河村村名由来已无证可考，吴姓人家在村上只有两户，上数到祖辈已成一家。吴河村地处利桥乡南面，四面环山，山上松柏四季常绿，两条河流流经本村，河水水量充沛，清澈见底。河内有野生河蟹、秦岭细鳞鲑（本地人称桃花板）、乌龟、北方山溪鲵等珍稀野生水生动物多种。

0192 马跑泉镇东山村

简　介：马跑泉镇东山村，地处颖川河东岸，麦贾公路以东半山区，因而得名东山村。全村由沈家山、张家山、李家山3个自然村组成，有6个村民小组，1420人，320户。1965年之前归属柳林公社，后划归东泉公社，现归马跑泉镇管辖，解放初期天水县管辖时有一段时期也叫三合村。

0193 甘泉镇吴河村

简　介：吴河村地处天水市麦积区甘泉镇以北3公里处，是甘泉镇的北大门，麦贾公路穿村而过。全村395户，1886人，由4个自然村组成，分别是白石自然村、吴家河自然村、阳湾自然村、陈家河自然村，耕地面积3369亩。本村距麦积山景区15公里，宝天高速出口位于本村，区位优势明显。吴河行政村故名吴家河村，村名由来据老人说最早有姓吴的人居住，村旁有一条河（谢家河），故名吴家河村。村内有庙宇1处，位于白石自然村，名叫"三官庙"；村内有古树5棵，其中两棵千年槐树位于陈家河自然村，一颗千年槐树、一颗百年沙柳位于"三官庙"，一颗百年倒柳位于白石自然村。村中以种植冬小麦、玉米、黄豆、油菜等农作物为主，经济林以苹果、樱桃等果树为主。

0194 渭南镇杨赵村

简　介：杨赵村位于渭南镇中部川区，交通发达，民风淳朴，现全村共有210户，913人，共有5个村民小组，全村总耕地面积604亩，经济收入以种植业为主。主要姓氏有杨、赵。

0195 伯阳镇半坡村

简　介：半坡村位于伯阳镇西北，渭河以北的半干旱山区，与南集村接壤，并与清水县临近，是伯阳镇最靠北面的行政村。全村共有95户，420人，耕地面积1086亩。

0196 元龙镇园子村

简　介：园子村位于天水市麦积区元龙镇东南部，距元龙镇15公里，全村现有169户，783人，由8个自然村组成，分别命名为各河口、下园子、中园子、上园子、下石咀、棋盘石、大沟里、柯老里。下石咀与园子村合并为园子村，办公地点设在园子村。

0197 五龙乡柏树王村

简　介：本村以前叫秦家湾，清同治元年、光绪二十七年，有史碑记载，本村庙内有三棵柏树，生长旺盛，且村内以王姓为主，改名为柏树王村。1961年划归为石洞公社，1971年划归为五龙公社，与周家山、上大地、柳滩村合并，起名为柏树王大队，1983年公社变乡后与周家山村分开，变为独立的建制村，至今隶属于五龙乡。山势为沟壑梁峁之地，土层深厚肥沃，适于农耕。东与周家山相连，西与孟家沟自然村相望，南与温家湾相连，北与柳滩自然村相连，本村共有4个村民小组，总耕地983亩，129户，626人。

0198 新阳镇王家庄

简　介：公元1374年（洪武七年）千户雷时清暮年思故返居秦州，移居三阳川峪口，后叫来亲戚王世朝、王世达兄弟居之，王姓娶妻带来闫姓男孩，此为河北里雷、王、闫三姓之始，称雷王家庄。1926年王姓庄主改雷王家庄为王家庄沿称至今。全村861户，3052人，耕地面积1992亩。

0199 东岔镇龙凤村

简　介：龙凤村原有两个行政村金龙村和玉凤村，有底川、塄上、窑上、月亮坝、史家坪5个自然村，后合并为一个行政村，取名为龙凤村。现有10个村民小组，人口1492人，耕地面积1773亩，经济收入以务农与劳务为主。经济作物以花椒、核桃为主。龙凤村地处东岔镇以西15公里，位于310国道沿线，交通便利。这里人杰地灵、民风淳朴，文化底蕴浓厚。每逢佳节，村民积极组织开展社火汇演和文艺节目表演等文化活动，在本地远近闻名。

0200 社棠镇步沟村

简　介：全村共有205户，总人口887人，现有李、姚、魏、卢等8个姓氏，其中李氏占90%，所以原村名叫步沟李，后改为步沟村。全村耕种面积为1894亩，盛产小麦、玉米、菜籽、油菜，还有苹果、葡萄、桃、杏等。

0201 渭南镇王李村

简　介：王李村位于陇海铁路以南山上，有3个自然村，一个叫王新庄，一个叫李家霍岘自然村，还有一个叫吴家窑大湾里。全村256户，829人。在村镇合并后统称王李村。交通便利，气候宜人，适宜人居，经济以林果业为主。

0202 甘泉镇甘江村

简　介：甘泉镇甘江村地处镇西北的甘江沟流域，因甘江河沟而得名。毗邻麦贾公路，距甘泉镇3公里，麦积区15公里，属浅山半干旱农业村，全村现有彭家庄、桂家庄和安家庄3个自然村，彭家庄因彭家堡而得名，桂家庄和安家庄因桂、安两姓家族而得名。甘江村村民对园艺盆景情有独钟，尤其安家庄盆景遍布家家户户，盆景栽培技术精湛，修剪艺术独树一帜，展示了甘江村浓郁的人文情趣和文化气息。

0203 元龙镇后庄村

简　介：本村坐落在天水渭北浅山区干旱地带，距麦积中心城区30公里，依渭河北岸山脚而居。下辖2个自然村，6个村民小组，全村315户，总人口1367人，耕地面积2235亩。2005年2月，后庄村与王家沟合并为后庄村，办公地点设在后庄村。

0204 马跑泉镇吴家崖村

简　介：马跑泉镇吴家崖村在麦贾公路沿线，颍川河以西，南接大柳树村，北邻什字坪村。全村有7个村民小组，1756人，372户。吴氏家族原系现江苏省南京市江宁区大石桥村人，明朝洪武元年从军到秦州，落户马跑泉以东建庄名曰吴家水寨，与同来秦州的胡家崖胡来敬有姻亲关系，胡来敬是现天水市南宅子主人，吴氏建庄后娶妻胡家之女，至今六百余年。

0205 元龙镇关峡村

简　介：位于元龙镇中部，渭河南部，离镇政府约2公里。全村现有104户，445人，因与村两边两座凸出的石山头有关，村子夹在中间好像一个长长的峡沟，因此取名为关峡村。

0206 社棠镇绵诸村

简　介："绵诸"是我国古代西戎族名，春秋战国时曾立绵诸小国，经西汉、东汉、三国、晋、北魏至西魏553年废绵诸县，故名绵诸。本村现有人口402户，1459人。

0207 元龙镇杜家坪村

简　介：杜家坪行政村成立于2005年，是由杜家坪与刘家坪两个自然村合并而成，并称杜家坪村。杜家坪村地处元龙镇中部，渭河北面，距麦积城区38公里，现辖4个村民小组，273户，1266人，耕地面积2017亩。

0208 五龙乡刘家湾村

简　介：因地处山脉前端一躺湾地段，且以刘姓居多而得名。1955年本村划归安林公社，1968年安林公社撤销，本村划归五龙公社，后改为五龙乡。海拔1400～1700米之间，山势为沟壑梁峁之地，土层深厚肥沃，适于农耕。本村有5个村民小组，223户，1009人。

0209 渭南镇曹村

简　介：曹村位于渭南镇东南部南山脚下，陇海铁路及麦甘公路以南，全村220户，1113人。土地面积870亩，户户通水，家家通电，电信移动覆盖全村，交通便利。村内主巷硬化。1952年因山脚湾下以曹姓为主就叫曹家湾里村，现在变更为曹村。

0210 马跑泉镇杨湾村

简　介：马跑泉镇杨湾村位于310国道以南，东与伯阳镇曹石村相连，西与孟家山村相邻。有3个自然村。该村地处山上湾里，又以杨姓为主，故名为杨湾村。

0211 马跑泉镇余刘湾村

简　介：马跑泉镇余刘湾村位于羲皇大道三十甸子村以南半山区，南靠南山万亩果园基地，北与甸子村相邻，西与花牛村接壤。"文革"期间，更名为红星大队，后又变为余刘村，由刘家湾、季家湾、余家湾3个自然村组成，由于季家湾人口较少，故命名叫余刘村，后来叫余刘湾村，人口1000多人。

0212 利桥乡利桥村

简　介：利桥村境内居住汉、回两族，以汉族为多，语种相同，城隍庙、大雄山宝塔、佛洞沟属县级文物保护单位，具有开发和保护价值。因用三根石条在沟上搭桥以利通行而得名。内有风景点：龙板石、瓮儿潭、红涯河漂流、红涯河风情线、霸王寨等。利桥水质清纯无任何污染，水中有野生河蟹、秦岭细鳞鲑（桃花板）、乌龟、北方山溪鲵等各种珍稀的野生水生动物20多种，森林覆盖率92%，包括次生林和部分原始林，林中有熊、鹿、绵鸡、果子狸、野兔等各种野生动物。

0213 东岔镇交川村

简　介：交川村位于东岔镇西部金龙山脚下，西与麦积区三岔乡接壤，气候温暖湿润，四季分明。距离东岔镇政府所在地15公里，与本镇盘龙村相连。现有村民小组7个，群众居住集中，全村165户，人口701人，交川村党支部现有党员35名，男性28名，女性7名，全村贫困户63户，261人，低保75人，五保5人。全村耕地面积1280.5亩，为干旱半干旱的山地。种植的农作物主要有小麦、玉米。退耕还林面积289.90亩，其中生态林189亩，经济林100.9亩。

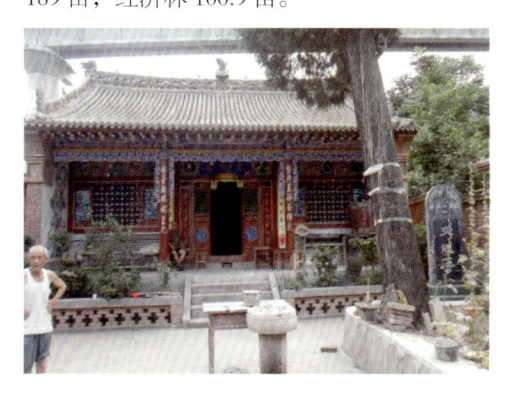

0214 渭南镇汝季村

简　介：汝季村位于渭南镇南山山区，现全村共有329户，1443人，共有7个村民小组，全村总耕地面积1327亩，经济收入以外出务工和种植业为主。由汝家沟和刘家山自然村组成，主要姓氏有季、汝、赵、王。因汝、季两姓人居多而得名。

0215 东岔镇盘龙村

简　介：盘龙村地处盘龙山顶，有3个村民小组，91户，394人。耕地面积1315亩。群众分散居住于二山四沟六面坡33个居民点，因一、三组群众多居住于蟠桃山，并且山路崎岖如龙飞凤舞，群众居住地有龙王庙1处，因而得名为盘龙村。

0216 新阳镇杨岘村

简　介：杨岘村由原杜家杨岘村和廖家岘两个自然村构成，故而得名杨岘村。位置处于新阳镇南部凤凰山区。全村209户，970人，耕地面积1950亩。

0217 五龙乡温家坪村

简　介：因地处山脉前端一块平地中央，且以温家人居多而得名。1955年本村划归安林公社，1968年安林公社撤销，本村划归五龙公社，后改为五龙乡。温家坪据说原叫胡家坪，又叫平头山，海拔1300～1700米之间，山势为沟壑梁峁之地，四周平坦，土层深厚肥沃，适于农耕。东与新阳蚰蜒咀相望，西至刘家湾村，南与新阳郭王村相望，北至中石村，全村共辖两个自然村，285户，1356人，现有耕地面积2444亩，经济收入以劳务收入为主。

0218 马跑泉镇大沟村

简　介：大沟村地处渭河中游，北隔渭河与下曲相望，西与慕滩村相接壤，东与潘集寨村相接壤，总面积2.8平方公里，由刘家堡、大沟2个自然村组成，有4个村民小组，1568人，368户。因村后有两山夹一沟，故名大沟。2005年2月，大沟村与刘家堡合并为大沟村，办公地点设在大沟村。

0219 道北街道北山路社区

简　介：北山路社区位于区府路以北，东接吕家村，西临张家村，辖区总面积31.4万平方米；辖区有天虹化工公司一个企业单位，有天乐苑、天伦民乐园和区建材厂家属院3个集中居住区；辖区常住居民1912户，4921人。

0220 伯阳镇兴仁村

简　介：兴仁村位于伯阳镇渭河以北，东南依龙山柏林观，是道教文化也是道教楼观派创始之地、发祥之地，境内柏林观是著名古代建筑，因山上遍植柏树而得名。具有正统的宗教色彩，浓厚的历史底蕴。全村430户，2160人。

0221 东岔镇月林村

简　介：清末民初，有湖广猎人捕猎来此地，当时森林茂盛，土地肥沃，鸟语花香，适宜人类居住，树林在生长中每月不断发生变化，因此把当地称为"月林"，延续至今。月林村现有224户，人口928人，耕地面积1160亩，村民小组7个，其中5个小组位于310国道边，2个村民小组位于距离310国道600米左右处。

0222 五龙乡梁家庄村

简 介：据老人讲，古时梁姓人首先居住在此地，后有其他姓氏人陆续迁入居住，所以起名为梁家庄村。1961年又划归为石洞公社，1966年被划归为安林公社，1971年划归为五龙公社，1983年至今隶属于五龙乡。山势为沟壑梁峁之地，土层深厚肥沃，适于农耕。东接张家湾村，西至岳王村，南靠杨王村，北与陈家山相望，本村共有3个自然村，162户，718人，现有耕地1366亩。

0223 新阳镇凌家尧村

简 介：新阳镇凌尧村坐落于新阳镇东半山，村庄起源于明朝初期，村民以凌姓、雷姓为主，而以凌氏最早，故名凌尧村。全村185户，825人，耕地面积2181亩。

0224 渭南镇雷尹村

简 介：雷尹村位于渭南镇南山上，全村126户，526人。由2个自然村雷家嘴及尹家山构成，因此得名雷尹村。

0225 社棠镇社棠村

简 介：本村位于社棠镇下街，南邻陇海铁路，西靠俊林村，东依社棠材料厂，北与绵诸村相邻。本村村名因原"社棠乡社棠公社"坐落本村而得名。本村现有村民272户，1196人，耕地基本上都被征用，因此村民收入以打工为主。

0226 渭南镇景湾村

简 介：景湾村位于渭南镇南山半山区，交通条件便利，村貌整洁有序，现全村共有141户，739人，共有4个村民小组，全村总耕地面积463亩，经济收入以外出务工和种植业为主。1966年以前为红旗大队，1967年至1978年为苏景大队，1979年至今名景湾村，主要姓氏有刘、景、苏、卢。

0227 道北街道道北社区

简　介：社区因位于铁路以北而得名。道北社区位于道北什字以东区府路两边的区域，辖区有居民938户，2224人。

0228 新阳镇蒲池村

简　介：蒲池村在2011年时分为上蒲池和下蒲池，后合并为一个村统称蒲池村，村坐落于新阳镇东半山，属于半干旱地，因姓蒲的人较多，所以称为蒲池村。

0229 马跑泉镇马跑泉村

简　介：马跑泉村有5个村民小组，2577人，515户。位于马跑泉镇中心商贸集市繁华地段，也就是天水市麦积区南约三公里。《天水县志》记：马跑泉镇，泉出寺中，极甘洌，源出可灌田。相传唐代尉迟敬德与番将作战，西征路过此地天热干旱，军中无水，人渴马乏，将军战马前蹄刨地，一股泉水喷涌而出，故名马跑泉。村民居住在马跑泉旁，故定村名为马跑泉村。

0230 甘泉镇庙沟村

简　介：庙沟村坐落于甘泉镇东南12公里处，是谢家沟河流的发源地。全村221户，共1034人，耕地面积600多亩，以养殖牛、羊、猪、散养鸡等林下产业和种植为主，农作物有小麦、油菜、玉米、土豆等。庙沟村由庙沟门和花羊两个自然村组成，2005年合并更名为庙沟村，庙沟门和花羊因两处文化古迹得名，庙沟门有古庙"象墩寺"，建于明末年间，后因山火而毁，1993年重新修建。麦积山艺术研究院研究员夏朗云著《龙嘴山象墩寺铭并序》中写道"明末柴柯初故，择清净之缓坪向东。立身面临开阔，得紫气绕三台殿宇。贤者参佛经西来之意，得寺名曰象墩"。花羊村后坡有一千年玉兰古树，经考证有2000多年历史，现今依然生机盎然，据说此树下曾现五色花羊卧于树下，因此得名花羊村。

0231 渭南镇马咀村

简　介：马咀村位于渭南镇东南部南山脚下，陇海铁路及麦甘公路以南，全村130户，556人。土地面积478亩，户户通水，家家通电，电信移动覆盖全村，交通便利。村内巷全部硬化。1941年以南山山嘴像马型为命名，就叫马咀村。经济来源以小麦、玉米、油菜及其他农作物为主。

0232 元龙镇底川村

简　介：村地处元龙镇东部310国道沿线，渭河以南，地理位置优越，交通便利，距离麦积城区45公里。全村共有5个村民小组，309户，1290人。

0233 五龙乡常家渠村

简　介：常家渠村因常姓人占多数而得名。解放前由秦州天水管辖，新中国成立后归西山坪公社，后在西坪公社改为西坪乡后，属西坪乡管辖，经撤乡并镇后划归为五龙乡管辖。全村由常家渠和小李两自然村组成，共有180户，人口800多人。

0234 五龙乡中石村

简　介：因村内有东西走向的石沟而得名。中石沟村由中石沟与孟家沟两个自然村组成，在2004年之前中石沟与孟家沟是两个独立的建制村，2004年撤乡并镇之后合为一个建制村，东与柏树王相望，西至凌温村，北至张家湾村，南至温家坪村，村内共有6个村民小组，3个自然村，196户，881人，现有耕地1155亩，经济收入以务工与种植农产品为主。

0235 渭南镇渭红村

简　介：渭红村位于渭南镇东南部，陇海铁路以南山区，全村172户，855人。由孙家庄自然村和董家咀自然村组成，解放后由孙家庄和董家咀合并为渭红村，以孙姓和董姓为多，交通便利，气候宜人，适宜人居，经济来源以苹果、小麦、玉米、油菜及其他农作物为主。

0236 石佛镇陶家村

简　介：石佛镇陶家村地处导流山脚下，渭河北岸，驰名三阳川的晚阳寺旁，由陶新、陶老、张家塞3个自然村合并而成一个行政村。陶家村人杰地灵，庄风民风淳朴，可谓文墨之村、文明之村。因百分之九十人姓陶而得村名。

0237 马跑泉镇李家坪村

简　介：马跑泉镇李家坪村位于东柯河以东，南与大穆湾村相邻，北与杨湾村相望。有198户，823人，4个村民小组。又名李家后坪，因地理条件差，山高路险，原处半山为村，条件有限，村民出行不便，故改村为上平梁，因村上李姓、周姓为主，李姓户居多，故名李家后坪，后又改名为李家坪。

0238 五龙乡中庄村

简　介：因村委会处在6个自然村中心而得名。解放前村名为秦安县扁坡村，解放后隶属天水县西平公社，2004年撤乡并镇时，又划归五龙乡。北与张强村相连，西与中滩镇种田村相接，东面与中滩镇赵崖村相接，南面与中滩镇谢坪村相接。全村共有13个村民小组，409户，1788人，村民收入以务工和农业生产为主，耕地面积3218亩。

0239 渭南镇崔范村

简　介：崔范村位于渭南镇东南部南山脚下，陇海铁路及麦甘公路以南，全村248户，1312人。土地面积918亩，户户通水，家家通电，电信移动覆盖全村，三阳信用社服务便民。村庄路旁有三阳火车站，交通便利。村内主巷硬化。1954年村内有两个自然村，一个叫范湾村，一个叫崔集村。

镇村合并后叫崔范村，经济来源以种植小麦、玉米、油菜及其他农作物为主。

0240 新阳镇桥子沟村

简　　介：桥子沟村地处麦积区新阳镇南部凤凰山区，该村为新阳镇贫困村之一。全村96户，446人，耕地面积1050亩。

0241 利桥乡百花村

简　　介：利桥乡百花村地处利桥乡西北部。全村上下9公里，有8个村民小组，共有217户，总计857人，劳动力数465人，其中五保户10户，12人，集体所有的农田总面积9815.5亩，农作物播种总面积2282亩。百花村有主要河流1条，属长江水系，水质清纯，无任何污染，水中有天然河蟹、秦岭细鳞鲑（桃花板）、乌龟、北方山溪鲵等各种珍稀的野生水生动物达20多种，森林覆盖率达到92%，包括人工林和部分从未采伐的原始森林，林中有熊、鹿、锦鸡、果子狸、野兔等野生保护动物。

0242 石佛镇团半村

简　　介：全村共分两个自然村，由团庄和半坡组成。半坡村原名为李家半坡，有李世民后代居住。在黄家洼一带有李广墓，全村以李姓为主，因地处半山坡而得名。团庄原名赵家团庄，以赵姓为主。现有赵公明庙建于村里，寺庙香烟旺盛。2006年两村合并为一个行政村，更名为团半村。

0243 马跑泉镇石咀村

简　　介：马跑泉镇石咀村处于东柯河出口，西接潘集寨村，与下曲相望。有6个村民小组，383户，1919人。1976年以前，石咀村与潘集寨村为同一个村，共有10个小队，潘集寨村叫大庄，石咀叫小庄。1976

年以后十小队合为两个村，大庄叫潘集寨，而小庄因石灰厂的地方石头多，叫石咀子，故一直延用到现在叫石咀村。2005年2月，石咀村与孟家山合并为石咀村，办公地点设在石咀村。

0244 石佛镇大坪村

简　介：大坪村位于渭北浅山区，因该山顶有一片面积较大的平整场地而得名，相传大坪村早期村民来到该山后，发现此块平整场地适合建房屋居住且可省去平整土地的劳动，故而选择在此生息繁衍，因地起名，大坪村也就应运而生。大坪村地处渭北干旱浅山区，下辖大坪、杨坪、夏家湾3个自然村，共有1585人，土地面积2685亩，主要种植苹果、花椒。

0245 渭南镇西湖湾村

简　介：西湖湾村位于渭南镇以南山上，陇海铁路以南山区，全村102户，539人。1982年之前为渭红村的自然村，1982年之后为西湖湾村。该村由西湖湾自然村、罗圈湾自然村及陈家山自然村组成。主要种植苹果、小麦、油菜、玉米等农作物，交通便利，气候宜人。

0246 甘泉镇金胡村

简　介：金胡村现有560户，1100人，耕地3100亩，其中苹果园面积2600亩，退耕还林面积500亩。金胡村由3个自然村组成，一组刘家渠、二组金家山、三组胡家山。这3个自然村的名字都是由本村姓氏最多的姓再结合本村地理地形而得名的。金胡村的得名则是由金家山与胡家山两村的名字组合而得。在1965年以前金家山和胡家山为一个行政村金胡村，而刘家渠为独立的一个行政村，在1965年"社教"运动后将刘家渠并入金胡村。金胡村3个自然村都相距比较远，3个自然村中刘家渠最大，现有495人，占全村45%。金家山现有人口395人，占全村35.9%。胡家山现有人口210人，占全村19.1%。各自然村都有山神庙1处，每逢过年过节，村民就会入庙烧香祈福，保家庭平安。

0247 伯阳镇西坪村

简　介：位于伯阳镇西，地处秦岭支脉大坪

岭北端宋家岭山坪地带。北依渭河为界，隔河与南集村相望，南与曹石村相交为邻，西翻山梁与花南村接壤，东与下坪村紧密相连。村境面积约 6 平方公里，是伯阳镇的西门户。

0248 社棠镇俊林村

简　介：俊林村原名小湾村，解放后改为峻林村，"峻"指庙山，"林"指兰铁林场。上世纪 70 年代初期更名为俊林村。

0249 石佛镇裴家滩村

简　介：裴家滩村，原来称为"裴寅村"。裴家滩村，取其中的"裴"，顾名思义，是因村里人的姓氏中以"裴"为主。而"滩"则考虑地理位置于渭河北面，所形成的平原上而得称。全村现有 486 户，2216 人，土地面积 1100 亩，人均 0.5 亩，主要经济来源为务工。

0250 元龙镇码头口村

简　介：元龙镇码头口村位于元龙镇以东 10 公里处，地处 310 国道沿线，渭河以南，全村共 4 个村民小组，沿码头沟居住，全村共 210 户，936 人，其中党员 22 人，耕地面积 1832 亩。

0251 甘泉镇包家沟村

简　介：包家沟村位于甘泉镇西北部的大江沟，属浅山半干旱山区，距甘泉镇政府约 6 公里，距天水火车站约 13 公里，距著名的麦积山风景区约 20 公里。宝天高速公路从村旁通过，距高速出口约 4 公里，交通便利。全村总面积 3960 亩，耕地面积 3800 亩，所辖 5 个自然村，7 个村民小组，现有 306 户，总人口 1312 人，山地面积 3700 亩，川地面积 3700 亩。花牛苹果、黑红提葡萄、大樱桃是本村的支柱产业。包家沟村东与马跑泉镇的崖湾村接壤，西与阳湾村毗邻，南接吴家河，北临小江沟。东西长约 2.5 公里，南北宽约

15 公里，境内海拔高度平均 1200 米。

0252 新阳镇温缑村

简　介：温缑村姓氏以温姓和缑姓为主，故而得名。位置处于新阳镇南部山区。全村 192 户，860 人，耕地面积 2024 亩。

0253 马跑泉镇南崖村

简　介：马跑泉镇南崖村位于 310 国道两侧，东与伯阳镇花南村接壤，北与社棠工业园相邻，背靠南山，西与石咀村相望。有 3 个自然村，5 个村民小组，224 户，927 人。因该村地处渭水南岸，背靠南山，多悬崖，故取名为南崖。

0254 元龙镇佃儿下村

简　介：佃儿下村位于元龙镇以东，310 国道以北，全村共有 3 个自然村，总户数是 196 户，总人数 896 人，全村以种植业为主。

0255 道北街道前进路社区

简　介：前进社区位于麦积城区前进北路以西，北山路以东，南以铁道为界，北至市九中，距区政府不足 300 米。辖区主要由天禧园小区、机务楼、工人巷、天工寓、天工居、天工园 6 个居民区组成，总面积 0.22 平方公里。常住居民 1754 户，5259 人，其中离退休职工 147 人，居民以铁路职工为主。有驻区行政事业单位 4 个（区老干局、市九中、道北铁路幼儿园和道北工商所）、属地企业 1 个（兰州铁路局工务材料段），个体经营门店 158 家，其中用工超过 3 人的 12 家。

0256 马跑泉镇敖子坡村

简　介：马跑泉镇敖子坡村位于 310 国道以

南，西与东柯河相邻，北与石咀村相望，南与李家坪相邻，东与杨湾村相邻。有84户，359人，2个村民小组。因地处于半山区，全村依山坡环状而建；又因村上以前姓氏以敖姓人为主，故为敖子坡。后来敖姓人逐渐没有了，现在村上以米姓、董姓为主，但敖子坡沿用至今。

0257 新阳镇新寨村

简　介：新寨村是由郭寨、仲家坡、蒋家坡3个自然村于2004年村组合并而来，以郭寨为主，故名之。位置处于新阳镇南部山区。全村232户，1028人，耕地面积2768亩。

0258 五龙乡岳王村

简　介：岳王村是由岳家咀和山王两个独立的建制村合并而成，取两个村的岳姓与王姓而命名。1961年划归为石洞公社，1966年被划归为安林公社，1971年划归为五龙公社，1983年至今隶属于五龙乡。山势为沟壑梁峁之地，土层深厚肥沃，适于农耕。东至梁家庄，西至金山王家窑村，南靠金山颉家湾村，北至岳家湾村，村内共有2个自然村，260户，1186人，现有耕地2584亩，经济收入以劳务及农业生产为主。

0259 石佛镇周家半山村

简　介：古时，有周氏一族人从外面迁入此地，由于地处半山，故称周半村，后有裴、刘、王等姓迁入，辖杨半、周半、公王3个自然村。周半村地处渭北干旱浅山区，干旱少雨，全村共有980人，耕地面积2438亩，人均2.5亩，主要种植小麦、玉米、苹果、花椒等，贫困人口较多。

0260 石佛镇赵家沟村

简　介：村里大多数人都姓赵，村里群众生活环境艰苦，住在一个沟里，因此村名赵家沟村。赵家沟村位于石佛镇之北九峪沟东北坡上，由赵家沟、上王、下王、王新、陶家沟5个自然村组成。

0261 社棠镇白家庄村

简　介：全村辖2个自然村，总人口为1022人，种植小麦、玉米、油菜、苹果、葡萄、桃、杏等。辖区内有县级文物保护单位槐荫寺及黄家嘴遗址。

0262 元龙镇和平村

简　介：人民群众期盼安定和谐、幸福平安的生活，故取名和平村。和平村位于天水市麦积区元龙镇东南部，距元龙镇18公里，全村现有109户，538人，由4个自然村组成，分别命名为瓦子沟、火盆沟、西沟、大坪里。

0263 三岔乡前进村

简　介：前进村是三岔乡最大的一个村，地处310国道沿线，由11个自然村构成，距三岔乡政府11公里，4个自然村沿310国道依次分布。东接集村，西临吴寨，其他7个自然村位于310国道南侧山沟中，全村外貌似山，山和渭河形成个"上"字形，全村564户，2584人。过去前进村叫鳖盖子，就像鳖的盖一样，后来叫关山，再后来改为前进。

0264 甘泉镇西枝村

简　介：西枝村其名由来已久，据《秦州志》记载，西枝村地处秦州城东南六十五里，俗名元店。其名有史考证来源于公元755年唐玄宗李隆基时期。当时，京都长安大云寺住持赞公和杜甫相交多年，后肃宗将赞公贬出京都，流离于西枝。赞公见此地气候适宜、景色优美，便请杜甫来此地隐居。公元757年秋，杜甫来到此地，与赞公在熊家窑（西枝村一自然村）赏景。夕阳西下时两人相谈甚欢，杜甫便指着河的西边说建一所学堂取名"西枝"。当时便有了西枝"赞公土室"、"寻置草堂"和"西枝台"的遗址。又据1926年当地群众重修元店庙时，发现横额前面刻有"古西枝村"，落款为大明洪武年仲秋。因此，据有史可证，"西枝村"村名来源于唐玄宗时期或更早。

0265 渭南镇王新村

简　介：王新村位于渭南镇东南部，南山脚下，陇海铁路及麦甘公路以南，全村202户，933人。土地面积752亩，户户通水，家家通电，电信移动覆盖全村，信用社服务便民。内巷道全部硬化。经济来源以小麦、玉米、油菜及其他农作物种植以及出国务工为主。

0266 石佛镇涧沟村

简　介：涧沟又称碱沟，因所在村庄对面有两大片碱地，河沟两岸多碱土而得名。又因村子下面有一个沟，是一条季节性河沟，汛期时水流大，雨量少时水流小，常年有这条小河，人们能利用小河水，因此就将碱沟改名为涧沟。涧沟村位于渭北干旱浅山区，全村有6个村民小组，210户，1020人，总耕地面积2217亩，经济收入以劳务输出为主，种植业以花椒、苹果为主，有2个规模较大的苹果专业合作社。

0267 渭南镇刘家庄

简　介：刘庄村位于渭南镇东南部，陇海铁路以南山区，交通便利，环境宜人，全村共283户，1403人，以刘姓为主要姓氏，村民主要经济来源是苹果、小麦、玉米、油菜及其他农作物。

0268 石佛镇张坪村

简　介：张坪村位于石佛镇东北部，地处山区，地形平整。很久以前张姓家族定居于此，故取名张坪。下辖上坪、下坪2个自然村。全村150户，634人，总耕地面积1980亩，全村经济收入以外出务工为主，种植业为辅，主要种植小麦、玉米、苹果、花椒等。

0269 伯阳镇南河村

简　介：南河村位于伯阳镇南，距伯阳镇7.5公里。地处秦岭北麓，毛峪河谷山地。现由南河、刘沟两村组成。村境面积约6.5平方公里。元朝以前，南河村都是圣湫山党之里建制。元朝时，为了分割统治，将江南的汉人迁入北方，秦州地迁入30余万人，伯阳境地有刘、曹、巩等汉族姓氏迁入其地，同时从陕西关中渭南迁入段、张、南等姓，今南河村的南姓、刘家沟的刘姓、巩家坪的巩姓等都是元朝时迁入的。明初，为响应朝廷的屯田措施，南集的南氏、张氏移居今刘沟、南河。南河因从南集移的南氏最多，占全村总人口的百分之八十，以南姓为基础，并因村庄处于毛峪河北岸，故而得名南河村。解放后，南河村、刘沟村为两个行政村，后又分别称为南河生产大队、刘沟生产大队，后又改称南河村村民委员会、刘沟村村民委员会，2006年，刘沟村撤销并入南河村村民委员会。

0270 社棠镇税柳村

简　介：村名因2006年税湾和柳沟两个村合并而来，全村共有136户，612人，农作物以苹果为主，全村共有土地面积2800亩。

0271 五龙乡舍安子村

简　介：据传说，清同治年间，在反白狼时，所经过的队伍把马鞍丢失在此而得名。解放前属秦安县周湾乡管辖，在20世纪60年代后又划归石洞公社，70年代后划归五龙乡至今。东接上石村，西与金山张家岔村相接，南与岳家湾村相连，北靠金山、牛家山村，现在本村有120户，566人，经济收入以务工及种植药材为主。

0272 道北街道滨河路社区

简　介：社区因位于渭河之滨而得名，东起鸿源小区，西至峡口，北起陇海线，南至渭河，区域面积0.62平方公里，社区成立于2002年，现有常住居民1932户，5996人。

0273 甘泉镇阳湾村

简　介：麦积区甘泉镇阳湾村坐落于甘泉镇西北，地处包家沟村和归凤山村之中。全村有9个村民小组，由3个自然村合并而成，即阳湾村、赵家河村和文家庄。

0274 马跑泉镇大柳树村

简　介：马跑泉镇大柳树村在麦贾公路沿线，颖川河以西，南接崖湾村，北邻吴家崖村。有7个村民小组，1865人，426户，村以南有垂柳6棵，直径约1.7米左右，距今有二千多年历史，故名大柳树村。

0275 石佛镇朱家河村

简　介：原名叫龚家场，村民都是姓龚的人家，后因地震、泥石流致使龚姓人无一幸存，后面裴家腰庄、秦安、张湾的部分村民搬迁至此。据村中老人讲，百年前暴雨河满，因为水中含有很多泥土，水色赤红如朱砂，所以得名朱河村，这也成为唯一可考的村名由来。

0276 北道埠街道羲皇社区

简　介：因辖区的羲皇大厦而得名。羲皇社区成立于2000年12月，由原一马路居委会、自由路居委会合并建立。东起埠北路，西至前进南路，南邻渭河北堤，北靠陇海铁路线。辖区面积3.5万平方米。社区共有居民1060户，总人口2832人，辖区共14个居民住宅小区，12个行政事业单位，300余个门店。

0277 马跑泉镇慕滩村

简　介：马跑泉镇慕滩村原名慕家滩，地处渭河中游，东与大沟相近，西与团庄接壤。全村有2个自然村，13个村民小组，人口4276人，964户。该村位于莲花山脚下，因长期遭遇暴雨冲刷，形成一块滩地，因土地肥沃，居住人口渐多，故名慕滩村。2005年2月，红花咀村与慕滩合并为慕滩村，办公地点在慕滩村。

0278 甘泉镇黄庄村

简　介：该村距离甘泉镇政府西南方3公里，董甘公路由中间穿过，地处半山腰，人口居住分散。全村有4个自然村，6个村民小组，352户，总人口1512人，耕地面积2447亩，林地面积5680亩，全村年经济收入370万元，人均1860元。主要经济来源是种植业和劳务输出两个方面。粮食播种面积1200亩，总产量250吨，2003年中庄村和黄庄村合并。根据政府小村变大村的指导意见，由黄家庄姓氏关系故起名黄庄村。黄庄村一组胡家窑在窑洞中居住，所以命名为胡家窑；二公里处二组，因马氏家族在此处台子上居住，故名马家台子；二公里半处三组，因在董水河沟中间居住，起名为中庄；三公里处属于黄家庄。

0279 石佛镇陶家崖湾村

简　介：该村地处石佛镇东南部。地势高低不平，地表起伏较大。由于它是位于山崖上的小村，始有陶姓在此定居，发展成村，故取名陶崖村。陶崖村为一行政村，无下辖自然村。村内现有两个居民组，109户，490人，党员11名，耕地面积1671亩，主要种植小麦、玉米、油菜、苹果、花椒，经济收入以务工为主。现有合作社1家，主要种植苹果。

0280 伯阳镇高坪村

简　介：高坪村位于伯阳镇东南，距伯阳镇8.5公里，地处王坪山梁南麓的山坪地带。村域面积约4平方公里，北以山梁为界与王坪接壤，南越毛峪河与南河村相望；东以沟为壑与南河村为邻；西以沟为界与巩坪村交连，所踞山岭东北起于虎头村山经王坪梁至马鬃梁向东南延伸与进家山届脉，今总称保安山，属西秦岭脉。元初时，今高坪村还为圣湫山里。到了元中叶有兴仁村刘氏迁入高坪村，开发了大量土地，其庄园成为高家山庄。明朝中叶，又有高家大户一族从社棠高坪村迁入50余户，开垦土地一部分，又收买土地一部分，扩大了庄村。后又有虎头马家一族迁入高坪村。明朝时，今高坪村与巩坪、刘家河分开，单独为一行政村。解放后，高坪曾称为高坪生产大队，后改为高坪村村民委员会，沿用至今。

0281 石佛镇咀王村

简　介：早期因地震频繁，使整村由许多小山堆组成，上王村村民又陆续都搬到堆王村，又因几乎全村人都姓王，故名堆王村，后因不好听，改谐音为咀王村。咀王村位于渭河南面，上接峪口村，下连陶家村，该村7个村民小组，377户，1709人，总面积3010亩，经济来源以外出务工为主，同时，积极发展种植养殖。

0282 甘泉镇毛集村

简　介：毛集村位于麦积区甘泉镇东部，全村有4个村民小组，村户居住很集中，距著名的街亭古镇很近，交通便利。毛集村村民姓氏较杂，有谢、闫、刘、潘四大姓。

0283　马跑泉镇沽沱村

简　介： 马跑泉镇沽沱村位于东柯河流域，北接东柯村，南接甘泉镇吴家寺村，与敖子坡村隔河相望。有4个村民小组，1142人，251户，耕地面积为912亩。村庄依山而建，村里有一老泉名为"沽泉"，又以王姓人家居多，故村名为王家沽沱村。

0284　三岔乡咀头川村

简　介： 咀头川村位于天水市麦积区310国道东南部，距三岔乡政府25公里，海拔800米，咀头川村自古以来叫"嘴头川村"，据村内老人回忆，咀头川村是原吴砦县衙的属地，因金龙山山系的一座大山像人嘴，因而得名，后经时间推移演变为咀头川村。全村共有4个村民小组，135户，586人，耕地面积674亩，除耕地面积外还有河滩地500多亩，林地面积1000多亩。

0285　石佛镇于堡村

简　介： 于堡村坐落于一古碉堡旁边，全村多为姓于人家，故名于堡村，又名于家堡子。于堡村坐落于石佛镇北山上，由杨家咀和于家堡子组成，有4个村民小组，全村156户，567人，总耕地面积1800亩，主要种植小麦、玉米、苹果。

0286　渭南镇渭东村

简　介： 渭东村地处渭河南岸，陇海铁路北，与渭西村一水沟之隔，与渭西村原同属一村，名熊家寨，后一分为二，因该村处原村东部，姓氏以刘杨陈为主，渭东村属川区村，通公路，现有502户，2273人，耕地面积1296亩。村内有珍属幼儿园1所，村小学1所，是天水盛农果业公司所在地。现土地已基本流转至当地盛农、康盛源等公司，村民以务工为主。

0287 渭南镇麻坪村

简　介：麻坪村位于渭南镇东南部山上，陇海铁路以南山区，共104户，502人。全村以董姓为主要姓氏。主要种植苹果、小麦、油菜、玉米等农作物，交通便利，气候宜人。

0288 渭南镇窦家峡村

简　介：窦家峡村位于渭南镇东南部，陇海铁路以北山区，全村152户，731人。有一个自然村叫吕家山自然村。以吕姓和窦姓为主，两个自然村相距较近，为便于管理及发展，合并为窦家峡村。主要种植杏子、小麦、油菜、玉米及其他农作物。

0289 东岔镇桃花坪村

简　介：桃花坪村地处东岔镇西南面，秦岭北面，海拔1100米左右。现有总人口1078人，耕地面积2043亩，年人均纯收入约3264元。很久以前，桃花坪属部落村庄，当时地域一片荒凉，满山遍地的野桃花一到阳春三月，遍地盛开。当时的区域并无地名，在唐朝盛期，有一位官员从汉中经过凤县、庙藏等地，翻过大山，来到桃花沟，当时正是桃花盛开、满山遍野之际，这位官员便在此处下马休息，餐饮闲谈，见此处地势平坦，桃花满山，就取名为桃花平部落。后来经过改革，将桃花坪部落更名为桃花坪村。现有桃花坪泰伯庙，相传有一位采药老人，在今利桥乡曼坪野牛关梁采药时，发现一山洞，那天中午，他在山洞蹲下休息时，见山洞里出来3个小孩童，全身裸露，他感到十分惊奇。回家后便将此事告诉全村人，由于村民十分好奇，第二天他便约了几人到山洞前等待，中午之时，果见3个孩童从山洞里走出来晒太阳，这几人一拥而上，由于孩童未穿衣服，只抓住了其中最小的一个孩童。不一会儿，倾盆大雨到来，这几人背着孩童一口气跑回家中，到家才发现背回来的竟然是一个木偶人，这几人认为这3个孩童是神，于是修建泰伯庙宇以供奉，庙中供奉大泰伯、二泰伯、三泰伯，一直流传至今。

0290 新阳镇沿河村

简　介：沿河村由胡家湾、下曲2个自然村组成，为2004年村组合并而来，因全村居住在渭河沿岸，故名沿河村。全村408户，1600人，耕地面积1883亩。

0291 渭南镇张石村

简　介：位于渭南镇铁路边缘，现有人口1451人，耕地面积1610亩。全村人居住在卦台山山脚下，南面陇海铁路，北邻渭河。

0292 马跑泉镇阮家山村

简　介：阮家山村有2个村民小组，593人，120户。村名来自阮姓家族，处于麦贾公路左侧，靠山古名庙顶，左侧凤坮，右侧大凉山顶。村庄古建阮家家庙。2008年修缮，改旧换新，山庙门旧址，旧貌未变，一方水土养育一方村民，历史悠久。

0293 甘泉镇胡沟村

简　介：胡沟村位于甘泉镇东南部，有5个自然村，6个村民小组，全村209户，892人，耕地面积2485亩。2005年村组合并，由架岭行政村4个自然村和胡沟行政村2个自然村合并为胡沟行政村。一、二组104户，456人，属胡沟自然村，胡姓人居多，其次是王姓，其余十余姓系各处搬来，听老人讲，胡家沟原系南宅子胡姓山庄，以此得名，后又简化为胡沟村。三组柳滩48户，原系自然灾害点，计划整组搬迁胡家河。四组30户，137人，距胡家沟3公里，有大梁子树一颗。五组王家咀，14户，六组双常沟，13户。全村以务农为主，兼果树种植和养殖。

0294 伯阳镇伯阳村

简　介：伯阳村是镇政府所在地，设南阳里和伯阳里。2006年南阳村和伯阳村合并为伯阳村，依靠南屏山，接临310国道，全村有3216人，是全镇经济、文化中心，2004年9

月被天水市城乡建设规划设计院列入重点规划，2006年启动建设。

0295 社棠镇社棠社区

简　介：社棠社区因毗邻社棠村而得名。东起春风集团，西至社棠中路，以社棠东路为中心分布在两边。2001年撤销社棠、建西、建东居委会，组建社棠社区居委会。辖2086户，5189人，辖区内企事业单位9个。

0296 伯阳镇复兴村

简　介：复兴村位于伯阳镇东南，历史悠久，文化积淀深，境内五山庙具有传统文化之价值，已列为重点文物保护单位。1949年伯阳解放，设置为复兴行政村，隶原伯阳乡，下辖3个村民小组，全村251户，1303人。

0297 五龙乡安家山村

简　介：因村上居民以安姓为主，且地处山腰而得名。安家山村是由原来的安坪村、安湾村及安下村合并而成，1971年安坪大队、安湾大队及安下大队隶属于五龙公社，1983年又划归为五龙乡，2004年撤乡并镇后，安坪大队、安湾大队及安下大队合为一个建制村为目前的安家山村。东与刘家湾相望，西与小窑村相望，南与新阳赵家庄相连，北至雷家湾村，全村共有4个村民小组，4个自然村，350户，1575人，现有耕地2567亩，村民收入以劳务收入为主。

0298 渭南镇张新村

简　介：张新村位于渭南镇铁路边缘，现有人口1078人，耕地面积1330亩。全村人居住在卦台山山脚下，南面陇海铁路，北邻渭河。

0299 新阳镇王田村

简　介：王田村地处新阳镇南部凤凰山脚下，东临胡家湾村，西接石坡村，南依凤凰山，北朝温集村。风景宜人，民风淳朴，气候温和，交通较便利。王田村由2个自然村组成，即王家坡、田家坡，取其王田二字，得名王田村。村有2个村民小组，农户234户，1031人，总耕地面积两千余亩，农作物种植面积1400亩，果林种植面积600亩，林地面积100亩，物产日渐富足，杏子、核桃、葡萄、苹果等果品因色泽鲜美、风味独特而闻名。

0300 道北街道铁西园社区

简　介：社区因小区南接铁路，位于道北辖区的最西端而得名。北邻华宇天辰开发小区，南靠铁路车站西货场，西邻西排洪渠。

0301 伯阳镇石门村

简　介：石门村位于伯阳镇东南12公里，地处石门山沿林区山地。村境面积约8平方公里，又处在轩辕谷水、伯阳谷水源头区域，正好处于古籍和《秦州直隶新志》《天水县志》记载的人文始祖伏羲、人文初祖轩辕黄帝降生地带。石门村又被划入石门风景之列。它开化时间早，历史悠久，但开发时间较迟，这里的远古先民是戎人。商、周之间秦人迁入这片区域，这里成为戎人、秦人活动、生活、居住的领域，东周列国后被秦人兼并。秦国时，这里时征时服，时放时松，属自由生存繁衍的地区。直到西汉以后，才进行了完善的统治建制区划。但真正转入农耕生产生活、定居繁衍并形成庄园是在唐宋之际，元、明、清三朝逐渐发展发达。石门村以前称杨家山村，在1987年地名普查后，改称石门村。

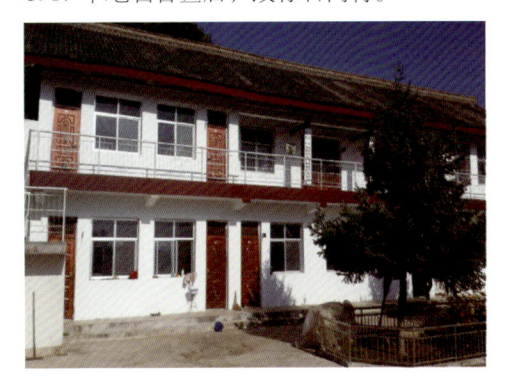

0302 伯阳镇曹石村

简　介：曹石村因由曹家山、石家山和新庄3个自然村组成，取曹家山和石家山2个自然村名的第一个字命名。曹石村位于伯阳镇西部海拔1400多米的干旱山区，全村共有113户，516人，耕地2336亩。

0303 甘泉镇甘泉村

简　介：甘泉有一千多年历史的太平寺，寺院内有太平寺泉眼（即八卦井），井上有八角亭1座，据《秦州志》载："马跑泉东南二十里为甘泉寺镇，有甘泉寺，泉在寺中厦下。"又记："有泉涌出，东流入永川，甘水极盛，旱不遏，冬不冻，作寺覆其上，号甘寺。"顾名思义，甘泉镇是因泉水甘甜而得名。五代诗人王仁裕赞曰："麦积山势连天涌，玉兰花开隔岸香"，八卦井旁曾有邓宝珊先生命名的柏槐孕椿（即柏槐、椿树联生一体），堪称天水一奇（现已被毁）。唐肃宗乾元二年（公元759年）唐代伟大诗圣杜甫流寓秦州，为八卦井泉赋诗曰："招提凭高冈，疏散连草莽，出泉枯柳根，汲引岁月古，……三春湿黄精，一食生毛羽。"1959年邓宝珊先生特邀国画大师、75岁的齐白石先生为寺院题号"双玉兰堂"匾额，邓宝珊先生亲自撰稿了"万丈光芒传老杜，双柯磊落诗芳兰"的楹联。还有冯国瑞、吴鸿宾等名人为双玉兰堂题下了不少脍炙人口的诗篇佳句。这里青山绿水，群山环绕，土地肥沃，资源丰富，气候温暖湿润，四季分明，旱涝保收，适宜各种农作物生长。村民勤劳淳朴，团结和谐，善良好客，来自各地的人们都流连忘返，甚至安居乐业，可谓一片福地。

0304 新阳镇周家湾村

简　介：周家湾村紧邻新阳镇政府所在地，村民基本为周姓，故名之。地处渭河以南，东邻沿河村，西邻温集村，背靠凤凰山。村内有常住人口165户，651人，耕地总面积579亩，农作物总面积为1020亩。主要农产品有杏、花椒、玉米、油菜、小麦等。

0305 五龙乡杨王村

简　介：因村内杨姓与王姓人占多数而得名。解放初期，属石洞乡管辖，后成立大公社时，杨王村、雷上村及雷下村3个自然村合并为雷家湾大队，公社变乡以后变为杨王村委会，划归于五龙乡。东至雷家湾村，西接岳王村，南与大窑村相望，北靠梁家庄村，全村有3个自然村，102户，506人。现有耕地976亩。

0306 社棠镇向阳村

简　介：向阳村共有268户，1070人，由2个自然村组成，有3个村民小组。村民多以务工、种植、养殖、运输业为生。村民以李姓为多，传说为隋唐时自山西大槐树村随军西迁而至。上世纪初本村叫桑园里，解放初更名经台大队，直至上世纪六十年代初因村庄坐北朝南，全天阳光充足，故更名向阳村。

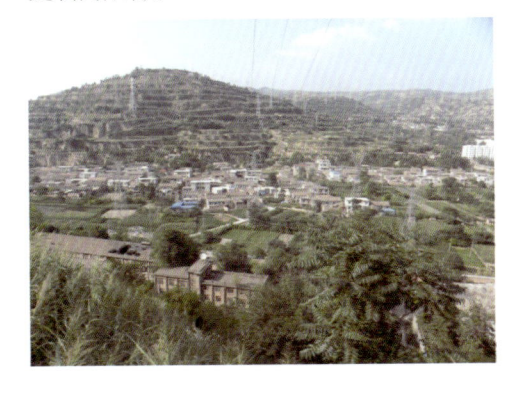

0307 五龙乡张家湾村

简　介：因村内以张姓为多，且村庄处在一躺湾而得名。1955年本村划归安林公社，1968年安林公社撤销，本村划归五龙公社，后改为五龙乡。村庄地势平坦，山势为沟壑梁峁之地，土层深厚肥沃，适于农耕。本村共有4个村民小组，156户，682人。

0308 社棠镇槐荫社区

简　介：社区因槐荫树而得名。东起星火厂，西至渭水家园。2001年，槐荫居委会更名为槐荫社区居委会。辖1960户，4697人。

0309 甘泉镇朝阳村

简　介："朝阳"之名由来已久，因地貌特征、古寺之名、"丹凤朝阳"的民间传说而取名。据考，大约1930年左右，设立了朝阳初小，校址设立在今朝阳寺旁。解放后，1950年至1962年，先后设立朝阳初级社、朝庆乡，管辖4个自然村（柳家坪、徐家湾、尹家店子、贾庄），1957年底改名为朝阳人民公社，朝阳管理区。1962年撤区归并为麦积人民公社，特设朝阳生产大队。直到1980年，土地分到户后，改名为朝阳村沿用至今。

0310 三岔乡水关村

简　介：水关村位于310国道沿线，宝兰客专北面，其走向是面南背北，东接太碌村史家勿，北邻新岔村，西接葡萄村。水关村原名水罐村，在明朝时期村庄山脚下有一处出水口，人们在饮用时多年深挖，形状似罐子状，故后人称为"水罐"，水关村由此而得名。

0311 马跑泉镇龙槐村

简　介：马跑泉镇龙槐村位于稠泥河流域以西半山区。北与花牛镇相望，南与甘泉镇接壤，东与新胜村相邻。由6个自然村，10个村民小组组成，人口约2062人。2005年2月，由漫湾村和李家湾2个行政村合并而成，因李家湾村中有龙槐寺而得名。

0312 道北街道张家村

简　介：张家村因该村村民以张姓为主而得名。位于区府路西段，区政府以北，东起区政府大院，西至天宇华辰，南至区府路，北至北山。现有3个村民小组，546户，2257人。

0313 元龙镇石谷川村

简　介：因该村在石头峡谷当中而得名。石谷川村地处元龙镇中部，渭河北面。距麦积城区40公里。现有火车站1处，位于石谷川三组。另有小学1处，现辖3个村民小组，208户，880人。耕地面积1854亩。

0314 马跑泉镇三十甸子村

简　介：三十甸子村地处羲皇大道以南，西接花牛镇，东接黑王村。全村有8个村民小组，3750人，745户。原名是甸子地，后因距城30里，常有客商在此歇脚，故名为三十甸子。

0315 五龙乡汪家山村

简　介：村内居民以汪姓居多，又住在山腰故而起名汪家山。汪家山在早年叫秋池寺，后又改名为汪家山，原隶属西山坪乡，2004年撤乡并镇划归五龙乡。

0316 石佛镇峪口村

简　介：村落位于九峪沟的沟口，故名。峪口村位于石佛镇东南部，全村664户，2820人，总耕地面积2876亩，为石佛镇第二大村，秦南公路穿村而过，大多数农户以种植小麦、玉米、油菜为主，少数发展林果业和养殖业。

0317 石佛镇康庄村

简　介：康庄行政村由康庄村自然村、柳家山自然村、杨家湾自然村、裴家老庄自然村组成，因为康庄自然村村民大多姓康，而4个自然村中以康庄自然村所占人口最多，故名康庄村。康庄村位于石佛镇中心偏北，距政府4公里，下辖康庄、柳家山、杨家湾、裴家老庄4个自然村，全村6个村民小组，221户，1091人，耕地面积2237亩。

0318 元龙镇花石崖村

简　介：村名来源于腰崖自然村的花石崖景点，地处元龙镇中部，渭河北面，距麦积城区40公里。现辖腰崖、格牙2个自然村，4个村民小组，164户，703人。耕地面积1510亩。2005年2月，腰崖村与格崖村合并为花石崖村，办公地点设在格崖村。

0319 渭南镇王旗村

简　介：王旗村位于陇海铁路以南山区，交通便利，环境宜人，村民主要经济来源是林果业，全村321户，人口1520人。有自然村1个。以前称为王其寨，解放后更名为王旗村。

0320 甘泉镇玉兰村

简　介：玉兰村现有农业人口3064人，土地面积2880亩，人均纯收入2436元。每年的春分时节，玉兰村都会迎来玉兰花的绽放，清芬四溢，一雌一雄的两珠玉兰树为全国罕见。齐白石为此题写"双玉兰堂"的匾额，植根于甘泉寺的玉兰树旁有一眼泉，名为"春晓泉"，杜甫流寓秦州时，饮此泉后赞誉"香美胜牛乳"，甘泉和玉兰使得玉兰村充满人文气息。甘泉镇镇政府所在地现有两个村，甘泉村和玉兰村，原来是一个村，村名为甘泉大队，有14个村民小组，4000人，在1979年11月份，甘泉公社报县政府批准，把甘泉大队一分为二，1-9组为下街大队，10-14组为上街大队，1988年因双玉兰申报政府，原来的下街大队由此而得名玉兰村。

0321 道北街道寨子村

简　介：因古时为防匪扎寨而得名。道北街道寨子村位于区府路两边，是麦积区典型的城中城。

0322 社棠镇石岭村

简　介：本村共有335户，1678人，以种植葡萄、苹果为主。原名神灵寺，解放初土改时因太迷信改为石岭村，最初由兴石、岐岭2个初级社组成，1956年成立高级社时合为石岭农业社，至今叫石岭村。

0323 五龙乡小窑村

简　介：因本村人住小窑洞而得名。解放以前隶属于石洞乡，1961年又划归为石洞公社，1966年被划归为安林公社，1971年划归为五龙公社，1983年至今隶属于五龙乡。小窑村由裴家老湾和小窑2个自然村组成，在撤乡并镇之前小窑与裴家老湾是两个独立的建制村，撤乡并镇之后合为一个独立的建制村，因小窑人口居多，起名小窑村。东与安家山相望，西与大窑村相连，南与新阳赵家庄相接，北与杨王村斜望，全村共195户，985人，现有耕地1531亩，村民收入以劳务收入为主。

0324 渭南镇沈家村

简　介：沈家村位于渭南镇政府辖区中心地段，东距镇政府150米，南距陇海铁路100米，西与渭南镇农贸市场相邻，北距渭河畔与盛龙公司葡萄基地相邻，渭惠渠穿庄而过。本村现总人口1050人，总户数250户，耕地面积668亩，户户通水，家家通电，电信移动覆盖全村。全村产业以外出务工为主，硬化村道路1公里。土地肥沃，人杰地灵，交通方便，条件优越，村内和谐，村貌秀美，是一个有发展潜力的村庄。

0325 三岔乡佘家门村

简　介：佘家门村位于310国道北面，南靠秦岭山脉，东接太碌村松木台，西邻元子村。由于以前有两户大户人家养蛇，为上蛇家、下蛇家，因此人们都叫"蛇家门"，后来经过演变就叫为佘家门。佘家门总共110户，510人，全村耕地面积1154亩，村子占地面积5508亩。

0326 石佛镇樊家湾村

简　介：最早有一个姓樊的人到此落户，樊姓越来越多，是该村的主要姓氏，故名樊湾村。樊湾村位于石佛镇东部，是华双公路和陇海铁路交会处，是原南河川乡政府的所在地，全村101户，401人，有2个村民小组，耕地总面积560亩，山地面积210亩。半山半川，川区主要种植葡萄。

0327 石佛镇黄堡村

简　介：因姓黄的人多，所住的地方像个堡垒的形状，有部分人从黄庄迁来的，所以叫黄堡。黄堡村地处渭北干旱浅山区，下辖黄堡、刘缑2个自然村，共有904人，土地面积2170亩，主要种植苹果、花椒。

0328 五龙乡周家山村

简　介：周家山村由周家山、上大地、柳滩3个独立村合并，且周家山人占多数，故起名周家山村。1961年划归为石洞公社，1971年划归为五龙公社，与周家山、上大地、柳滩村合并，起名为柏树王大队，1983年公社变乡后与柏树王村分开，变为独立的建制村，至今隶属于五龙乡。山势为沟壑梁峁之地，土层深厚肥沃，适于农耕。东与王咀村相连，西与千户永乐村相连，南与柏树王村相连，北靠王咀前山自然村，本村共有3个自然村，现有耕地面积1652亩，有129户，626人。

0329 新阳镇蚰蜒咀村

简　介：由于地势陡峭，山路崎岖，通向村内的主干道弯弯曲曲犹如一条正在扭动爬行的蚰蜒，加之坡地是一个排水沟，千百年来把山坡冲击成一个山咀，故得名。

0330 三岔乡集村

简　介：三岔乡集村原名"集贤村"，寓意人杰地灵，物华天宝，后于民国时恢复集村。集村东临关庄村，西接前进巨寺组，南靠利桥乡，北临渭河与陕西拓石镇相望。2003年10月因撤乡并镇，改制在三岔乡行政区域。陇海铁路、310国道纵贯全村，交通方便，全村共8个村民小组，320户，1399人，区域面积30平方公里，耕地面积560亩，1个村党支部，党员38人。

0331 元龙镇李家沟村

简　介：村里98%的住户姓李，居住在沟边。故名为李家沟村。李家沟村位于元龙镇中部，渭河北面，距麦积城区37公里。现辖两个村民小组，全村共有住户143户，人口636人。

0332 花牛镇靳庄村

简　介：靳庄村位于籍河北岸，全村共有4个村民小组，348户，1532人，耕地面积1713亩，经济收入以林果收入为主。靳庄村民以本村靳氏人口为主，故称靳庄村。

0333 东岔镇大沟里村

简　介：大沟里村是因群众分散居住于三达岭沟、金龙山沟这两大沟，因而得名大沟里村。大沟里村现有6个村民小组，134户，556人，全村耕地面积1508亩。

0334 利桥乡秦岭村

简　介：利桥乡秦岭村地处利桥乡西北部。全村上下10公里，有5个村民小组，共有95户，总计433人，劳动力数205人，其中五保户4户，8人，集体所有的农用总面积5201.5亩，农作物播种总面积2282亩。

0335 北道埠街道工业园社区

简　介：因社区与工业园区相邻而得名。工业园社区成立于2000年12月，东接社棠镇下曲村，西起天拖厂东排洪渠，北临陇海铁路，南至成纪大道东延段。辖区面积0.6平方公里。

0336 北道埠街道铁路社区

简　介：因位于铁路附近而得名。铁路社区地处麦积区陇昌路西，东起民政大厦，西至供电所，北接陇海铁路，南邻陇昌路，占地面积约0.2平方公里，辖区居民2396人，居民住户1067户，6个住宅小区，3个行政事业单位。

0337 五龙乡雷家窑村

简　介：相传一雷姓人在此一窑洞定居而得名。2004年以前隶属北道区西山坪乡，2004年撤乡并镇之后划归五龙乡。在村庄演变过程中，村民文化代代相传，其中以黑驰龙君救死扶伤的高尚医德传说为主，演绎出了众多精彩纷呈的故事。东接陈家湾村陈山自然村，西靠张强村，南接常渠村，北与千户乡何吕村相望，全村共有105户，550人，总耕地面积为1145亩。

0338 三岔乡关庄村

简　介：关庄村原名"官庄村"，位于麦积区东部，310国道沿线，地处秦岭山脉，渭河河谷地带，全村共有3个村民小组。共计225户，1045人，耕地面积约700亩，除耕地面积外还有河滩地、林地。关庄村自清朝时坐落于此，是原古吴砦县衙的官道口，故名"官庄村"，后经时间推移，演变为现在的关庄村。

0339 石佛镇刘家庄子村

简　介：最早，刘家庄子叫四房庄子，生活有弟兄4个，他们扎根此地，后代兴旺，曾更名为刘家上沟里。后来又更名为刘家庄子，直至现在。刘家庄子村名已有400多年的历史。

0340 社棠镇槐荫村

简　介：槐荫村因称为"老虎沟"、"老户沟"，最早为张、刘、侯、杨四大户。建筑槐荫寺时周围有自然生长的直径约一米的8棵槐树，再加槐荫寺供奉的"方神"的名字叫"槐荫"，故叫槐荫村。本村现有350户，1600人，耕地1100亩，8个村民小组主要种植葡萄、杏、油菜等。2005年2月，槐荫村与新堡村合并为槐荫村，办公地点设在槐荫村。

0341 元龙镇红星村

简　介："红星"的由来是上世纪六十年代初，有一条横跨3个村的"红星渠"，故而命名红星村。现有党支部1个，党员31名，预备党员1名，辖有3个自然村，共有234户，1018人，总面积10.2平方公里。

0342 道北街道育才社区

简　介：育才社区因位于育才路而得名。育才社区位于前进北路与育才路之间，辖区居民1045户，3157人，辖区内驻有企事业单位12个。

0343 渭南镇雷下村

简　介：雷下村位于渭南镇铁路南，北邻王李村，东邻左李村，南邻王旗村，由1个行政村和王上自然村构成。全村178户，740人。以前俗称夏庄里，解放后更名雷下村。

0344 马跑泉镇胡王村

简　介：马跑泉镇胡王村位于羲皇大道，有7个村民小组，3120人，692户。位于马跑泉名泉以西，主要住户以胡姓、王姓两大姓氏为主，所以称胡王村，"文革"期间改称红卫大队，后又改回胡王大队，现为胡王村委会。

0345 渭南镇左尧村

简　介：左尧村位于渭南镇南山上，全村84户，384人。原名左窑村，庄里以左姓居多，常年住在窑洞中，因此得名左窑村，解放后更名左尧村。

0346 社棠镇向阳社区

简　介：向阳社区因毗邻向阳村而得名。东起社棠中路，西至向阳村。北起社棠中心学校，南至道口。2001年，撤销建新、向阳居委会，成立向阳社区居委会。辖705户，1553人，辖14个企事业单位。

0347 元龙镇渭滩村

简　介：村名是由现在的地理位置演变而来。由于全村坐落于渭河滩上，因此取名渭滩村。

0348 新阳镇赵家庄村

简　介：赵家庄位于麦积区西北部，南望凤凰山，北依五龙山，渭水傍村南而入渭河，陇海铁路横穿而过。主要交通路线为陇海铁路、麦甘公路、新五公路。村民以赵姓为主，还有岳、廖、何、张等几个大姓。全村485户，2018人。

0349 马跑泉镇崖湾村

简　介：马跑泉镇崖湾村地处麦贾公路中段，位于大江流域及颖川河流域交汇处，有9个村民小组，3107人，624户。因河流长期冲击，形成狭长地带及大湾，且背靠西山大崖，由此得名"崖湾"。

0350 五龙乡岳家湾村

简　介：因村庄地处山腰一湾，且以岳姓村民为主而得名。岳家湾村地处五龙乡北部，总人口517人，有岳、巩、王3个姓氏，但以岳姓为主。1961年划归为石洞公社，1966年被划归为安林公社，1971年划归为五龙公社，1983年至今隶属于五龙乡。山势为沟壑梁峁之地，土层深厚肥沃，适于农耕。东至陈家山村，西接金山张家岔村，南接岳王村，北至舍安子村，全村共辖4个自然村，137户，602人，现有耕地1444亩。

0351 东岔镇乍岭村

简　介：乍岭村位于东岔镇西北，距镇政府所在地4公里，属小陇山林区，全村共5个村民小组，8个自然村。全村总户数186户，人口775人。全村现有耕地面积1422亩，全为半干旱和干旱地。其中退耕还林720亩，人均耕地2.12亩。经过几十年来多次变更，乍岭村由社教时的红旗大队更名为乍林大队，改革开放后又更名为乍林村。1984年原天水县撤县设市时更名为乍岭村。据老人回忆，以前本村叫闸岭村，源于本村有一山岭，形似闸杆，取谐音为乍岭村。

0352 渭南镇于元村

简　介：于元村位于渭南镇中部川区，现全村共有164户，818人，共有4个村民小组，全村总耕地面积724亩，经济收入以出外务工和种植业为主。原名于园村，主要姓氏有于、李。

0353 渭南镇缑庄村

简　介：缑庄村位于渭南镇东南部，陇海铁路以南山区，全村162户，877人。1980年之前为刘庄村的自然村，1980年后为缑庄村。有1个自然村，叫何家山自然村。姓氏较为杂乱，在村镇合并后统称缑庄村。交通便利，气候宜人，适宜人居，经济来源以苹果、小麦、玉米、油菜及其他农作物为主。

0354 新阳镇温集村

简　介：温集村因温姓人居多而得名。温集村位于今秦城、甘谷、秦安、三阳交界处。自清朝乾隆年间以来是麦积等四县区十几个乡镇的集市交易中心，是新阳镇政府所在地，也是新阳镇经济、文化中心。2004年建成新阳镇农贸综合市场。境内有百年老校温集初中、新阳中学、新阳中心学校。全村有959户，4012人。农作物以小麦、玉米为主。

0355 甘泉镇高庄村

简　介：高庄村在甘肃省天水市麦积区麦贾公路沿线，交通便利。土地面积有2200余亩，全村有345户，1567人，经济来源以繁育各种苗木及种植苹果为主。农作物有小麦、玉米。高庄村姓氏主要有刘、柳、苏、王四大姓氏，高庄村原以高家庄为名，在北道区更名为麦积区时，乡镇统一刻章将高家庄村刻为高庄村。高家庄原村名由于历史悠久，年代跨度大，来源已无从考证。

0356 东岔镇牛背村

简　介：牛背村是因所处之地地貌地形似牛的脊背而得名，地处陕甘交界，是甘肃省的东大门，沿靠310国道、天宝高速，交通便利。现辖2个自然村，51户，208人。耕地面积394亩，年人均纯收入约4000元，支柱产业为以核桃和板栗为主的特色林果业。

0357 渭南镇左李村

简　介：地处渭南镇中部310国道边，青宁村旁，村里因姓左跟姓李的人最多，所以取名左李村。现有人口223户，1046人。

0358 新阳镇张家阳屲村

简　介：村民以张、安两姓为主。地处南山高处，因张家人比较多，故名为张家阳屲。全村115户，485人，耕地面积1731亩。

0359 元龙镇井儿村

简　介：井儿村距麦积城区30公里，位于元龙镇以西，渭河以南，全村有4个村民小组，410户，1780人，井儿村因水好井多而得名。2005年2月，兴坪村与井儿村合并为井儿村，办公地点设在井儿村。

0360 五龙乡雷家湾村

简　介：因所处地形像一道湾，雷姓人占全村人口的80%以上而得名。解放初期，属石洞乡管辖，后成立大公社时，杨王村、雷上村及雷下村3个自然村合并为雷家湾大队，公社变乡以后变为雷上村委会、雷下村委会及杨王村委会，划归为五龙乡，2004年撤乡并镇时，雷上村和雷下村合并为雷家湾村。东至凌温村，西至杨王村，南与安家山相接，北靠五龙山，有262户，1168人，现有耕地2181亩，农民收入以劳务为主。

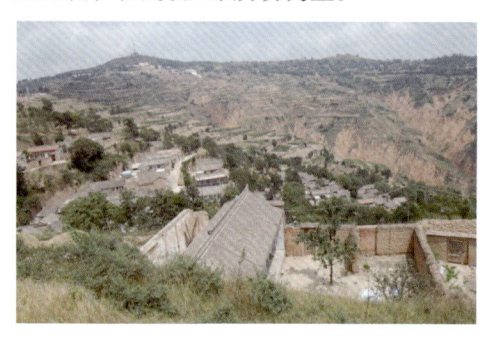

0361 马跑泉镇东柯村

简　介：马跑泉镇东柯村地处东柯河流域，北接石咀村，南邻沽沱村。有7个村民小组，1700人，382户，耕地面积2180亩，以农业为主。由于位于东柯河畔，故村名为东柯村。全村有3个自然村，2005年2月，莫家寺与韩家庄合并为东柯村，办公地点在莫家寺。

0362 石佛镇董家河村

简 介：董家河村处于渭河河岸以北，有一条河由北向南穿庄而过，本村董姓为第一大姓，缑姓为第二大姓，董姓占全庄的三分之一，故取名董家河村。

0363 元龙镇桑渠村

简 介：地处元龙镇中部、渭河南面，距麦积城区40公里，距元龙镇中心3公里。310国道在村边横穿而过，交通十分便利。现辖8个村民小组，585户，2437人。2005年2月，涝池村与堡坪村合并为桑渠村，办公地点设在涝池村。

0364 伯阳镇韩河村

简 介：韩河位于伯阳镇西南，地处泾谷山北麓，毛峪公路贯穿全境，是毛峪河下游。全村145户，750人。

0365 元龙镇青龙村

简 介：青龙村位于天水市麦积区元龙镇西南8.5公里处，全村现有142户，592人，由4个自然村组成，占地150余亩。

0366 三岔乡小坪村

简 介：小坪村，原名小家坪。据老人说，唐朝时樊梨花曾经在此地领兵打仗驻扎过一支小部队，樊梨花见此地人口少又平坦而起名叫"小家坪村"，后经历史演变简称为小坪村。东西山势是天然山林，古树茂密，山清水秀，气候凉爽，东南方笔架山高挺优美，南北是沟谷农路，以南通往秦岭村，以北通往吴寨村和310国道。全村共63户，254人，其中五保7人，全村土地面积644亩。

0367 马跑泉镇马跑泉社区

简 介：马跑泉社区因马跑泉而得名。位于颖川河以东，辖天水啤酒厂、造纸厂、7452工厂、纤维板厂等企业。2001年撤销柳林、东泉、颖东3个居委会，组建马跑泉社区居委会。辖区共1535户，3829人。

0368 渭南镇蒲石村

简 介：蒲石村位于渭南镇以南山上，全村80户，381人。由蒲湾自然村及石山自然村组成，村名取两个自然村前两字组成，更名蒲石村。

0369 甘泉镇屈坪村

简 介：屈坪村地处甘泉镇正东，依山傍水，距镇政府2公里。全村共有625户，3113人，10个村民小组。耕地面积4500亩，以大棚蔬菜、果园为主要农业产业，村内有惠民砖厂、屈坪砖厂、耐火材料厂、冶金建材厂、金城果业、苏艺园林等企业。屈坪村村民以屈姓、尤姓、董姓为主，相传最早时以屈姓为主，加之居所平坦，故名屈家坪。村内有民国时期所建马王庙1座，庙前有古槐4棵，树龄大约有一百多年。村民多有书法爱好。现比较有名的有屈德洲、屈光健、骆永忠等人，其中屈德洲曾为麦积区文化馆馆长，骆永忠现为浙江美院教授。屈坪村的社火表演在当地比较著名，是甘泉镇的文化区之一。

0370 马跑泉镇黑王村

简 介：马跑泉镇黑王村地处羲皇大道以南，与小商品城、市二中相连。全村有2个村民小组，350户，1248人。川区土地全部占完，山旱地有300多亩，全部为撂地。全村的主产业以务工为主。村办企业1个，天水三鑫建材公司，就业人员为80多名。

0371 东岔镇东岔村

简 介：东岔村村名由来已久，原是东岔乡镇政府所在地，因此取名为东岔村，现属东岔镇政府行政村之一。全村有9个村民小组，234户，1021人。耕地面积1008.8亩，人均年纯收入约3000元。收入以核桃、板栗种植和劳务输出为主。

0372 渭南镇能干村

简　介：能干村位于渭南镇以南山上，陇海铁路以南山区，全村166户，787人。1980年之前叫东风村。该村姓氏较为杂乱，有1个自然村叫石沟湾村。主要种植苹果、核桃、小麦、油菜、玉米等农作物，交通便利，气候宜人。

0373 石佛镇马家山村

简　介：很久以前有一对马姓夫妇从河南来此定居，最早住在马家漩涡，经过慢慢发展，山下没地方住了，人就慢慢往山上聚集，最后成为马家山。马家山村位于石佛镇东北干旱山区，全村总人数868人，6个村民小组。

0374 新阳镇郭王村

简　介：新阳镇郭王村位于新阳镇东半山，按照村民居住地域，分为郭家阳山和王家湾两大块，故名郭王村。全村185户，810人，耕地面积3160亩。

0375 社棠镇下曲村

简　介：原名李端镇，因汾水古道在此弯曲，并由北向东绕村流过，而该村位于弯曲之中，且位于河西，故名下曲。全村816户，3722人，耕地面积3100亩，以葡萄产业为主，拥有注册商标"下曲葡萄"并通过国家级绿色食品认证，与天水"花牛苹果"并称"北有下曲葡萄，南有花牛苹果"。

0376 东岔镇码头村

简　介：码头村过去是人们步行通往宝鸡市的必经之路，因路途遥远，行人多在此处住宿停留，次日再启程。因地处东岔河与渭河交汇之处，故称之为码头而流传至今。码头村处于麦积区东岔镇的中心位置，现总人口960人，耕地面积为1000余亩。

0377 马跑泉镇潘集寨村

简 介：马跑泉镇潘集寨村位于渭河流域羲皇大道以南，东邻石咀村，西接慕滩村。有5个村民小组，2150人，468户。在明朝时期，朱元璋属下一名偏将驻守在此，此人姓潘，因长期驻守，成家落户，当时军旗为潘字，所以称为潘旗寨，再后叫潘家寨，解放后称为潘集寨。

0378 新阳镇张家坪村

简 介：张坪村位于新阳镇西南部，村庄坐落于坪上，村民中张姓占绝大多数，故名之。交通便利，以山地为主，耕地面积1750亩，林果面积650亩，在果树中杏树150亩、葡萄400亩。

0379 石佛镇杨家庄村

简 介：杨家庄村原名北坡杨家，因明朝洪武年间由山西大槐树迁移至三阳川上峡口北坡枣树坪的居民全都是姓杨的，故名杨家庄。杨庄村地处石佛镇早阳片区中心区域，南靠中石公路，北至山脚，东临涧沟河沟，西临葫芦河，属市列新农村建设试点和石佛镇小城镇建设5个中心村之一，下辖杨庄、郭家寺，8个村民小组，535户，2275人，总耕地面积2116亩，以种植业、养殖业、劳务业为主，养殖业合作社已初具规模。

0380 道北街道红旗路社区

简 介：道北街道红旗路社区因位于红旗路而得名，位于区府路西200米处，东起北山路口，西至铁西园，北起同乐路，南至陇海线。现有居民1806户，4544人，有行政企业事业单位38个，商业门店48个，区四大组织机关驻本辖区。

（十一）天水市清水县

0381 草川铺乡腰林村

简　介：腰林村地处草川铺乡北部，距县城8公里，海拔1400～1800米之间，年平均气温16℃，年降雨量在600毫米以上。清社公路、草川河横穿而过，全村辖5个自然村，8个村民小组，167户，729人，总耕地面积3160亩，林地面积8900亩。

0382 白沙乡赵沟村

简　介：赵沟村位于白沙乡东南部1公里处，自然条件比较差，人居分散。全村共有3个自然村，184户，835人。劳动力430人，劳务输出245人，2011年人均纯收入2108元。

0383 远门乡林峡村

简　介：林峡村位于清水县西部，地处高峰科梁南延中段，海拔1660米左右，年日照射长2100小时，年均气温7.9℃，昼夜温差8℃～10℃，无霜期160天，降雨较少，年降水量590mm左右，全村有2个自然村，3个村民小组。

0384 贾川乡阳湾村

简　介：阳湾村位于清水县城西部，距县城35公里。海拔1400～1600米，属清水县西部区域，近十年年均降水量560毫米，且分布不均，年蒸发量170毫米，年均气温9.6℃，年日照时数2048小时，无霜期180天左右。阳湾村属半山区，山地多，川地少，治理程度低。全村共有5个村民小组，246户，1238人。

0385 白驼镇林山村

简　介：林山村地处镇政府东部，位于桐温公路沿线，距白驼镇驻地1公里，交通便利，区位优越明显。全村有5个自然村，10个村民小组，150户，720人，耕地面积3664亩，2013年人均纯收入4040元，人均产粮915公斤。

0386 白沙乡程沟村

简　介：程沟村位于白沙乡西3公里处，县城以东10公里。交通便利，土地、水资源充足。全村共有2个自然村，5个村民小组，234户，1116人。劳动力480人，劳务输出152人，2011年人均纯收入2282元。

0387 红堡镇唐杨村

简　介：唐杨村东至丰旺乡邢来村，北至贾川乡吊平村，西至金集乡，南至红堡镇，人口552人，面积为6平方公里。

0388 秦亭镇秦亭村

简　介：秦亭村位于秦亭镇西南部，距离秦亭镇6公里，距离清水县城25公里，平均海拔1620米，年降水量550㎜，无霜期160天，年平均气温6℃～8℃，属高寒阴湿山区，自然条件差，居住分散，交通不便。全村耕地面积5264亩，人均耕地面积4.1亩。全村共有秦子铺、时家腊、胡尧、乔尧、张湾、鲁家堡子、温家十子、深沟8个自然村，268户，1299人。

0389 红堡镇李店村

简　介：全村辖店子上、庙坡上、东沟河、李店新村，人口为725人，面积为4平方公里。

0390 郭川乡韩坪村

简　　介：韩坪村位于郭川乡西南方。辖2个自然村，4个村民小组，186户，共928人，以发展苹果种植为主。

0391 秦亭镇店子村

简　　介：店子村位于秦亭镇东南部，距离秦亭镇3公里，清水县城25公里，阁大公路从村旁经过，通村道路为水泥路，交通便利，清水至董河的班车途经店子村，清水至百家的班车途经店子桥。平均海拔1620米，全村有店子、戴堡、苗坡、店沟、高寺5个自然村，246户，1084人，有劳动力635人。全村耕地总面积3157亩，优质梯田面积800亩，粮食作物面积3919亩。2012年全村种植甜玉米500亩，亩均收入1200元。存栏大家畜521头，家禽存栏1260只；劳务输出365人，总收入108.5万元。2012年底人均收入达到3120元，人均产粮370公斤。

0392 金集镇张山村

简　　介：张山村位于清水县西部，金集镇东南，距离清水县城63公里，距金集镇政府7.5公里。属浅山干旱区，年平均气温13℃，为温带大陆性季风气候，四季分明，日照充足，气候温和，年平均降雨量550毫米左右。全村现辖何张山、李湾、何湾3个自然村。

0393 贾川乡崖湾村

简　　介：崖湾村地处乡政府北部，距乡政府5公里。有5个村民小组，306户，1485人，劳动力850人，耕地面积4610亩，海拔1500～1650米，年均气温9.6℃，年日照时数2048小时，无霜期180天左右。该村基地大多属半山区，山地多，川地少，耕地多为二阴地，非常适合核桃生长。2014年，新建优质核桃园2000亩，为农民增收奠定了基础。

0394 黄门乡马什村

简　介：马什村位于黄门乡西北部，毗邻松树乡，距清水县城40公里。全村辖马家什字、王峡2个自然村，8个村民小组，398户，2040人。全村有耕地面积5540亩，人均2.7亩，有川地面积160亩，梯田978亩。其中退耕还林面积1310亩，山地1879亩，川地260亩，林地面积1460亩。马什村距黄门乡政府所在地15公里，是清水通往松树乡的主要交通要道，界内沟壑纵横，土地贫瘠，平均海拔1500米，年降雨量430毫米，无霜期130天，属于高寒阴湿区。全村森林覆盖率16%。

0395 王河乡李沟村

简　介：李沟村位于王河乡政府西北半山梁地带，距乡政府所在地3公里。界内沟壑纵横，土地贫瘠，平均海拔1750米，年降雨量580毫米，无霜期140天，属于高寒阴湿区。李沟村有山里堡、上王、李沟3个自然村，4个村民小组，总户数220户。

0396 山门镇什字村

简　介：什字村位于山门镇西南7.5公里处，全村共辖5个村民小组，100户，470人，耕地面积1865亩，人均3.83亩，2013年人均纯收入3890元，有贫困人口47户，256人。有党员18人。农村合作医疗参合率达95%。新农保参合率65%，农民经济收入主要依靠劳务输出和传统农作物种植，农业产业化程度不高，经济基础薄弱。

0397 白驼镇永安村

简　介：永安村地处白驼镇中部，距镇政府所在地4公里，交通便利，区位优越明显。辖2个自然村，6个村民小组，共有222户，1098人，耕地面积4462亩，2011年农民人均纯收入4320元，人均产粮714公斤。

0398 黄门乡小河村

简 介：小河村位于黄门乡中部，清水县北部，距县城 22 公里。坐落在九台山下，海拔 1450～1550 米左右，年降水量 600 毫米，且分布不均，年蒸发量 121.8 毫米，年平均气温 10℃，年日照时数 2048 小时，无霜期 130 天左右，后川河沿村流过，依山傍水，地理位置和交通区位优势明显，是黄门乡主要农业区，也是黄门乡的政治、经济、文化中心。全村有 3 个自然村（小河子、左沟、孙山），4 个村民小组，269 户，1321 人；耕地面积 4685 亩（其中梯田面积 2589 亩，林草地面积 1370 亩），人均 3.56 亩；梯田面积 2589 亩，人均 1.96 亩；林草地面积 1370 亩，人均林草地 1.04 亩。现有劳动力 692 人（其中男 362 人，女 330 人），年劳务输出 326 人，现有贫困人口 164 户，686 人。2012 年底全村农民人均纯收入 3782 元。

0399 白驼镇刘坪村

简 介：刘坪村地处镇政府北部，位于桐温公路沿线，距白驼镇驻地 2 公里，交通便利，区位优越明显。全村有 3 个自然村，5 个村民小组，244 户，1130 人，耕地面积 2952 亩，2013 年人均纯收入 4220 元，人均产粮 703 公斤。

0400 郭川乡宋川村

简 介：宋川村位于清水县西部，距天水市 25 公里，金南路绕村而过，交通便利。全村有 2 个自然村，6 个村民小组，334 户，总人口 1692 人，劳动力人口 1333 人。2013 年全村人均纯收入达到 5199 元，其中果品收入占总收入的 95%。

0401 红堡镇蔡湾村

简 介：蔡湾村东至县城 4 公里，北至牛头河以南，西至红堡镇 4 公里，人口 1838 人，面积为 26 平方公里。

0402 丰望乡车河村

简　介：车河村位于丰望乡西南部，西与麦积区社棠镇接壤，距清水县33公里。海拔1350米，年平均气温11℃左右，年降水量550毫米以上，无霜期160天以上，属半干旱山区，易出现干旱、冰雹等灾害。

0403 新城乡四合村

简　介：四合村位于乡政府西南部，距县城19公里。樊河流经村域而过，全村辖8个村民小组，390户，1758人。现有耕地面积5379亩，林地面积4120亩。2013年人均纯收入3989元，人均产粮480公斤。

0404 山门镇腰套村

简　介：山门镇腰套村位于山门镇东南部，距镇政府38公里，东连观音村，西接旺兴村窑庄组，南临元龙镇，北靠旺兴村。下辖梁家坡、松林组、大松头3个自然组。山大沟深，居住分散，交通不便，组与组间相距5公里左右。平均海拔高度1800米，年均气温10度，年降水量620毫米，现有耕地面积520亩，退耕还林面积242亩，土地撂荒面积150亩，粮食作物种植以玉米为主，人均产粮700公斤。全村现有45户，175人。

0405 黄门乡杨李村

简　介：黄门乡杨李村在黄门乡北部，全村有2个自然村，2个村民小组，185户，907人，现有党员38名。

0406 草川铺乡九龙村

简　介：九龙村地处草川铺乡西部，距乡政府4公里，平均海拔1700米，年平均气温16℃，年降雨量300～500毫米之间，无霜期192天左右。全村有5个村民小组，160户，723人，现有劳动力398人。全村有耕地面积2533亩，人均3.5亩；2011年粮食作物总产量463.8吨，2011年人均纯收入2811.68元。

0407 白驼镇鲁家村

简　介：鲁家村地处白驼镇东部，位于红玉公路沿线，距镇政府驻地5公里，交通便利，土地广阔。全村有3个自然村，4个村民小组，196户，887人，耕地面积3866亩，2013年人均纯收入4180元，人均产粮804公斤。

0408 草川铺乡教化村

简　介：教化村位于清水县西南部，草川铺乡东部，距乡政府10公里。海拔1650～1820米之间，平均年降水量620毫米，年均气温8℃，无霜期185天左右。全村有3个自然村，4个村民小组，174户，839人，村干部3人，现有劳动力450人。耕地面积2031亩，人均2.42亩。

0409 秦亭镇樊夏村

简　介：樊夏村位于清水县东部，秦亭镇西北部，地处关山余脉沟壑区，东接赵尧村，南接柳林村，西邻李岘村，北面为秦亭村，距秦亭镇5公里，距清水县城33公里。属沟壑低山区，海拔1500～1700米之间。全村共有温山、樊湾、夏湾、王湾、游脉、落石、岩羊7个自然村，196户，936人。

0410 秦亭镇柳林村

简　介：柳林村为秦亭镇政府所在地，阁河口至大湾口(阁大)公路穿境而过，交通便利，经济活跃。平均海拔1650米，年降水量450mm，无霜期150天，年平均气温5℃～8℃，属高寒阴湿山区，全村耕地总面积3115亩，人均耕地2.15亩。全村辖靳尧、东坡、西坡、蒲山4个自然村，312户，1450人，全村有劳动力772人，其中男劳动力416人，女劳动力356人，2011年劳务输出186人。

0411 金集镇桑寨村

简　介：桑寨村位于清水县西部，金集镇西北，东与金集镇连珠村接壤，西与郭川乡郭山村毗邻，距离清水县城50公里，距金集镇政府5公里。属浅山干旱区，年平均气温10℃，为温带大陆性季风气候，四季分明，日照充足，气候温和，年平均降雨量550毫米左右。全村现辖桑寨村、蔡家山、原高山、那坡里3个自然村，278户，1237人。

0412 土门乡土门村

简　介：土门村位于土门乡的西北部，辖4个村民小组，328户，共1476人，有耕地面积4271亩，人均2.95亩，人均口粮496公斤，支柱性产业基础薄弱、发展滞后，农民收入以外出务工和粮食种植为主。

0413 远门乡铁炉村

简　介：远门乡铁炉村位于清水县的西部，距乡政府所在地15公里，比邻红堡镇古道村、土门乡高庙村，环境优美，交通便利，共有4个自然村，4个村民小组。现有村民162户，740人，贫困人口440人，党员19人，人均纯收入2460元，耕地面积3444亩，以种植业、林果业和养殖业为主，主要作物有小麦、玉米、马铃薯，林果业以核桃、苹果为主，养殖以牛、猪、羊为主，2013年村民年人均纯收入3200元。

0414 白驼镇芦花村

简　介：芦花村地处镇政府东部，位于红玉公路沿线，距白驼镇驻地12公里，全村3个自然村，4个村民小组，共有155户，730人，耕地面积3085亩，2013年农民人均纯收入4070元。

0415 白驼镇路山村

简　介：路山村地处镇政府东北部，距白驼镇驻地9公里，全村有3个自然村，5个村民小组，共196户，1032人，耕地面积3883亩，2013年农民人均纯收入4130元，人均产粮786公斤。

0416 永清镇义坊村

简　介：义坊村位于永清镇中心地带，全村有7个村民小组，共有550户，总人口2030人。其中有回族21户，86人。农户分布在县城及周边32个村庄居住点，居住较为分散。全村现有耕地面积2500亩，人均1.2亩。全村经济总产值为7293.07万元，人均纯收入4261元。

0417 永清镇马沟村

简　介：马沟村地处永清镇川道河谷地带，东接温沟村，西连南峡村，全村有3个自然村，下辖5个村民小组，总户数596户，总人口2779人，耕地总面积5641亩，人均耕地面积2.03亩，人均产粮480公斤。有贫困户92户，389人。年劳务输出800人。

0418 山门镇南山村

简　介：南山村位于山门镇西南2公里处，地理位置优越，水土资源富集，光照条件好，交通道路便利。全村有4个村民小组，242户，1062人，耕地面积3638亩，人均3.45亩。2013年人均纯收入3956元，人均产粮666公斤。全村农业以小麦、玉米、油料等为主，经济收入以甜玉米种植、中药材种植、劳务输出等为主，年平均劳务输出300人左右，年收入约350万元。有村卫生所1个，小学1所，新建占地3亩、建筑面积300平方米的标准化村阵地1处。

0419 红堡镇新坪村

简　介：新坪村东接本镇王堡，西接贾川乡，南接牛头河，北接本镇恒吴村，人口为699人，面积为8平方公里。

0420 永清镇李沟村

简　介：永清镇李沟村位于清水县城西郊，距县城1.5公里，北临牛头河，南临魏家塬，东临清水县循环经济产业园区，西接红堡镇贾湾村，桐温公路穿境而过，交通便利，水资源丰富，是典型的城郊村。全村辖2个自然村，3个村民小组，268户，1154人，其中劳动力人口635人，耕地面积1700亩，人均耕地面积1.5亩，2013年农业产业总收入380万元，劳务及其他收入540万元，农民人均纯收入4860元。李沟村农业产业以小麦、玉米、胡麻等作物为主。

0421 丰望乡南家铺村

简　介：南家铺村位于丰望乡东北部，北接草川铺乡黄崖村，南邻甘涝池村，西与陈马村接壤，距清水县28公里。海拔1680米，年平均气温10℃左右，年降水量550毫米，无霜期150天以上，属半干旱山区，易出现干旱、冰雹等灾害。现辖4个村民小组，83户，410人，全村有党员16名。耕地面积3044亩，经济收入以核桃和劳务输出为主，全村核桃面积963亩，核桃年销售收入达63万元。2012年人均纯收入为3912元，核桃产业成为全村农民增收的主要产业。

0422 松树乡代王村

简　介：代王村辖马莲湾、史家峡、小湾、李家5个村民小组，人口共1317人。

0423 土门乡朱王村

简　介：朱王村位于清水县西面，位于土门乡中部，距离县城38公里，海拔1650米，全村有5个村民小组（朱王、黄邓、李河、李新、军李），320户，1506人，现有劳动力1054人，全村耕地面积3138亩（人均2亩），2012年底人均纯收入2300元。

0424 山门镇刘崖村

简　介：刘崖村位于山门镇西南部，距镇政府所在地2.5公里处的川道地区，阁山公路穿村而过，牛头河倚村而流，水土资源丰富，交通便利。有2个村民小组，101户，521人，有贫困户86户，410人，占全村总人口的79%，其中低保户13户，68人，五保户2户，4人。刘崖村海拔1600米，为大陆性季风气候，属陇中温带湿润区，年平均气温10℃，平均无霜期150天左右，耕地面积1682亩，人均3.26亩，人均产粮695公斤，人均纯收入3930元。

0425 土门乡下赵村

简　介：下赵村位于清水县土门乡西，距乡政府所在地12公里，西接秦安县云山镇。该村分为5个自然村，总户数148户，其中贫困户128户，总人口723人，劳动力420人。耕地面积2035亩，人均耕地面积2.77亩。

0426 土门乡刘湾村

简　介：刘湾村位于清水县东北部，距离乡政府所在地5公里。全村共有2个自然村，4个村民小组，149户，597人，其中党员20人。现有耕地面积1785亩（人均2.9亩），沼气32眼，人畜安全饮水全覆盖，现有果园面积80亩。以农业生产为主，现有贫困人口115户，509人，占全村总人口的83.6%。

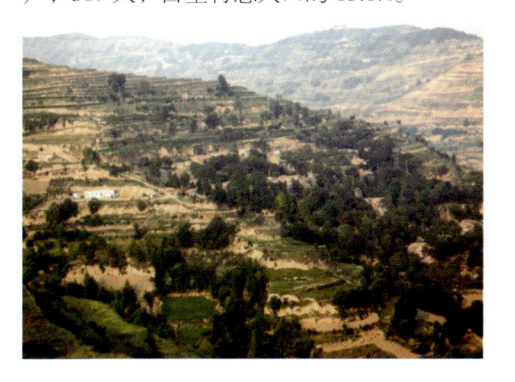

0427 新城乡闫川村

简　介：全村有3个村民小组，184户，855人，有耕地面积2393亩，2013年末人均纯收入3995元。

0428 红堡镇贾湾村

简　介：贾湾村辖贾湾庄、田家湾庄、贾湾新村3个自然村，人口1130人，面积为24平方公里。

0429 秦亭镇百家村

简　介：百家村地处秦亭镇北部，省道莲寺公路穿境而过，东邻党河村，西靠薛赵村、麦池村，北接盘龙村，南邻赵尧村，距离秦亭镇8公里，清水县城36公里，交通便利，商业繁荣，是回汉杂居大村。平均海拔1800米。柳林河横穿全村，河流自北向南，属季节性河流，夏秋雨量变化大，洪峰多由暴雨形成。全村占地面积10200亩，耕地面积6260亩，人均耕地面积3.7亩，优质梯田面积1700亩，粮食作物播种面积4200亩。

0430 山门镇旺兴村

简　介：旺兴村位于清水县山门镇西南30公里处，年平均气温14℃，年降水量550毫米，无霜期150天左右，平均海拔1700米，有耕地1200亩，年人均产粮500公斤，全村有4个村民小组，900人。

0431 远门乡梨林村

简　介：梨林村位于远门乡北部，地处高峰科梁南延中段，属黄土梁峁山地，海拔1900米左右。东接阳平村、南依赵渠村西邻安业村，北靠林峡村。距乡政府所在地6公里，全村共有6个自然村，209户，1055人，其中劳动力651人，耕地面积2902亩。全村实现通电、通水、通路、通电话。以种植、养殖和劳务业为收入来源，2013年全村粮食总产量172.79吨，人均纯收入2013元。

0432 白沙乡桑园村

简　介：桑园村位于清水县牛头河上游，白沙乡东5公里处，是清水通往陕西陇县的主要交通要道。界内沟壑纵横，土地贫瘠。全村共有267户人家，1338人，党员42名，其中女党员3人。分布在7个自然小组。现有耕地面积3981亩。其中退耕还林面积1210亩，山地1800亩，川地260亩，梯田 711 亩。人均产粮 486 公斤，人均纯收入 2728 元。

0433 永清镇樊峡村

简　介：樊峡村位于县城北郊樊河畔，距县城 3.6 公里，平均海拔 1100 米，气候适宜，年降雨量 350 毫米。樊峡村由一组、二组樊家峡和三组轩口窑 3 个组组成，总户数 208 户，总人口 1064 人，全村有劳动力 532 人，外出务工 205 人，约占总人口的 25%。全村耕地面积 2778 亩，人均占有耕地 2.61 亩，林地面积 764 亩。种植业以小麦、玉米、马铃薯、核桃为主。

0434 陇东乡赵峡村

简　介：赵峡村位于陇东乡政府驻地，全村共 3 个村民小组，142 户，676 人，耕地 2912 亩，人均耕地 4.3 亩，2010 年人均产粮 560 公斤，农民人均纯收入 2050 元。赵峡村地处山区，绝大部分耕地在大小山头上，道路不畅，严重制约着全村农业生产的发展。

0435 土门乡云山村

简　介：云山村地处清水县西部，气候湿润，光照充足，土地肥沃，交通便利，全村有 3 个自然村，3 个村民小组，202 户，998 人，耕地面积 3094 亩，2010 年人均纯收入 2693 元，人均产粮 350 公斤。

0436 山门镇白河村

简　介：山门镇白河村位于关山河流域，相传人文始祖轩辕黄帝在此诞生。全村共有 5 个村民小组，94 户，512 人，耕地面积 1461 亩，人均 3.85 亩，2012 年全村人均产量 620 公斤，人均纯收入 3132 元。

0437 丰望乡红湾村

简　介：红湾村位于丰望乡东北部，南接邢来村，西靠槐杨村，北与草川铺乡九龙村接壤，距清水县26公里。现辖4个村民小组，208户，1001人，全村有党员37人，其中女党员5人。耕地面积5315亩，经济收入以核桃和劳务输出为主，全村核桃面积达到3886亩，核桃年销售收入达104万元，劳务输出收入416万元。2012年人均纯收入为3721元，核桃产业、劳务业成为全村农民增收的主要产业。

0438 土门乡周山村

简　介：周山村位于土门乡北部，距乡政府驻地4公里，属浅山干旱区，海拔1326～1814米，年平均气温9℃～10℃，降水量380毫米，无霜期270天，全村有5个自然村，5个村民小组，196户，978人，土地面积为3652亩，人均3.46亩，现有劳动力435人，人均纯收入4300元，有农村专业经济合作社2个，涉及166户。

0439 王河乡西李村

简　介：王河乡西李村位于王河乡东部，距乡政府驻地5公里，距离县城约40公里。全村辖大寨李家、东李家、秦安吴家、清水吴家4个自然村，3个村民小组，136户，648人，其中有劳动力人口381人。

0440 白沙乡太石村

简　介：清水县太石村位于白沙乡南坡牛头河流域，支流太石河河谷，距清水县城15公里，白沙乡市集5公里，海拔1580米，年平均气温8℃～9℃，年降水量500毫米左右，无霜期150天左右，气候比较温润，适宜多种农作物生长。全村总人口1969人，共379户，党员38人，共分为4个自然村，10个村民小组。

0441 丰望乡付崖村

简　介：付崖村位于丰望乡西南部，南与麦

积区社棠镇接壤，距清水县32公里。海拔1350米，年平均气温11℃左右，年降水量550毫米以上，无霜期160天以上，属半干旱山区，易出现干旱、冰雹等灾害。现辖2个村民小组，140户，660人，全村有党员21名，其中女党员3名。耕地面积2416亩，2012年底人均纯收入3730元。经济收入以苹果产业和劳务输出为主，全村苹果栽植面积1799亩，苹果年销售收入达157.8万元，苹果产业成为农民增收的主要产业。

0442 新城乡蒲魏村

简　介：全村有3个村民小组，均为回族，共185户，790人，有耕地面积2298亩，2013年末人均纯收入3962元。

0443 郭川乡吊湾村

简　介：吊湾村位于清水县西南部，距清水县城60公里，距郭川乡镇府10公里，全村206户，945人，有劳力735人。全村现有耕地2820亩，其中果园面积1300亩，以农作物为主。

0444 远门乡新石村

简　介：远门乡新石村位于清水县西部，远门乡东部，属黄土梁峁山地，距清水县城39公里，距乡政府驻地11公里。该村海拔1400米左右，年日照时长2100小时，年均气温8℃~10℃，年降水量590毫米左右。全村有5个村民小组，248户，1217人，现有劳动力892人，有耕地面积4178亩。

0445 贾川乡林河村

简　介：林河村位于贾川乡政府西北部，地处稠泥河上游，距乡政府3公里。有林河、窦屲、裴家、刘屲4个自然村，6个村民小组，现有458户，2218人，耕地面积5796亩。劳动力1269人，果园面积2510亩。

0446 陇东乡贾集村

简　介：贾集村最早由牛家庄、王家庄、党家庄、草勾子4个自然村、5个村民小组组成，自2006年撤村并组以来，统称贾集村，现有4个自然村，2个村民小组。

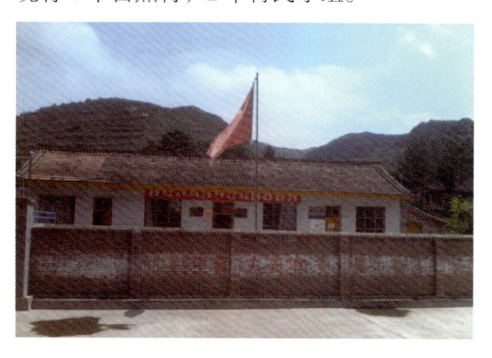

0447 陇东乡庙湾村

简　介：庙湾村辖庙湾、大庄、崖底下、前湾里，人口652人，面积为25.61平方公里。

0448 红堡镇崔刘村

简　介：崔刘村辖刘沟、崔家、石家岘，人口为2037人，面积为10平方公里。

0449 山门镇山门村

简　介：山门村有户数248户，实有总人口1019人。其中一组42户，169人。二组35户，132人。三组38户，145人。四组54户，235人。五组33户，145人。六组35户，147人。七组11户，46人。全村耕地面积2284亩，人均纯收入3990元。

0450 土门乡苍下村

简　介：苍下村位于清水县土门乡西南部，距乡政府所在地5公里，交通便利。全村有3个自然村，5个村民小组。总户数401户，总人口1778人。

0451 秦亭镇麦池村

简　介：麦池村位于秦亭镇北12公里处，东临秦亭镇张吕村，南临秦亭镇百家村，西邻薛赵村，北临新城乡，平均海拔1850米，无霜期151天，年平均气温5℃～9℃，年降雨量580～740 mm，属高寒阴湿山区，土质以谷坡黄土为主，土层深厚，土壤肥力差，适宜种植小麦、玉米、燕麦、胡麻、荞麦、洋芋等农作物。

0452 王河乡魏湾村

简　介：王河乡魏湾村位于乡政府西南部，海拔1370～1550米，距县城仅37公里，距乡政府驻地约1公里，气候条件较好，全年光照充足，交通便利。魏湾村有寓家湾、湾里王家、林家沟3个自然村，5个村民小组。

0453 王河乡成寺村

简　介：王河乡成寺村位于乡政府西部，距离县城42公里，海拔1650～1950米。年平均气温8℃，无霜期150天，年降水量580毫米，气候湿润。全村有成寺、程窑、西沟、万湾、阴屲、阳屲6个自然村，9个村民小组，371户，1852人，有劳动力人口1063人。耕地总面积5507亩，人均耕地3亩。种植业以小麦、玉米、胡麻、洋芋等为主。

0454 丰望乡陈马村

简　介：陈马村位于丰望乡东南部，北接草川铺乡九龙村，南邻柏树村，西与王杨村接壤，距清水县28公里。海拔1680米，年平均气温10℃左右，年降水量550毫米，无霜期150天以上，属半干旱山区，易出现干旱、冰雹等灾害。现辖3个村民小组，70户，341人。耕地面积2215亩，经济收入以核桃和养猪为主，全村核桃面积达到1260亩，核桃年销售收入达63万元，养猪年收入达76万元。2012年人均纯收入为3761元，核桃产业、养殖业成为全村农民增收的主要产业。

0455 金集镇瓦寨村

简　介：金集镇瓦寨村现有3个村民小组，248户，1121人。有耕地4358亩，其中果园3363亩，是全市新农村建设示范村和金集镇苹果产业发展示范村。

0456 贾川乡吊坪村

简　介：吊坪村位于贾川乡政府西南部，距清水县城28公里，是全乡最偏远的自然村落。该村有吊坪、谢家湾2个自然村，188户，901人。耕地面积3084亩；海拔1300～1400米，2009年底人均纯收入4245元，人均产粮590公斤。

0457 秦亭镇赵尧村

简　介：赵尧村位于秦亭镇政府东北3公里处，莲寺公路穿境而过，平均海拔1750米，年降水量660 mm，无霜期151天，年平均气温5℃～8℃，属高寒阴湿山区，交通便利。全村耕地面积3919亩，人均耕地面积3.2亩。共有蒲沟、曹河、二坊、赵尧4个自然村。

0458 草川铺乡冯山村

简　介：冯山村位于清水县南部，草川铺乡政府北部，距县城15公里，海拔1600米左右，年均降水量650毫米，年均气温10℃，无霜期270天左右。全村有4个自然村，8个村民小组，286户，1350人，全村现有劳动力746人。全村土地面积12.5平方公里，耕地面积4700亩，人均3.4亩，2011年粮食总产量464.56吨，人均纯收入2980元。

0459 永清镇常杨村

简　介：永清镇常杨村地处清水县城北山地带，距县城约5公里。全村有6个村民小组，9个自然村，326户，1450人，有劳动力926人，贫困户278户，1255人，贫困率87%，总耕地面积6905亩，其中良田面积4657亩，果园面积1756亩，2013年人均纯收入3458元，粮食总产量1034吨，人均占有粮食713公斤。常杨村属典型的山郊村，原清张公路穿村而过，该村产业以传统农业为主，主要农作物有冬小麦、玉米、洋芋、葵花、胡麻、油菜等，养殖业以养猪、养牛为主，干鲜果产业以苹果为主，年输转外出务工人员515人。

0460 红堡镇清泉村

简　介：清泉村东至本镇周家村，西至新坪，南至牛头河，北至王堡，人口717人，面积为4平方公里。

0461 郭川乡郭川村

简　介：郭川村位于乡政府所在地，距乡政府1公里。全村辖3个自然村，10个村民小组。全村共有505户，2314人，其中劳动力1890人。全村现有耕地面积5438亩，果园面积3476亩，以苹果、花椒种植为主导产业，2014年全村农民人均纯收入4383元。

0462 红堡镇倪徐村

简　介：倪徐村东接丰旺磨咀村，西接金集张山村，北接金集陈湾村，南接麦积石岭村，人口1892人，面积为6平方公里。

0463 白沙乡元坪村

简　介：元坪村位于白沙乡政府以东10公里，距县城24公里，系白沙乡的贫困村之一，也是最偏远的山区村，该村共辖6个自然村，6个村民小组，225户，1080人，党员27人。该村海拔1756米，共有耕地面积3100亩，其中梯田地1900亩，坡地1200亩，林地1230亩。2011年人均产粮810斤，人均纯收入2740元。

0464 王河乡王河村

简　介：王河村位于王河乡中心部位，属乡政府驻地，辖上王、下王、东坡、西坡4个自然村（8个村民小组），373户，1829人，全村有劳动力资源939人（其中男劳动力487人，女劳动力452人），2013年底农民人均纯收入4204元。全村现有耕地面积5999亩，人均3.28亩；优质梯田面积1563亩，川旱地2421亩，粮食作物播种面积4672亩，人均产粮377公斤。

0465 白驼镇罗袁村

简　介：罗袁村地处镇政府北部，距白驼镇驻地4.5公里，全村有3个自然村，5个村民小组，220户，932人，耕地面积4671亩，2013年人均纯收入4140元，人均产粮900公斤。

0466 白沙乡马沟村

简　介：马沟村位于白沙乡政府西2公里处，距县城10公里。交通便利，土地、水资源充足，基础设施比较健全。全村共有4个自然村，5个村民小组，290户，1370人。土地面积3011亩，人均2.2亩，梯田面积2800亩，人均2.04亩。2011年产粮820公斤，人均纯收入3986元。劳务输出560人，户均1.93人。

0467 红堡镇高沟村

简　介：高沟村辖高沟村、周家那坡、高家新庄、豁罗下、风台下、川儿沟，人口643人，面积为5平方公里。

0468 草川铺乡磨儿村

简　介：磨儿村位于乡政府东部，距乡政府驻地约8公里，与永清镇双场村相接，海拔1700米，年平均气温16℃，年降雨量在300～500毫米之间，无霜期192天左右。全村辖7个自然村，253户，1155人，现有劳动力637人。全村有土地面积17238.5亩，耕地面积3290.5亩，人均耕地2.8亩。2011年底，人均纯收入达到3050元。

0469 丰望乡槐杨村

简　介：槐杨村位于丰望乡中部，南与麦积区社棠镇接壤，距清水县33公里。海拔1350米，年平均气温11℃左右，年降水量550毫米以上，无霜期160天以上，属半干旱山区，易出现干旱、冰雹等灾害。现辖4个村民小组，232户，1147人。耕地面积5778亩，2012年底人均纯收入3808元。

0470 山门镇白树村

简　介：白树村位于山门镇东部，本村面积16002平方米，人均收入1852元，全村人口254人，有白树、白沟、闫川、金柳4个自然组。

0471 远门乡后沟村

简　介：远门乡后沟村位于清水县西部，距清水县城46公里，距乡政府驻地4公里，海拔1672米左右，年均气温7.9℃，年降水量590毫米左右。全村有3个村民小组，140户，640人，有耕地面积1873亩。全村以种植、养殖和劳务业为收入主要来源，人均占有粮食200公斤左右。2013年人均纯收入3698元。

0472 陇东乡石李村

简　　介：石李村位于陇东乡东部，距县城25公里，辖2个自然村，4个村民小组。209户，1023人，有耕地面积4050亩，人均3.9亩，大家畜910头（匹、只），其中养牛户196户，养牛412头。

0473 贾川乡董湾村

简　　介：董湾村位于贾川乡西北部，林土路穿境而过，交通便利，辖5个自然村，7个村民小组，共有446户，2049人，劳动力1629人，全村耕地面积5192亩，平均海拔1200～1600米，平均气温9.6℃，降雨量300～500毫米，无霜期180天，以种植、养殖和劳务为主要收入来源，2013年全村农民人均纯收入3640元。

0474 永清镇东关村

简　　介：永清镇东关村位于清水县城东郊，东至南道河，西至东干河。全村有3个自然村，5个村民小组，现有404户，1761人。总耕地面积2141.17亩，现有耕地1079.17亩，人均耕地0.617亩。

0475 白沙乡温泉村

简　　介：温泉村位于清水县东部，白沙乡东北部，汤浴河下游。全村有6个村民小组（申沟组、梁树组、西庄组、千树组、王庄组、社湾组），总共315户，总人口1507人。耕地总面积4320亩，人均2.8亩。其中川地580亩，梯田438亩，山地耕地面积1490.21亩，退耕还林面积1811.19亩。

0476 丰望乡甘涝池村

简　　介：甘涝池村位于丰望乡东部，西与麦积区社棠镇接壤，距清水县29公里。海拔1450米，年平均气温11℃左右，年降水量500毫米以上，无霜期160天以上，属半干旱山区，易出现干旱、冰雹等灾害。现辖3个村民小组，172户，868人。耕地面积4127亩，2012年底人均纯收入3968元。

0477 王河乡王马村

简 介：王河乡王马村位于乡政府东部，距乡政府3公里，海拔1650米，年均降水量590毫米，年均气温7℃~8℃，无霜期150天左右。全村有樊家、马家、王家3个自然村，255户，1200人。现有劳动力602人，全村有耕地面积4022亩，人均占有耕地3.3亩。2013年底农民人均纯收入4098元。

0478 草川铺乡兴坪村

简 介：兴坪村位于草川铺乡南部，距乡政府8公里。全村有5个自然村，8个村民小组。2010年人均纯收入3102元，人均产粮539公斤。

0479 白驼镇高峰村

简 介：高峰村地处白驼镇中部，距镇政府所在地7公里，辖3个自然村，4个村民小组，共有112户，560人，耕地面积3242亩，人均产粮753公斤，2013年农民人均纯收入3971元。

0480 黄门乡台子村

简 介：台子村位于黄门乡中部，地处省道305张清公路沿线，后川河穿村而过，距县城24公里，交通十分便利。海拔1500米左右，气候特点是高寒阴湿，土壤主要为褐色土、黑垆土等土类，较肥沃，耕性良好。台子村辖2个村民小组，202户，1002人，回族53户，350人。有耕地2741亩，人均占有耕地2.77亩。

0481 红堡镇红堡村

简 介：红堡村东至邓家沟，西至西山上，北至土窑儿，辖张家里、柳沟、老街道，人口1583人，面积为2平方公里。

0482 白驼镇梨湾村

简　介：梨湾村位于白驼镇东南部，距镇政府10公里，地处在梁峁沟壑的偏僻山区，平均海拔在1800米以上，气候高寒阴湿，平均降雨量560毫米。全村共7个自然村，146户，712人，回汉杂居，居住分散，有回民62户，274人。耕地面积4420亩，其中粮食种植面积3360亩，人工造林面积63亩。2013年人均产粮875公斤，人均纯收入3930元。

0483 丰望乡王杨村

简　介：王杨村位于丰望乡南部，西与麦积区社棠镇接壤，距清水县32公里。海拔1350米，年平均气温11℃左右，年降水量500毫米以上，无霜期160天以上，属半干旱山区，易出现干旱、冰雹等灾害。现辖4个村民小组，218户，1056人。耕地面积4702亩，2012年人均纯收入3780元。经济收入以苹果和劳务输出为主，全村苹果栽植面积1774亩。苹果年销售收入309.4万元，苹果产业成为农民增收的主要产业。

0484 郭川乡挂丹村

简　介：挂丹村是郭川乡17个行政村之一，位于郭川乡西南部，现辖3个村民小组，138户，648人，有劳动力580人（其中女劳动力186人）；年劳务输出180人。距离乡政府约5公里。现有耕地面积1440亩，果园面积862亩。全村海拔1400~1700米，年平均气温10.1℃，年平均降水量500毫米，属半干旱地带温暖山区。2013年人均产粮420公斤，人均纯收入4196元。

0485 郭川乡刘尧村

简　介：刘尧村位于郭川乡东南6公里处，共有6个村民小组，396户，1889人，耕地面积4612亩，果园面积3158亩，农业种植以小麦、玉米为主，经济作物种植面积小而杂，主导产业为苹果业，在原有果园基础上，2014年新建果园2500多亩，农民收入主要依靠传统农业和外出务工。

0486 新城乡大陆村
简　介：大陆村有6个村民小组，184户，821人。其中，尧门组为回族，共39户，140人。现有耕地面积2253亩，2013年末人均纯收入3996元。

0487 红堡镇杜川村
简　介：杜川村辖杜川、硖口、半山，人口1347人，面积为8.28平方公里。

0488 黄门乡樊家村
简　介：樊家村位于清水县城北部，距县城27公里，距乡政府所在地6公里。海拔1580～1850米之间。全村有6个村民小组，共1197人。全村土地面积7465亩，其中耕地面积5056亩，人均4.31亩。

0489 永清镇西关村
简　介：西关村位于县城西侧，全村共有7个村民小组，786户，3425人，现有耕地2600亩，2011年全村经济总收入1500万元，农民人均纯收入3800元，是清水县"五好示范村"的典范。

0490 黄门乡硖口村
简　介：硖口村全村共有246户，1190人，分为6个自然组，共有良田面积1681.3亩，人均占有耕地面积2.53亩。有652人外出务工，主要从事建筑、餐饮等工作。人均耕地少，且陡坡耕地的比例大，土地出产率较低。农作物以小麦、甜玉米、马铃薯等为主，土地垦植率高，陡坡开荒面积大。

0491 郭川乡青莲村

简 介：青莲村位于郭川乡东南部，距乡政府5公里。全村有3个自然村（三条沟、寺底下、徐下），辖5个村民小组，236户，1093人。现有耕地面积2490亩，其中苹果面积1147亩，花椒面积300亩，梯田面积1504亩，2012年人均产粮437公斤，人均纯收入3845元。海拔1350～1550米，年平均气温13.6℃，全年无霜期180天左右，年降雨量550毫米左右，气温湿润。

0492 黄门乡长谷村

简 介：长谷村位于清水县北部，距黄门乡政府所在地6公里，界内沟壑纵横，土地贫瘠，平均海拔1300米，年降雨量420毫米，无霜期130天，属于高寒阴湿区。全村森林覆盖率15%。长谷村由甘草河、周家、孙家峡、陈家、上王5个村民小组组成，总户数353户，总人口1633人，农村劳动力708人，外出务工326人，约占总人口的20%。全村耕地面积5744亩，人均占有耕地3.5亩，其中退耕还林面积1170亩，山地4214亩，川地360亩，林地面积3700亩。2011年全村农业经济总收入649878元，占总收入的21.4%，农民人均纯收入2814元。种植业以种植小麦、玉米、马铃薯、胡麻为主。养殖业以牛、羊、猪、鸡为主。

0493 贾川乡韩沟村

简 介：韩沟村位于贾川乡西部，地处稠泥河梁峁沟壑区。全村现辖王湾、韩沟、李堡3个自然村，3个村民小组，185户，876人，其中劳动力人口502人，耕地面积2624亩，人均3亩，该村土壤土质良好，适宜种植苹果。

0494 新城乡杨河村

简　介：杨河村有8个村民小组，211户，1038人，有耕地面积3403亩，2013年末人均纯收入3978元。

0495 新城乡方湾村

简　介：方湾村位于新城乡南部，地理位置偏僻，海拔高度在1680米左右，距乡政府所在地10公里，全村10个村民小组，总人口310户，1388人，有耕地面积4787亩。2013年末，人均收入为3968元，人均产粮400公斤。

0496 秦亭镇年庄村

简　介：年庄村位于秦亭镇东北部，距离秦亭镇10公里，距清水县城47公里。海拔高度1800～1950米，全村共有年上、年下、后河、姚坡4个自然村，98户，498人；有五保户1人，低保户31户，126人；全村耕地面积2240亩，人均耕地面积4.5亩，优质梯田480亩，人均0.95亩；粮食作物面积1440亩。2012年末大家畜存栏800头，其中牛700头，驴100头，家禽存栏600只；现有劳动力293人，其中男劳动力173人，女劳动力120人，年劳务输出180人，收入40万元。2012年人均纯收入1680元，人均产粮354公斤。

0497 草川铺乡水泉村

简　介：水泉村位于草川铺乡政府南部约13公里处，与麦积区伯阳镇相邻，距310国道10公里，海拔1200～1600米之间，年平均气温16℃，年降雨量在600毫米以上。全村辖水泉新村、王湾、南寺3个自然村，10个村民小组，252户，1078人，总耕地面积6363亩，林地面积2361亩。2011年底，全村粮食总产量420吨，农民人均纯收入2920元。

0498 土门乡梁山村

简　介：梁山村位于土门乡西部，距离土门乡政府5公里。全村有6个自然村，7个村民小组，344户，1622人，其中外出务工人数680人。总耕地面积5365亩，人均3.48亩，全膜玉米面积2000亩，果园面积1500亩，肉羊养殖400只，2012年人均纯收入3422元。

0499 永清镇城南社区

简　介：城南社区地处清水县城南部，辖区共有行政、企事业单位52家，居民1914户，4688人。社区现有工作人员37人。

0500 新城乡张河村

简　介：张河村位于清水县东北边陲，距县城28公里。全村有4个村民小组，共132户，568人，有耕地面积1572亩，2013年末人均纯收入3991元。

0501 陇东乡丰台村

简　介：丰台村设为4个村组，即丰台、吴家湾、北崖、尹道寺，经2008年合并为3个组，全村160多户，人口700多人。

0502 金集镇潘山村

简　介：金集镇潘山村地处清水县西南，距清水县城51公里，距麦积区23公里。该村共257户，人口1308人，耕地面积4729亩。海拔1300米左右，属陇中南部温带温润区，四季分明，雨量较充沛，气候温润，光照充足。

0503 秦亭镇长沟村

简　介：长沟村位于秦亭镇东南部，距离秦亭镇15公里，距县城38公里，东接陕西陇县，西邻秦亭镇店子村，南邻山门镇白河村，北接秦亭镇董河村。平均海拔高度1800米，年降水量660 mm，年平均气温5℃～8℃，土质以黄土为主，土层深厚，土壤肥力差。长沟河常年奔腾不息，周围石山延绵不断，环境优美。

0504 白驼镇万安村

简　介：万安村距离白驼镇政府10公里，全村有7个自然村，8个村民小组，270户，1372人，其中回族660人，耕地面积7115亩，2013年人均纯收入4050元，人均产粮847公斤。

0505 新城乡李湾村

简　介：李湾村有10个村民小组，264户，1236人，有耕地面积3929亩，2013年末人均纯收入3987元。

0506 草川铺乡黄崖村

简　介：黄崖村位于草川铺乡西南部，距乡政府5公里，海拔1580～1750米之间，平均年降水量650毫米，年均气温8℃，无霜期180天左右。全村有5个自然村，6个村民小组，230户，1066人，现有劳动力692人，全村土地面积18737.5亩，人均17.6亩；耕地面积3527.5亩，人均3.3亩；全村林地面积50884亩，全村2011年粮食总产量71.2万公斤，人均占有粮食667.92公斤，经济总收入252.6万元，人均纯收入3140元。

0507 王河乡吉山村

简　介：吉山村位于王河乡东北部，距王河乡政府10公里，距清水县城40公里。吉山村所辖张家山、硖口、丰盈、窦崂4个自然村，5个村民小组，245户，1166人，其中劳动力人口742人。

0508 郭川乡田川村

简　介：田川村位于清水县西部，距清水县城58公里，距乡政府4公里。辖田川、金坪、张湾3个自然村，3个村民小组，281户，1258人，现有劳动力1023人，全村有耕地面积2743亩，果园面积2965亩。全村以苹果种植为主导产业，2013年产出商品果63万公斤，产值132万元。

0509 白沙乡汤浴村

简　介：汤浴村位于县城东北15公里，乡政府以北13公里处，北接新城乡王窑村，汤浴河横贯全境，水资源充足，属典型的河谷川道地区，温王路全线贯通，交通便利。全村辖5个村民小组，全村总户数490户。

0510 白驼镇姚黄村

简　介：姚黄村距离清水县城20公里，交通便利，区位优越明显，商贸繁华。全村有3个自然村，7个村民小组，332户，1652人，耕地面积3988亩，2013年人均纯收入4320元，人均产粮601公斤。

0511 秦亭镇站沟村

简　介：站沟村位于秦亭镇东北部，北接张家川县马鹿乡，西邻秦亭镇张吕村，属秦亭镇内偏远山区，交通不便，距离秦亭镇23公里，距清水县城51公里。平均海拔1900米，年平均降水量450 mm，无霜期150天，年平均气温5℃～8℃，属高寒阴湿山区，土质以谷坡黄土为主，土层深厚，土壤肥力较低。全村共有上站沟、下站沟、冯河、邱家4个村民小组，108户，496人，现有劳动力358人，其中男劳动力182人，女劳动力176人。全村耕地面积2712亩，人均耕地面积5.5亩，粮食作物播种面积1933亩，2012年末大家畜存栏 374 头，其中黄牛 326 头，驴 16 头，猪 32 头，年劳务输出 120 人。

0512 草川铺乡草川村

简　介：草川村位于清社公路沿线，乡政府所在地。全村平均海拔 1670 米，年平均气温 17℃，年降水量 600 mm 以上，无霜期 185 天左右。全村有 6 个自然村，10 个村民小组，416 户，1630 人，其中农业人口 407 户，1544 人，总面积 14 平方公里，耕地面积 4448.5 亩，林地面积 6730 亩，森林覆盖率 32%。2011 年粮食总产量达到 575.62 吨，人均产粮 372.8 公斤，人均纯收入达到 3018 元。

0513 红堡镇刘谢村

简　介：刘谢村位于谢家坡，人口 482 人，面积为 12 平方公里。

0514 永清镇东关社区

简　介：东关社区位于清水县红崖路，东至南道河，西至红崖路，北至轩辕大道，南至窑庄河东岸，辖区面积 0.8 平方公里，辖区内有 12 个行政及企事业单位，居民小区 8 个，现有居民 862 户，2657 人，流动人口 129 人，社区正式工作人员 7 人。社区现设有 1 间办公大厅，1 间党员活动室，1 间综治室，3 个办公室，面积总共 113 平方米。

0515 金集镇陈湾村

简　介：金集镇陈湾村位于金集镇西南部，距镇政府 3 公里，多年平均降雨 550 毫米，全村有 3 个自然村：陈湾村、嘴头山村、新庄村。人口总计 748 人，161 户，耕地面积 3963 亩。

0516 白驼镇申川村

简　介：申川村位于白驼镇西2公里处，交通便利。全村有2个自然村，124户，569人，耕地面积2662亩，2013年人均纯收入4484元，人均产粮817公斤。在林果业发展中，栽植以核桃为主的经济林1000多亩，种植以玉米、胡麻为主的特色经济作物1000多亩。

0517 山门镇薛家村

简　介：薛家村位于山门镇北部，距离政府驻地3.5公里，属高寒阴湿林源地区，海拔1650米。全村共有4个村民小组，172户，701人，有耕地面积2615亩，人均3.47亩。2013年人均纯收入4025元。经济收入以甜玉米种植、劳务输出为主。

0518 陇东乡谢沟村

简　介：谢沟村自成立以来，分为谢沟一、二队，马连三队，后为一个大队，称谢沟大队，1982年改为谢沟村一、二、三组，于2006年撤村并合并土寨村、土寨组、地湾组，共为4个自然组，统称谢沟村。

0519 远门乡安业村

简　介：安业村位于清水县西部，距乡政府驻地10公里。全村4个自然村，6个村民小组，262户，1321人，其中劳动力650人。耕地面积3200亩，苹果园80亩。住房以土木、砖木结构为主。现有小学教学点1所，教师12名，在校学生280名，无幼儿园。有村级卫生所1处。全村以种植、养殖和劳务业为主要收入来源，现有规模比较大的养殖户11户，其中养牛户3户，养羊户6户，养猪户2户。2013年人均纯收入2700元。

0520 山门镇高桥村

简　介： 高桥村位于山门镇东南2公里处，全村共辖6个村民小组，165户，691人，耕地面积1795亩。人均2.3亩，2013年人均纯收入3870元。农民经济收入主要依靠劳务输出和传统农作物种植，农业产业化程度不高，经济基础薄弱。

0521 秦亭镇盘龙村

简　介： 盘龙村位于秦亭镇东北部，距离秦亭镇15公里，距清水县城43公里。该村海拔1920～2058米，年降水量580～780mm，无霜期85～120天，年平均气温4℃～7℃，属高寒阴湿山区，土质以谷坡黑土为主，土层深厚，土壤肥力较差。全村只有盘龙1个村民小组，160户，728人，其中妇女儿童442人，全村有五保户1人，低保户22户，93人，劳动力400人，其中男劳动力260人，女劳动力140人，年劳务输出201人。全村现有耕地面积2714亩，人均3.72亩。优质梯田面积400亩，人均0.55亩，粮食作物播种面积2512亩。2012年末大家畜存栏800头，其中黄牛500头，家禽存栏1250只；在养殖业中出栏育肥牛60头，收入6万元；出售猪仔500头，收入4万元，养殖业总收入10万元，该村大力发展蚕豆和大麻种植业，每年大概种植蚕豆500亩，大麻200亩，亩均收入2000多元。2012年年底全村人均纯收入1243元，人均产粮270公斤。

0522 金集镇连珠村

简　介： 连珠村位于金集镇政府所在地，有5个自然村（连珠大庄、新尧、郑湾、杨家坟、斜头），7个村民小组，573户，总人口2559人，其中劳力1434人，耕地面积9591亩，人均3.9亩。东接张牛村，南临城科村，西与潘山村接壤，距天水火车站15公里，稠南公路与省道S045线在本村交会，区位优势得天独厚，村辖面积9平方公里。连珠村种植苹果3748亩，人均1.46亩，亩产1000公斤，总产量3748万公斤，总收入3700万元，种植核桃1000亩；粮食种植面积6060亩，产量156.7万公斤，人均产粮610公斤；全村有外出务工人员620人，劳务输出收入1240万元，人均劳务输出收入 4834 元。

0523 土门乡新义村

简　介：新义村位于清水县西部，全村共有 6 个村民小组，403 户，1951 人。现有耕地面积 5886 亩，人均 2.4（亩），梯田面积 4570 亩，沼气 150 眼，人畜安全饮水全覆盖，果园面积 510 亩，以农业生产为主。

0524 白驼镇玉屏村

简　介：玉屏村地处镇政府东部，位于红玉公路沿线，距白驼镇驻地 10 公里，交通便利，区位优越明显。全村有 2 个自然村，2 个村民小组，共 136 户，755 人，耕地面积 2885 亩，2013 年农民人均纯收入 4180 元，人均产粮 859 公斤。

0525 黄门乡后坡村

简　介：后坡村处于黄门乡中部偏北，距乡政府驻地 6.5 公里，辖区内沟壑纵横，山高坡陡，道路崎岖难行，年均降水 580～620 毫米，年均气温 9.8℃～10.4℃，无霜期 126 天，全村共有耕地 3726 亩，人均 5.5 亩，境内植被稀少，自然环境恶劣，生态系统脆弱。

0526 丰望乡高何村

简　介：高何村位于丰望乡西南部，南与麦积区社棠镇接壤，距清水县 34 公里。海拔 1350 米，年平均气温 11℃左右，年降水量 550 毫米以上，无霜期 160 天以上，属半干旱山区，易出现干旱、冰雹等灾害。现辖 3 个村民小组，78 户，396 人。耕地面积 1838 亩，2012 年底人均纯收入 3652 元。经济收入以苹果产业为主，全村苹果栽植面积 1292

亩，苹果年销售收入达 128.4 万元，苹果产业成为农民增收的主要产业。

0527　永清镇苏瓜村

简　介：苏瓜村位于永清镇西北部，牛头河北岸，距县城 3.5 公里。海拔 1375～2000 米。全村有 5 个自然村，5 个村民小组，504 户，2243 人，现有劳动力 1570 人，其中男劳动力 883 人，女劳动力 687 人。全村土地面积 5061 亩，其中耕地面积 3918 亩，人均 1.72 亩；梯田面积 800 亩；果园面积 2384 亩，人均 1.1 亩；2005 年劳务输出 507 人，大家畜存栏 275 头。2012 年人均纯收入 4930 元。

0528　白驼镇山湾村

简　介：山湾村位于白驼镇西 15 公里处，交通便利，区位优越明显。全村有 2 个自然村，4 个村民小组，98 户，470 人，耕地面积 2302 亩，2013 年人均纯收入 4179 元，人均产粮 977 公斤。

0529　郭川乡郭山村

简　介：郭山村位于郭川乡东部，东接金集镇，南连高湾村，西邻郭川村，北靠孙山村。辖黄咀、郭山、上河、尧庄 4 个自然村，7 个村民小组，342 户，1646 人。全村现有耕地面积 3820 亩，其中梯田面积 2754 亩。种植作物主要有小麦、玉米、高粱、黄豆、马铃薯、油菜和茌籽。现有果园面积 1484 亩，花椒为支柱产业。2013 年，农民人均纯收入 4208 元。郭山村以种植和劳务输出业为主，主要收入来源为出售农产品和劳务收入。

0530　陇东乡崔杨村

简　介：崔杨村辖 3 个村民小组，4 个自然村，202 户，971 人，耕地面积 3998 亩，其中陡坡种地 3920 亩，占耕地面积的 78%。

0531 贾川乡梅江村

简　介：梅江村位于贾川乡政府东部，海拔1300～1500米，近十年年均降水量600毫米，年均气温6℃，无霜期180天左右。全村共6个村民小组，273户，1315人。

0532 白沙乡箭峡村

简　介：箭峡村位于白沙乡政府东面，距乡政府4公里，距县城17公里。全村辖4个村民小组，农业户110户，493人。

0533 白驼镇杨坪村

简　介：杨坪村地处镇政府北部，位于桐温公路沿线，距白驼镇驻地5公里，太坪至远门水泥路穿境而过，交通便利，资源丰富。全村有4个自然村，7个村民小组，232户，1020人，耕地面积3412亩，2013年人均纯收入4010元，人均产粮736公斤。

0534 金集镇槐树村

简　介：全村现辖槐树村1个自然村，2个村民小组，214户，987人。

0535 黄门乡下成村

简　介：下成村位于黄门乡以南，地处庄天二级公路沿线，距县城22公里，下成村共有5个自然村，6个村民小组，全村410户，2012人。全村总耕地面积6503亩。

0536 远门乡单魏村

简　介：清水县远门乡单魏村位于清水县和秦安县交界处，距清水县45公里、秦安县40公里，距远门集市2.5公里，全村有5个小组，共有273户，1350人。有耕地土地面积3152亩，果园面积2360亩，人均2亩。单魏村是清水县有名的苹果村，2013年全村苹果总产值1800多万元，人均纯收入达到6000元以上。

0537 永清镇杜沟村

简　介：杜沟村地处永清镇川道河谷地带，全村有4个自然村，总户数428户，总人口1968人，耕地总面积3665亩，人均耕地面积1.89亩，年输转劳务任务300人，2011年底农民人均纯收入3559元。

0538 红堡镇古道村

简　介：辖李家那坡、董家沟、曹家上面、梨树滩、古道新村，人口为749人，面积为5平方公里。

0539 陇东乡安儿村

简　介：安儿村地处县城东南部，东接朱湾村，西靠草川乡教化村，南依崔杨村，北临永清镇西岔村，距离县城12公里，乡政府11公里。全村辖6个自然村，231户，1142人，劳动力794人，2007年底人均纯收入1580元，人均产粮422公斤。以桃核为主的林果业，以黄牛、生猪为主的养殖业和以输出为主的劳务业是该村的三大增收产业。

0540 金集镇城科村

简　介：城科村位于金集镇南部，全村有3个自然村，207户，895人，耕地面积3866亩，2012年人均收入3728元。

0541 王河乡水刘村

简　介：水刘村位于王河乡政府东北半山梁地带，据乡政府所在地 1.5 公里。界内沟壑纵横，土地贫瘠，平均海拔 1700 米，年降雨量 580 毫米，无霜期 140 天，属于高寒阴湿区。全村有水刘、阳马、张家台子 3 个自然村，6 个村民小组，280 户，1392 人，全村有劳动力资源 713 人，全年输转劳务人员约 600 人（次），约占总人口的 43.1%。2013 年底人均纯收入 4196 元。水刘村全村有耕地面积 4840 亩，人均耕地 3.5，粮食作物主要有小麦、玉米等，经济作物有马铃薯、葵花及油料等作物。

0542 远门乡庙台村

简　介：庙台村位于清水县西部，距乡政府驻地 10 公里。全村 3 个自然村，3 个村民小组，198 户，1002 人，其中劳动力 523 人。耕地面积 2350 亩，优质核桃 400 亩，苹果园 260 亩。全村以种植、养殖和劳务业为主要收入来源，2013 年人均纯收入 2800 元。

0543 秦亭镇党河村

简　介：党河村位于秦亭镇东北部，平均海拔 1850 米，日照时间较短，年降水量 580～660 mm，无霜期 110～151 天，年平均气温 5℃～8℃，属于高寒阴湿山区，土质以谷坡黄土为主，土层深厚，土壤肥力较高。距离秦亭镇 12 公里，距离清水县城 40 公里，村内各组分布零散，自然条件差，村内道路为土质路面，雨天出行极其不便。全村共有党河、郭湾、王窑、吴沟、范沟、安家、罗湾、景坪、化岭 9 个自然村，187 户，904 人。

0544 草川铺乡刘庄村

简　介：刘庄村位于草川铺乡东部，距乡镇

府有 15 公里。全村有 4 个自然村，6 个村民小组，212 户，1057 人。

0545 秦亭镇乔李村

简　介：乔李村位于秦亭镇东部，距离秦亭镇 18 公里，距离清水县城 43 公里。平均海拔 1800 米，年降水量 660㎜，无霜期 151 天，年平均气温 5℃～8℃，属高寒阴湿山区，土质以谷坡黄土为主，土层深厚，土壤肥力差，村内各组分布零散，交通不便，经济不发达，居所破旧，属偏远贫困村。全村共有李河、乔沟、安子、阳湾、王磨 5 个自然村，78 户，342 人。全村耕地面积 1670 亩，人均耕地 4.88 亩，优质梯田 400 亩，人均 1.2 亩，粮食作物播种面积 1400 亩。

0546 新城乡黄梁村

简　介：有黄沟、山后、祁湾、郭湾、王家 5 个自然组，全村有 5 个村民小组，均为回族，共 187 户，855 人，有耕地面积 2190 亩，2013 年末人均纯收入 3964 元。

0547 郭川乡马蹄村

简　介：马蹄村位于清水县郭川乡东南部，距清水县城 58 公里，距乡政府 8 公里。全村辖上田、下田、齐家湾、尧店 4 个自然村，4 个村民小组，175 户，833 人，现有劳力 679 人，全村有耕地面积 2675 亩，其中果园面积 1105 亩。海拔 1360～1590 米，年平均气温 13.2℃，年降水量 550 毫米，全年无霜期 175 天。人均纯收入 3579 元。

0548 王河乡南湾村

简　介：王河乡南湾村位于县城西北部，距县城 40 公里，距王河乡政府 3 公里。该村地处偏僻，交通不便，干旱严重，属典型的黄土梁峁山区。全村平均海拔 1700 米，年均温 8℃，昼夜温差 6℃～8℃，年降水量

580毫米，时空分布不均，全年无霜期150天，土壤质地较好，但有机质含量低，肥力不足。南湾村有南湾、高楼子、贺家湾3个自然村，4个村民小组，187户，总人口918人，全村有劳动力资源468人，2013年人均纯收入4064元。

0549 土门乡丰盛村

简　介：土门乡丰盛村位于土门乡西部，是生存条件最好的行政村之一。全村现有2个自然村，4个村民小组，280户，1313人，耕地面积3291亩（人均2.51亩），人均纯收入达到4230元，该村地势呈阶梯形，道路交通条件便利，自然环境优美，是全乡有名的经济、文化、环境、生产、生活、文明等最美好和谐的村。

0550 山门镇玄头村

简　介：清水县山门镇玄头村位于山门镇东南部30公里处渭河北岸的玄头梁，地域面积31平方公里，全村共有2个自然村，2个村民小组，155户，724人。年平均气温13℃，年降水量550毫米，无霜期150天左右，平均海拔1850米，耕地面积2106亩，人均2.95亩，2011年人均产粮542公斤，人均纯收入2238元。

0551 红堡镇曹冯村

简　介：有曹冯新村、简子里、冯赵家、化岭、宋家塬5个村民小组，人口为514人，面积为11平方公里。

0552 永清镇李崖村

简　介：永清镇李崖村位于清水县城北部，距县城0.5公里。全村有2个自然村，4个村民小组，现有村民452户，2010人，有劳动力806名。全村耕地总面积4551亩，人均耕地面积2.25亩，有贫困户265户，1021人。2011年人均纯收入2786元，人均产粮408公斤。

0553 土门乡小庄村

简　介：小庄村位于清水县土门乡政府西南部，属浅山干旱地区，西邻金集镇，北靠S305线(清水－金集－麦积)，交通十分便利，距县城48公里，距天水市麦积区46公里，距乡政府驻地6公里，是土门乡近年养猪产业示范村，海拔较高，土壤质量较好，年降水量较少，全村共有6个自然村(小庄、新店子、硬湾、黑林里、鸭池、上尧)，7个村民小组，289户，1305人，其中有少数民族147人，现有劳动力733人，全村耕地面积2046亩。

0554 白驼镇白驼村

简　介：白驼村距离清水县城22公里，交通便利，信息灵通，区位优越明显，商贸繁华。全村有4个自然村，8个村民小组，451户，2116人，耕地面积6596亩，2013年人均纯收入4475元，人均产粮1244斤。

0555 白沙乡白沙村

简　介：白沙村位于白沙乡政府所在地，距县城10公里，有10个村民小组，农业户532户，2477人。耕地面积5385亩，川地面积1200亩，梯田面积3600亩，人均产粮382公斤。2011年人均纯收入2985元。

0556 丰望乡徐山村

简　介：徐山村位于丰望乡西南部，北接磨上咀村，南邻付崖村，西与麦积区社棠镇接壤，距清水县30公里。海拔1580米，年平均气温10℃左右，年降水量550毫米，无霜期150天以上，属半干旱山区，易出现干旱、冰雹等灾害。现辖2个村民小组，158户，

744人，全村有党员25名，其中女党员2名。耕地面积3367亩，经济收入以苹果和养猪为主，全村苹果栽植面积1334亩，生猪饲养量324头，苹果年销售收入168万元，生猪年销售收入46万元。2012年人均纯收入为3767元，苹果产业、养殖业成为全村农民增收的主要产业。

0557 秦亭镇李岘村

简　介：李岘村位于秦亭镇西北部，距离秦亭镇15公里，距县城30公里，交通条件较差，平均海拔1750米，年降水量640㎜，无霜期160天，年平均气温5℃～8℃，海拔1400～1600米，属于高寒阴湿山区，土质以谷坡黄土为主，土层深厚，但土壤肥力较高。全村共有上庄、下庄、西坡3个自然村，136户，647人；全村有五保户2人，低保户32户，128人；全村耕地面积2439亩，人均耕地3.76亩，优质梯田面积700亩，人均1.08亩，粮食作物播种面积1920亩。2012年全村人收入1680元，人均产粮320公斤。

0558 陇东乡朱湾村

简　介：朱湾村地处陇东乡中部，距县城20公里，全村现有2个自然村，3个村民小组，255户，1169人，有劳力672人，耕地面积3618亩，贫困户115户，547人，其中绝对贫困户29户，140人，低收入贫困户86户，407人，人均纯收入2688元。

0559 永清镇张杨村

简　介：张杨村位于永清镇北部高山地带，距清水县城12公里处，东北与新城相连，西南与雍陈村相接，是一个边缘偏僻山区村。全村有5个村民小组，7个自然村，总人口204户，1064人，耕地总面积4298亩，人均耕地4.04亩。现有劳动力679人，年外出务工人数达551人，占总劳力的81.2%，现有党员29名，2013年农民人均纯收入为4068元。

0560 郭川乡孙山村

简　介：孙山村位于清水县郭川乡东部，距清水县城58公里。全村辖武家崖、麦峪、孙山3个自然村，3个村民小组，230户，1025人，党员31人，现有劳力860人，全村有耕地面积3956亩，其中果园面积3396亩，梯田面积。海拔1360～1590米，年平均气温13.2℃，年降水量550毫米，全年无霜期175天，属于半干旱山区，易出现干旱、冰雹、滑坡等自然灾害。人均纯收入4375元。

0561 金集镇杨郝村

简　介：杨郝村位于金集镇西北部，与麦积区接壤，距镇政府8公里，海拔高度平均1650米，年降雨量550毫米左右。耕地面积约4300亩，全村分为4个自然村，285户，现有人口1220人，其中劳动力700人。杨郝村是农业村，农民的主要收入来源于农业收入和务工收入，2011年人均纯收入为3125元。

0562 黄门乡薛堡村

简　介：薛堡村位于清水县城北部，距县城40多公里，距乡政府所在地20多公里，全村下辖5个村民小组。全村有耕地3480亩，全村总户数160户，总人口817人，中小学文化程度、文盲、半文盲人口居多。有330人外出务工，主要从事建筑、餐饮等重体力劳动。人均耕地少，且陡坡耕地的比例大，土地出产率较低。农作物以小麦、玉米、马铃薯等为主，土地垦植率高，陡坡开荒面积大，导致水土流失严重，生态环境极其脆弱。

0563 永清镇原泉村

简　介：永清镇原泉村位于清水县城中心，东至南塬，西至五里铺，北接南环路。全村有5个自然村，5个村民小组，现有603户，2486人。全村总耕地面积4553.62亩，现有耕地4553.62亩，人均耕地1.83亩，村庄面积302亩，房屋建筑面积7.2万平方米，其中土木结构2.67万平方米，砖木结构4.32万平方米，楼房0.21万平方米，2014年农民人均纯收入2904元。

0564 土门乡高庙村

简　介：高庙村位于土门乡南部，距乡政府驻地13.4公里，属黄土高原高峰科梁峁地带，海拔高度约为1600～1900米左右，年平均气温7℃～8℃，年均降水量580毫米，无霜期170天，全村有自然村8个，分为8个村民小组。

0565 山门镇关山村

简　介：关山村地处清水县山门镇辖区，年平均气温9.5℃，无霜期170天左右，年降水量620毫米。距山门镇16公里，共辖8个村民小组，150户，792人。有耕地面积3194亩，人均2.8亩，由于气候和传统观念、技术手段等诸多因素影响，农作物种植以小麦和玉米为主，农民收入主要靠劳务业。2011年农民人均纯收入2772元。

0566 远门乡赵渠村

简　介：赵渠村位于清水县西部，地处高峰科梁南延中段，海拔1660米左右，年日照时长2100小时，年均气温7.9℃，昼夜温差8℃～10℃，无霜期160天，降雨较少，年降水量590mm左右，全村2个自然村，3个村民小组，91户，424人，其中劳动力237人，耕地面积1268亩。现有党员16人，其中女党员1名。全村以种植和劳务业为收入主要来源，2013年人均纯收入2744元。

0567 贾川乡上湾村

简　介：贾川乡上湾村位于贾川乡西南部，距乡政府4公里，289户，1460人，有3个自然村（庙底、白沟、上湾），5个村民小组，耕地5069亩，果园面积2400亩。

0568 永清镇温沟村

简　介：温沟村地处清水县城东郊，具有较好的区域发展优势。有4个村民小组，401户，全村有1980人，其中劳动力949人。土地面积12平方公里，耕地面积3642亩。2012年底农民人均纯收入3680元。

0569 郭川乡平定村

简　介：平定村位于清水县郭川乡东北部，距清水县城58公里。全村共有157户，722人，党员12人，现有劳力624人，全村有耕地面积2511亩，其中果园面积1573亩，梯田面积1160亩。海拔1360～1590米，年平均气温13.2℃，年降水量550毫米，全年无霜期175天，属于半干旱山区，易出现干旱、冰雹、滑坡等自然灾害。人均纯收入4461元。

0570 白驼镇童堡村

简　介：童堡村地处镇政府东部，位于桐温公路沿线，距白驼镇驻地1公里，交通便利，区位优越。全村有3个自然村，3个村民小组，145户，688人，耕地面积3027亩，2013年人均纯收入4120元，人均产粮969公斤。

0571 秦亭镇刘峡村

简　介：刘峡村位于秦亭镇西南部，距离秦亭镇3公里，距离清水县城25公里，平均海拔1650米，年平均降雨量450㎜，无霜期154天左右，阁大公路贯穿村而过，是清水县城到秦亭镇各村的必经之路，属公路沿线村，交通便利，是出入秦亭之南大门，经济相对活跃。该村辖刘峡、下尧湾、石坡、尧庄、井儿、柳南、老湾、下庄8个自然村，203户，821人，全村有劳动力474人，其中男劳动力246人，女劳动力228人。全村耕地面积3090亩，人均耕地面积3.7亩，优质梯田1200亩，人均1.4亩，粮食作物播种面积1705亩，人均产粮360公斤。

0572 郭川乡赵那村

简　介：赵那村是郭川乡17个行政村之一，位于郭川乡西南部，近距离乡政府2公里，王玉公路绕村而过，平均海拔1350米，年均降雨量560毫米，年平均气温10℃，全年无霜期185天。赵那村现辖赵那、王家湾、半山、西坡山4个自然村，252户，1212人。

0573 王河乡全寨村

简　介：王河乡全寨村位于王河乡西南部，距乡政府驻地5公里，东接白驼镇，南与远门乡接壤，占地7.625平方公里。全村辖红庙湾、后坪、川儿里、上湾里、堡子5个自然村，5个村民小组，2013年底有313户，1605人。有耕地面积5126亩。海拔在1850～1950米之间，年平均气温8℃，无霜期150天，年降水量580毫米。2013年底全寨村农民人均纯收入为4177元。

0574 新城乡王窑村

简　介：全村有6个村民小组，151户，712人，有耕地面积2253亩，2013年末人均纯收入3996元。

0575 丰望乡磨上咀村

简　介：磨上咀村位于丰望乡西部，北与红堡镇接壤，距清水县28公里。海拔1450米，年平均气温11℃左右，年降水量500毫米以上，无霜期160天以上，属半干旱山区，易出现干旱、冰雹等灾害。现辖4个村民小组，246户，1164人，全村有党员47名，其中女党员8名。耕地面积5839亩，人均产粮1020公斤，2012年底人均纯收入3698元。经济收入以养猪和劳务输出为主，全村生猪饲养量达1100多头，年销售收入达109万元，磨上咀村成为丰望乡生猪养殖的专业村，养殖业成为群众增收的主要产业。

0576 金集镇水清村

简　介：水清村位于金集镇北部和郭川、土门、贾川三乡接壤，距镇政府7公里，稠土公路穿村而过，平均海拔1650米。全村共有7个自然村，512户，2616人，耕地面积9533亩。该村为农业村，以粮食种植为主。2011年底全村人均纯收入2890元。

0577 王河乡响水村

简　介：响水村位于王河乡西北部，毗邻松树乡，距清水县城41公里。全村辖响水、上牟、下牟、西坡4个自然村，5个村民小组，全村共216户，1034人。

0578 松树乡邵湾村

简　介：辖邵家阴湾、邵家阳湾两个自然村，人口909人。

0579 白沙乡代沟村

简　介：代沟村位于清水县白沙乡南坡牛头河流域，距清水县城13公里，白沙乡市集3公里，海拔1580米，年平均气温8℃～9℃，气候较温润，适宜多种农作物生长。

0580 白沙乡鲁沟村

简　介：鲁沟村位于白沙乡政府东5公里处，沿车道河两侧居住，呈狭长带状，通村柏油马路，交通便利，水资源充足。全村辖10个自然村，7个村民小组，354户，1676人。全村土地总面积9700亩，其中耕地面积5900亩，梯田600亩，坡耕地4900亩，林地面积3500亩，其中退耕还林2600亩，以核桃为主的经济林300亩。

0581 黄门乡元川村

简　介：元川村位于黄门乡西南部，毗邻红堡镇，距清水县城19公里，水资源丰富，交通便利，海拔1450～1550米左右，年降水量600毫米，且分布不均，年蒸发量121.8毫米，年平均气温10℃，年日照时数2048小时。元川村有4个自然村，3个村民小组，168户，806人。

（十二）天水市秦安县

0582 郭嘉镇月阳村
简　介：秦安县郭嘉镇月阳村有村民小组 4 个，村户口数 293 户，村总人数 1162 人，耕地面积 3478 亩，园地面积 774 亩。

0583 叶堡乡何李村
简　介：秦安县叶堡乡何李村有村民小组 3 个，村户口数 372 户，村总人口数 1762 人，耕地面积 3064 亩，园地面积 1388 亩。

0584 叶堡乡新区村
简　介：秦安县叶堡乡新区村有村民小组 4 个，村户口数 316 户，村总人口数 1452 人，耕地面积 2754 亩，园地面积 1346 亩。

0585 郭嘉镇高崖村
简　介：秦安县郭嘉镇高崖村有村民小组 7 个，村户口数 356 户，村总人数 1564 人，耕地面积 5012 亩，园地面积 870 亩。

0586 叶堡乡庞宋村
简　介：秦安县叶堡乡庞宋村有村民小组 3 个，村户口数 425 户，村总人口数 1705 人，耕地面积 1192 亩，园地面积 1465 亩。

0587 陇城镇王家湾村

简　介：秦安县陇城镇王家湾村有村民小组 5 个，村户口数 265 户，村总人数 1235 人，耕地面积 1859 亩，园地面积 768 亩。

0588 陇城镇龙泉村

简　介：秦安县陇城镇龙泉村有村民小组 3 个，村户口数 208 户，村总人口数 992 人，耕地面积 1759 亩，园地面积 527 亩。

0589 叶堡乡三棵树村

简　介：秦安县叶堡乡三棵树村有村民小组 13 个，村户口数 777 户，村总人口 3438 人，耕地面积 5561 亩，园地面积 2820 亩。

0590 叶堡乡侯滩村

简　介：秦安县叶堡乡侯滩村有村民小组 3 个，村户口数 455 户，村总人数 1850 人，耕地面积 1621 亩，园地面积 1800 亩。

0591 西川镇王家小庄

简　介：秦安县西川镇王家小庄村有户口数 304 户，村总人数 1391 人，耕地面积 1986 亩，园地面积 605 亩。

0592 王窑乡下湾村

简　　介：秦安县王窑乡下湾村有村民小组7个，村户口数181户，村总人数819人，耕地面积2192亩，园地面积515亩。

0593 叶堡乡李坪村

简　　介：秦安县叶堡乡李坪村有村民小组4个，村户口数422户，村总人数1844人，耕地面积2249亩，园地面积1896亩。

0594 王窑乡吕山村

简　　介：秦安县王窑乡吕山村有村民小组6个，村户口数213户，村总人口数1013人，耕地面积2842亩，园地面积367亩。

0595 王窑乡杨何村

简　　介：秦安县王窑乡杨何村有村民小组2个，村户口数180户，村总人口数799人，耕地面积1643亩，园地面积554亩。杨何村分上庄和下庄。

0596 郭嘉镇背后沟村

简　　介：秦安县郭嘉镇背后沟村有村民小组1个，村户口数275户，村总人口数1169人，耕地面积2873亩，园地面积1000。

0597 安伏乡沟门村

简　　介：沟门村与杨寺村、刘沟、安川、龚川相邻，位于胡芦河畔。村盛产花椒、苹果、旱酥梨。农作物有玉米、洋芋、黄豆。新建了自来水厂，可供4个乡镇38个行政村饮水。

0598 西川镇鸦湾村

简 介：秦安县西川镇鸦湾村有村户口数126户，村总人口580人，耕地面积780亩，园地面积312亩。

0599 王窑乡雨伯村

简 介：秦安县王窑乡雨伯村有村民小组5个，村户口数236户，村总人口数1126人，耕地面积2487亩，园地面积629亩。

0600 郭嘉镇邵沟村

简 介：秦安县郭嘉镇邵沟村有村民小组2个，村户口数183户，村总人数1046人，耕地面积2493亩，园地面积810亩。

0601 兴国镇王坪村

简 介：秦安县兴国镇王坪村有村民小组1个，村户口数280户，村总人口数1355人，耕地面积1474亩，园地面积1100亩。

0602 郭嘉镇元川村

简 介：秦安县郭嘉镇元川村有村民小组2个，村户口数326户，村总人口数1416人，耕地面积2238亩，园地面积1025亩。

0603 郭嘉镇王家阴洼村

简　介：秦安县郭嘉镇王家阴洼村民小组2个，村户口数170户，村总人数812人，耕地面积2674亩，园地面积761亩。

0604 叶堡乡王沟村

简　介：秦安县叶堡乡王沟村有村民小组3个，村户口数307户，村总人口数1475人，耕地面积2003亩，园地面积1133亩。

0605 郭嘉镇耀紫村

简　介：秦安县郭嘉镇耀紫村有村民小组1个，村户口数173户，村总人口数771人，耕地面积2374亩，园地面积631亩。

0606 郭嘉镇槐庙村

简　介：秦安县郭嘉镇槐庙村有村民小组5个，村户口数385户，村总人数1812人，耕地面积2449亩，园地面积1030亩。

0607 兴国镇蔡小村

简　介：秦安县兴国镇蔡小村有村民小组2个，村户口数284户，村总人口1479人，耕地面积2068亩，园地面积860亩。

0608 叶堡乡程沟村

简　介：秦安县叶堡乡程沟村有村民小组1个，村户口数188户，村总人口数812人，耕地面积1260亩，园地面积894亩。

0609 陇城镇张赵村

简　介：秦安县陇城镇张赵村有村民小组5个，村户口数220户，村总人口1092人，耕地面积3909亩，园地面积707亩。

0610 王尹乡郝康村

简　介：秦安县王尹乡郝康村有村民小组4个，村户口数352户，村总人口1365人，耕地面积3258亩，园地面积2130亩。

0611 陇城镇许墩村

简　介：秦安县陇城镇许墩村有村民小组4个，村户口数220户，村总人口数1108人，耕地面积2092亩，园地面积489亩。

0612 刘坪乡陈家寨村

简　介：刘坪乡陈家寨村有2个村民小组。257户，总人口1160人。耕地面积2538亩，园地面积1083亩。果树有苹果树、桃树等。主要农作物有小麦、玉米等。

0613 王尹乡赵梁村

简　介：秦安县王尹乡赵梁村有村民小组4个，村户口数416户，村总人口1636人，耕地面积3188人，园地面积1960亩。

0614 千户乡天城堡村

简　介：千户乡天城堡村有村民小组4个，村户口349户，村总人口1650人，耕地面积2817亩，园地面积1011亩。

0615 陇城镇崇仁村

简　介：秦安县陇城镇崇仁村有村民小组2个，村户口数354户，村总人口数1758人，耕地面积2921亩，园地面积432亩。

0616 王尹乡傅山村

简　介：秦安县王尹乡傅山村有村民小组2个，村户口392户，村总人口1431人，耕地面积2594亩，园地面积950亩。

0617 王尹乡李磨村

简　介：秦安县王尹乡李磨村有村民小组6个，村户口数473户，村总人口数2115人，耕地面积3029亩，园地面积1760亩。

0618 王尹乡马河村

简　介：秦安县王尹乡马河村有村民小组8个，村户口数483户，村总人数1887人，耕地面积3436亩，园地面积1580亩。

0619 王尹乡张底村

简　介：王尹乡张底村有村民小组4个，村户口395户，村总人口1592人，耕地面积2344亩，园地面积970亩。

0620 莲花镇仁义村

简　介：1949年8月3日，许光达司令员、王世泰政委指挥中路军二兵团解放莲花镇周围地区，彭德怀司令员率第一野战军总部随即进驻莲花。行进途中，车行到莲花吊庄村清水河北岸快到目的地时，因雨后清水河上涨，彭总乘坐的吉普车很难通过，当地百姓一拥而上，推、抬车子过了河。望着淳厚朴实的人民群众，彭总很感动，问前面的村子叫什么，大家说叫"吊庄里"，彭总说："还是叫仁义好。"从此"吊庄里"改名"仁义村"。

0621 陇城镇南七村

简　介：秦安县陇城镇南七村有村民小组5个，村户口数402户，村总人数1903人，耕地面积4958亩，园地面积765亩。

0622 王尹乡王庙村

简　介：秦安县王尹乡王庙村有村民小组4个，村户数383户，村总人口1320人，耕地面积3013亩，园地面积810亩。

0623 陇城镇略阳村

简　介：略阳村位于甘肃省秦安县陇城镇区东部，镇政府所在地，全村367户，1639人，贫困人口215户，934人。有略阳、刘家湾、李庄、山庄4个自然村，村落依山居住，交通不便，经济发展非常缓慢，群众生活困难。经济来源以粮食种植为主，2011年底人均纯收入2224元，属全县扶贫开发重点村。

0624 千户乡王岭村

简　介：千户乡王岭村有379户，村总人口1529人，耕地面积2761亩，园地面积927亩。

0625 千户乡何吕村

简　介：千户乡何吕村有村民小组3个，村户数395户，村总人口1862人，耕地面积3594亩，园地面积1260亩。

0626 千户乡田家山村

简　介：千户乡田家山村有村户口317户，村总人口1478人，耕地面积2997亩，园地面积1026亩。

0627 王尹乡尹川村

简　介：秦安县王尹乡尹川村有村民小组10亩，村户口数753户，村总人数2895人，耕地面积3940亩，园地面积1530亩。

0628 陇城镇山王村

简　介：秦安县陇城镇山王村有村民小组3个，村户口数255户，村总人口数1248人，耕地面积1770亩，园地面积1061亩。

0629 中山乡缑湾村

简　介：缑湾村隶属中山乡。有3个村民小组，345户，总人口1802人，耕地面积1748亩，园地面积1855亩。主要种植小麦、玉米等农作物。

0630 刘坪乡任吴村

简　介：任吴村有两大姓氏，即任姓和吴姓，其中还有别的姓氏，他们一般都是外来的，比如张、李、杨等，不管姓氏如何，都是一家人，同在一个屋檐下居住，大家相亲相爱是任吴村村民永远的希望。

0631 西川镇宋场村

简　介：秦安县西川镇宋场村有村民小组1个，村户口数486户，村总人数1982人，耕地面积917亩，园地面积558亩。

0632 西川镇高堡村

简　介：秦安县西川镇高堡村有村民小组1个，村户口数282户，村总人口数1288人，耕地面积1864亩，园地面积515亩。

0633 叶堡乡蔡家牌楼村

简　介：秦安县蔡家牌楼村有村民小组3个，村户口数545户，村总人数2197人，耕地面积1239亩，园地面积845亩。

0634 叶堡乡东升村

简　介：秦安县叶堡乡东升村有村民小组4个，村户口数498户，村总人口数2375人，耕地面积3549亩，园地面积2502亩。

0635 王窑乡阴湾村

简　介：秦安县王窑乡阴湾村有村民小组3个，村户口数232户，村总人口数1152人，耕地面积1912亩，园地面积585亩。

0636 西川镇姜堡村

简　介：秦安县西川镇姜堡村有村户口数354户，村总人口1796人，耕地面积2475亩，园地面积977亩。

0637 王窑乡魏湾村

简　介：秦安县王窑乡魏湾村有村民小组2个，村户口数142户，村总人口数711人，耕地面积1558亩，园地面积391亩。

0638 王窑乡高庙村

简　介：秦安县王窑乡高庙村有村民小组3个，村户口数145户，村总人口数745人，耕地面积2122亩，园地面积297亩。

0639 叶堡乡叶堡村

简　介：秦安县叶堡乡叶堡村有村民小组18个，村户口数1108户，村总人数4119人，耕地面积2194亩，园地面积2806亩。

0640 王窑乡石沟村

简　介：秦安县王窑乡石沟村有村民小组4个，村户口数130户，村总人口数604人，耕地面积1994亩，园地面积353亩。

0641 西川镇张坪村

简　介：秦安县西川镇张坪村有村户口数152户，村总人口数684人，耕地面积998亩，园地面积427亩。

0642 兴国镇北大村

简　介：秦安县兴国镇北大村有村民小组4个，村户口数469户，村总人口2059人，耕地面积615亩，园地面积472亩。

0643 西川镇王峡村

简　介：秦安县西川镇王峡村有村户口数294户，村总人数1319人，耕地面积1703亩，园地面积797亩。

0644 郭嘉镇下山村

简　介：秦安县郭嘉镇下山村有村民小组3个，村户口数209户，村总人口数995人，耕地面积2400亩，园地面积810亩。

0645 王窑乡高洼村

简　介：秦安县王窑乡高洼村有村民小组2个，村户口数176户，村总人口数711人，耕地面积1713亩，园地面积325亩。

0646 王窑乡何沟村

简　介：秦安县王窑乡何沟村有村民小组2个，村户口数196户，村总人数821人，耕地面积2347亩，园地面积401亩。

0647 郭嘉镇把龙村

简　介：秦安县郭嘉镇把龙村有村民小组1个，村户口数238户，村总人数1120人，耕地面积3577亩，园地面积875亩。

0648 叶堡乡何坪村

简　介：秦安县叶堡乡何坪村有村民小组3个，村户口数326户，村总人口数1304人，耕地面积792亩，园地面积1470亩。

0649 西川镇张坡村

简　介：秦安县西川镇张坡村有村民小组1个，村户口数300户，村总人口数1151人，耕地面积685亩，园地面积882亩。

0650 西川镇侯辛村

简　介：秦安县西川镇侯辛村有村民小组1个，村户口数418户，村总人口数1589人，耕地面积887亩，园地面积720亩。

0651 郭嘉镇刘湾村

简　介：秦安县郭嘉镇刘湾村有村民小组5个，村户口数327户，村总人数1427人，耕地面积4022亩，园地面积1200亩。

0652 王窑乡张洼村

简　介：秦安县王窑乡张洼村有村民小组3个，村户口数178户，村总人口数965人，耕地面积1322亩，园地面积424亩。

0653 王窑乡漆老村

简　介：秦安县王窑乡漆老村有村民小组6个，村户口数217户，村总人数1087人，耕地面积3893亩，园地面积484亩。

0654 王窑乡彭家沟

简　介：秦安县王窑乡彭家村有村民小组2个，村户口数243户，村总人口数1206人，耕地面积2903亩，园地面积815亩。

0655 西川镇雒川村

简　介：秦安县西川镇雒川村有村民小组2个，村户口数441户，村总人口数1776人，耕地面积1846亩，园地面积945亩。

0656 西川镇神明川村

简　介：秦安县西川镇神明川村有村民小组1个，村户口数581户，村总人口数2341人，耕地面积1089亩，园地面积650亩。

0657 郭嘉镇朱湾村

简　介：秦安县郭嘉镇朱湾村有村民小组4个，村户口数243户，村总人口数1134人，耕地面积3149亩，园地面积618亩。

0658 西川镇宋峡村

简　介：秦安县西川镇宋峡村有村民小组1个，村户口数329户，村总人口数1550人，耕地面积1737亩，园地面积1069亩。

0659 叶堡乡程家崖湾村

简　介：秦安县叶堡乡程崖村有村民小组5个，村户口数216户，村总人口数1208人，耕地面积1792亩，园地面积876亩。

0660 王窑乡堡子村

简　介：秦安县王窑乡堡子村有村民小组4个，村户口数142户，村总人数704人，耕地面积2060亩，园地面积322亩。

0661 西川镇下王峡村

简　介：秦安县西川镇下王峡村有村民小组1个，村户口数162户，村总人口数747人，耕地面积497亩，园地面积497亩。

0662 王窑乡山场村

简　介：秦安县王窑乡山场村有村民小组4个，村户口数275户，村总人数1304人，耕地面积3032亩，园地面积824亩。

0663 郭嘉镇段坡村

简　介：秦安县郭嘉镇段坡村有村民小组5个，村户口数227户，村总人数1015人，耕地面积4872亩，园地面积810亩。

0664 郭嘉镇邵堡村

简　介：秦安县郭嘉镇邵堡村有村民小组3个，村户口数328户，村总人口数1126人，耕地面积3360亩，园地面积810亩。

0665 西川镇雒堡村

简　介：秦安县西川镇雒堡村有村民小组2个，村户口数292户，村总人口数1368人，耕地面积2497亩，园地面积652亩。

0666 郭嘉镇陈沟村

简　介：秦安县郭嘉镇陈沟村有村民小组3个，村户口数150户，村总人数650人，耕地面积2074亩，园地面积820亩。

0667 郭嘉镇车坪村

简　介：秦安县郭嘉镇车坪村有村民小组3个，村户口数193户，村总人数992人，耕地面积3477亩，园地面积430亩。

0668 西川镇王湾村

简　介：秦安县西川镇王湾村有村户口数264户，村总人口数1165人，耕地面积1271亩，园地面积1301亩。

0669 叶堡乡金城村

简　介：秦安县叶堡乡金城村有村民小组2个，村户口数505户，村总人口数1957人，耕地面积2014亩，园地面积1405亩。

0670 郭嘉镇张河村

简　介：秦安县郭嘉镇张河村有村民小组4个，村户口数234户，村总人口数1140人，耕地面积2680亩，园地面积610亩。

0671 王窑乡彭家村

简　介：秦安县王窑乡彭家村有村民小组2个，村户口数243户，村总人数1206人，耕地面积2903亩，园地面积815亩。

0672 叶堡乡师河村

简　介：秦安县叶堡乡师河村有村民小组5个，村户口数347户，村总人口数1648人，耕地面积2626亩，园地面积1288亩。

0673 西川镇郑桥村

简　介：秦安县西川镇郑桥村有村民小组2个，村户口数300户，村总人数1288人，耕地面积1121亩，园地面积860亩。

0674 西川镇张新村

简　介：秦安县西川镇张新村有村户口数260户，村总人数1024人，耕地面积1560亩，园地面积571亩。

0675 王窑乡王窑村

简　介：秦安县王窑乡王窑村有村民小组5个，村户口数329户，村总人数1469人，耕地面积3109亩，园地面积660亩。

0676 郭嘉镇马峡村

简　介：秦安县郭嘉镇马峡村有村民小组3个，村户口数283户，村总人口数1152人，耕地面积2562亩，园地面积822亩。

0677 叶堡乡武庄村

简　介：秦安县叶堡乡武庄村有村民小组3个，村户口数234户，村总人数1125人，耕地面积2514亩，园地面积1138亩。

0678 王窑乡闫山村

简　介：秦安县王窑乡闫山村有村民小组4个，村户口数157户，村总人数719人，耕地面积1827亩，园地面积301亩。

0679 郭嘉镇暖泉村

简　介：秦安县郭嘉镇暖泉村有村民小组2个，村户口数305户，村总人数1166人，耕地面积2406亩，园地面积1065亩。

0680 兴丰乡槐树村

简　介：槐树村位于秦安东南面，距离兴丰乡3公里。村里有古寺2座。人口1200多人。主要特产有苹果、玉米、小麦。

0681 王家牌楼村

简　介：秦安县西川镇牌楼村有村民小组1个，村户口数248户，村总人口数971人，耕地面积587亩，园地面积371亩。

0682 郭嘉镇瓦坪村

简　介：秦安县郭嘉镇瓦坪村有村民小组4个，村户口数219户，村总人口数1058人，耕地面积2322亩，园地面积874亩。

0683 王窑乡罐岭村

简　介：秦安县王窑乡罐岭村有村民小组9个，村户口数360户，村总人数1415人，耕地面积4634亩，园地面积784亩。

0684 叶堡乡窦家沟村

简　介：秦安县叶堡乡窦家沟村有村民小组1个，村户口数176户，村总人口数823人，耕地面积1185亩，园地面积980亩。

0685 五营乡陈峡村

简　介：秦安县五营乡陈峡村有村民小组2个，村户口数209户，村总人数1104人，耕地面积1906亩，园地面积441亩。

0686 郭嘉镇胥堡村

简　介：秦安县郭嘉镇胥堡村有村民小组2个，村户口数281户，村总人数1318人，耕地面积2726亩，园地面积1015亩。

0687 王窑乡乔庙村

简　介：秦安县王窑乡乔庙村有村民小组3个，村户口数217户，村总人数1215人，耕地面积2235亩，园地面积587亩。

0688 叶堡乡马庙村

简　介：秦安县叶堡乡马庙村有村民小组3个，村户口数191户，村总人口数905人，耕地面积1490亩，园地面积1001亩。

0689 兴丰乡三图村

简　介：三图村位于甘肃天水秦安兴丰乡的最北边，景色优美，依山傍水。村分为4个村民小组，其中一组因处于阳面又称之为"阳山"，和其余三个组构成的阴山隔河相望，全村现有居民200余户。村庄结构整齐，分为4层，站在对面观看整个村庄呈一个等边梯形，整个地势呈三角形。村的东西面有两条大沟，以前那里都有泉水，四周就是树木和农田。现在村里人生活方式多样，也在向现代化发展，一年中除了农忙时间都在家干农活外，其余时间也在外上班、经商、打工。村里人关系融洽，有事大家一起解决。农作物品种众多，主要有小麦、玉米、洋芋、胡麻等。

0690 西川镇川口村

简 介：秦安县西川镇川口村有村民小组1个，村户口数312户，村总人数1154人，耕地面积793亩，园地面积510亩。

0691 西川镇水沟村

简 介：秦安县西川镇水沟村有村民小组1个，村户口数182户，村总人数852人，耕地面积1686亩，园地面积356亩。

0692 郭嘉镇胡河村

简 介：秦安县郭嘉镇胡河村有村民小组4个，村户口数250户，村总人口数1097人，耕地面积3315亩，园地面积1230亩。

0693 郭嘉镇涡坨村

简 介：秦安县郭嘉镇涡坨村有村民小组4个，村户口数289户，村总人数1395人，耕地面积2421亩，园地面积1045亩。

0694 王窑乡杜湾村

简 介：秦安县王窑乡杜湾村有村民小组6个，村户口数260户，村总人数1124人，耕地面积2834亩，园地面积712亩。

0695 兴国镇丰乐村

简 介：秦安县兴国镇关丰乐村有村民小组4个，村户口数485户，村总人口2291人，耕地面积1280亩，园地面积760亩。

0696 西川镇何湾村

简　介：秦安县西川镇何湾村有村户口数147户，村总人口数722人，耕地面积1721亩，园地面积363亩。

0697 王窑乡丁山村

简　介：秦安县王窑乡丁山村有村民小组4个，村户口数120户，村总人口数611人，耕地面积1420亩，园地面积301亩。

0698 郭嘉镇孙坡村

简　介：秦安县郭嘉镇孙坡村有村民小组2个，村户口数196户，村总人数805人，耕地面积2187亩，园地面积952亩。

0699 郭嘉镇西山村

简　介：秦安县郭嘉镇西山村有村民小组4个，村户口数155户，村总人口数776人，耕地面积2641亩，园地面积400亩。

0700 兴国镇康坡村

简　介：秦安县兴国镇康坡村有村民小组4个，村户口数535户，村总人口2475人，耕地面积2132亩，园地面积1318亩。

0701 叶堡乡新阳村

简　介：秦安县叶堡乡新阳村有村民小组5个，村户口数379户，村总人口数1705人，耕地面积2282亩，园地面积1505亩。

0702 王窑乡刘窑村

简　介：秦安县王窑乡刘窑村有村民小组6个，村户口数181户，村总人数872人，耕地面积2539亩，园地面积547亩。

0703 郭嘉镇吊湾村

简　介：秦安县郭嘉镇吊湾村有村民小组2个，村户口数178户，村总人口数756人，耕地面积2468亩，园地面积872亩。

0704 叶堡乡新联村

简　介：秦安县叶堡乡新联村有村民小组7个，村户口数323户，村总人口数1468人，耕地面积2320亩，园地面积1265亩。

0705 兴国镇贤门村

简　介：秦安县兴国镇贤门村有村民小组4个，村户口数504户，村总人口数2388人，耕地面积985亩，园地面积283亩。

（十三）天水市甘谷县

0706 大石镇马家川村
简　介：该村位于大石镇西部，辖6个村民小组，4个自然村。人口1556人，耕地2084亩，大部分山地，少部分平地，以农业为主，产有洋麦、玉米等。以姓氏地理实体而得名，合作化时马家川为高级公社，公社化后为马家川村委。

0707 新兴镇移家村
简　介：该村位于新兴镇西部，陇海线南边，朱圉车站旁，有耕地面积1119亩，主产小麦、玉米、蔬菜，人口1837人，所辖3个村民小组，1个自然村，地处川区，以农为主。以姓氏而得名，沿用至今。

0708 白家湾乡蒜黄咀村
简　介：该村位于白家湾乡偏南部，有耕地面积1501亩，主产小麦、玉米、洋芋。人口699人。辖5个村民小组，4个自然村，地处山区，经济以农为主。传说有一神仙从礼县花台沟挖了一株含苞的花，到古坡花园子时，花已开放，到达此地时花瓣已散落，故名叫散花咀，后叫为蒜黄咀，现为蒜黄咀村委。

0709 大像山镇杨场村
简　介：该村位于甘谷县城东北郊，由5个自然村组成，辖9个村民小组，4697人。耕地面积1091亩，主产小麦、玉米、蔬菜，土地平坦，以农为主。全称杨家场，即杨氏的场院。解放初属于中南乡，1957年合作化时为李家门高级社，1959年改为李家门大队，1962年大队范围划小，设杨场大队，1962年又合并，仍用"杨场"，后改为杨场村，并沿用至今。

0710 大石镇赵坡村
简　介：该村位于大石镇西北5公里的山腰。辖7个村民小组，6个自然村，1055人。耕地2023亩，主产小麦、洋芋。均为山坡地，以农为主。以姓氏而得名。先为赵坡大队，后改为赵坡村委，沿用至今。

0711 新兴镇椿树坪村
简　介：该村位于新兴镇西北部，北与谢家湾乡接壤，有耕地面积1927亩，主产小麦、洋芋，人口1199人，辖6个村民小组，5个自然村，地处山区，以农为主。位于阳山坡一片较平的地方，传说建村时有棵较大的椿树，故名椿树坪。

0712 磐安镇李家坪村
简　介：该村位于渭河北岸川塬地，距磐安镇西北5公里。耕地是半山半川地。人口

1616 人。该村有 6 个村民小组，经济以农为主。粮食作物以小麦、玉米、洋芋、辣子为主，辣椒是当地特产，肉厚味美，远销省内外各地。以姓氏及自然地理实体而得名。因与金坪公社李家坪重名，后更名为西李家坪，现为李家坪村委。

0713 新兴镇蔡家寺村

简　介：该村位于新兴镇东部，耕地面积 3552 亩，人口 5161 人，辖 11 个村民小组，2 个自然村，蔡家寺、林家岔地属川地，以农为主。沿蔡家寺古庙名至今。

0714 古坡乡瓦泉峪村

简　介：该村驻瓦泉峪，全乡有 6 个自然村，人口 907 人，耕地面积 2219 亩，该村西面和武山县接壤，南面和礼县接壤，以种植洋麦、洋芋、蚕豆为主。瓦泉峪是以地物和地理实体而得名。土改时属店子乡，1961 年后划归店子乡，1969 年和古坡乡合并，为古坡乡管辖。

0715 大庄镇苍王山村

简　介：该村位于大庄镇西北部，辖 3 个村民小组，2 个自然村，598 人，耕地面积 3391 亩，以农为主，产有小麦、洋芋、谷子等。依据自然地理实体得名。因该村大部分人为苍、王两姓，又居住在山坡上，故名苍王山。

0716 新兴镇十字道

简　介：该村位于新兴镇以西，耕地面积 1835 亩，人口 2419 人，所辖 6 个村民小组，1 个自然村，地势平坦，多为川水地，以农为主。以自然地理实体命名，一直沿用至今。

0717 西坪乡郭家湾村

简　介：该村位于西坪乡以西，辖 7 个自然村，5 个村民小组，人口 913 人，耕地面积 2595 亩，主产小麦、洋芋等，经济以农为主。以姓氏和地理实体组合而得名，因该村群众姓郭，又地处山坡湾地，故名郭家湾。

0718 新兴镇刘家村

简　介：该村位于新兴镇以西，耕地面积 2546 亩，人口 4163 人，所辖 11 个村民小组，地势平坦，以农为主。以姓氏命名，一直沿用至今。

0719 金山镇上滩子村

简　介：该村位于金山镇西部，与八里湾乡接壤，有耕地面积 2951 亩，主产小麦、洋芋、玉米，人口 1218 人，所辖 7 个村民小组，9 个自然村，地属山区，以农为主。上滩子以地理实体得名，原名李家沟大队，因与谢家湾公社李家沟大队重名，地名普查中更名上滩子大队。

0720 大像山镇杨赵村

简　介：该村位于大像山镇以东 3 华里，耕地面积 849.9 亩，主产小麦、玉米等，人口 2017 人。辖 7 个村民小组，3 个自然村，地处山区，以农为主。因姓氏而得名，村内群众多为杨氏和赵氏，故名杨赵村。

0721 新兴镇槐沟村

简　介：该村位于新兴镇西北部，耕地面积 865 亩，人口 788 人，所辖 4 个村民小组，3 个自然村，地属半山半川地，以农为主。以自然地理实体命名，沿用至今。

0722 金山镇下山庄村

简　介：该村位于金山镇西南部的山坡沟里，耕地多山坡地，有少部分梯田平地，主要粮食作物是小麦、洋芋、玉米、谷子等。人口

236人。村内有2个村民小组，经济以农为主。因山庄根据坐落位置分上、下山庄，该村庄在山沟下部，故名下山庄。

0723 大庄镇蔺坪村
简　介：该村位于大庄镇西南6公里，辖4个村民小组，2个自然村，762人，耕地面积2767亩，以农为主，产有小麦、洋芋、玉米、谷子等。因姓氏及自然地理实体而得名，公社化时，设蔺家坪大队，现为蔺坪村委。

0724 谢家湾乡西崖村
简　介：该村位于谢家湾乡南部，地属山区，辖4个村民小组，3个自然村，人口699人。耕地面积865亩，主产小麦、洋芋等作物，以农为主。因地处山腰渭河北岸之崖上而得名，因此地处西，故名西崖。

0725 安远镇店子村
简　介：该村位于安远镇北部，散渡河谷，辖7个村民小组，4个自然村，人口2252人，总耕地面积5015亩，主产小麦、玉米、洋芋，地势北高南低，有部分平地，可以灌水，经济以农为主。古时在此有人开旅店，故名店子，沿用至今。

0726 八里湾乡张家庄村
简　介：该村位于八里湾乡南部，辖6个自然村，7个村民小组，人口1566人，耕地面积2314亩，地势起伏较大，主产玉米、洋芋、小麦、谷子等作物，以农为主。因该村群众多姓张，故名张家庄。

0727 磐安镇土寨村
简　介：该村位于磐安镇东南部浅山区，耕地多位于山坡地，少部分平地，人口290人。该村所属1个村民小组，经济以农为主。粮食作物以小麦、玉米、洋芋为主。该村原有人工建防守用土寨1座，由此而起名土寨村，现为土寨村委。

0728 大庄镇碌碡滩村
简　介：该村位于大庄镇西部，辖6个村民小组，6个自然村，735人，耕地面积3255亩，产有小麦、洋芋、玉米等，以农为主。依据自然地理实体而得名。公社化时，建立碌碡滩大队，现为碌碡滩村委。

0729 金山镇蒲家山村
简　介：该村位于金山镇中部，有耕地面积4624亩，人口1592人，所辖8个村民小组，4个自然村，地属山区，以农业为主，主产有小麦、洋芋、玉米。以姓氏及自然地理实体而得名。

0730 磐安镇四十铺村
简　介：该村位于磐安镇东部渭河南岸，辖6个村民小组，1个自然村，2197人，耕地面积1558亩，种植有小麦、玉米、辣子等，经济以农为主。因位于甘谷县城西40华里而取名。公社化时成立四十铺大队，现为四十铺村委。

0731 磐安镇南坡寺村
简　介：该村位于磐安镇西北部，耕地2925亩，主产小麦、玉米、洋芋。人口1472人，所辖6个村民小组，7个自然村，地处半山半川地区，经济以农为主。南坡寺以寺庙而得名，公社化时为南坡寺大队，现为南坡寺村委。

0732 白家湾乡三十铺村
简　介：该村位于白家湾乡东南角，相距约15公里，属浅山地区。有耕地面积1091亩，以种植小麦、玉米、洋芋等作物为主，人口475人。村内有3个村民小组，经济以农业为主。以方位与里程而得名。因位于甘谷县城东南（去天水的公路）30华里，故名东三十铺，现为三十铺村委。

0733 古坡乡樊家寺村

简　介：该村驻樊家寺，下设4个组，居住在5个自然村，人口740人，耕地面积1649亩，其中樊家寺马家山，1958年平过铁矿，据说含矿量少，开采价值不大。以种植小麦、麻、谷、洋芋为主，樊家寺是以姓氏和地理得名，很早以前庄顶有一寺现已不存在，解放初属大坪乡，1958年划归磐安县，1961年分划古坡乡。

0734 大像山镇王家村

简　介：该村位于大像山镇东北部，耕地面积611亩，主产小麦、玉米等。人口1148人。辖4个村民小组，1个自然村。地属川区，以农为主。因建村时，村内群众均为王氏，故名王家村。

0735 六峰镇巩家庄村

简　介：该村位于六峰镇西部约1公里处。有耕地面积707亩，其中山地面积较小，川、水地面积较大。主要种植冬小麦、苞谷、洋芋、豆类等作物。人口1365人。经济以农业为主。因村内大部分群众姓巩，故名巩家庄。

0736 六峰镇蒋家寺村

简　介：该村位于甘谷县城东北，地处六楼山北麓渭河南岸，是六峰镇最大的一个自然村。有人口4907人，耕地面积1711亩，大部分属川水地，以种植冬小麦、苞谷、高粱等作物为主。有2个自然村，13个组，经济以农业为主。沿用寺庙为村名，原为蒋氏家祠所在地，后为蒋氏家族居住。

0737 安远镇阳屲寺村

简　介：该村位于安远镇北部山区，辖6个村民小组，6个自然村，人口1181人，耕地4227亩，以种植小麦、洋芋等作物为主。阳屲寺以寺庙得名。

0738 大石镇武家屲村

简　介：该村位于大石镇东北6公里山区，辖5个村民小组，4个自然村，928人。耕地1906亩，均为旱山地，以农为主，产有小麦、洋芋等。以姓氏实体而得名，合作化时属贯寺高级社管辖，公社化后，设为武家屲大队，现为武家屲村委。

0739 武家河镇关家庄村

简　介：该村位于武家湾西偏北部，相距9公里，2个自然村，4个组，有人口790人，村子建于山湾西部，属浅山区。耕地面积2037亩。主要种植小麦、玉米、洋芋等作物，经济以农业为主。因村内大部分人家姓关，故名关家庄，并沿用至今。

0740 礼辛镇水泉湾

简　介：该村位于礼辛镇南部山区，辖4个自然村，3个村民小组，人口565人，耕地面积1877亩，地势起伏较大，主产小麦、洋芋等作物，经济以农为主。以自然地理实体而得名，沿用至今。

0741 八里湾乡谢家沟村

简　介：该村位于八里湾乡东南部，辖1个自然村，4个村民小组，人口930人，耕地面积689亩，均为山坡地，主产小麦、玉米、谷子、洋芋等作物，以农为主。以姓氏地理实体组合得名。合作化时设谢家沟大队,后改为谢家沟村。

0742 磐安镇东坪村
简　介:该村位于磐安镇东北部,渭河北岸浅山区,辖4个自然村,3个村民小组,875人,耕地面积1337亩,经济以农为主,主产小麦、玉米、洋芋等。以方位及地理实体而得名,公社化后成立东坪大队,后并入石家庄大队,1976年恢复东坪大队建制,现为东坪村委。

0743 大石镇中庄村
简　介:该村位于大石镇以北4公里山坡,辖7个村民小组,6个自然村。1114人。耕地1835亩,主产小麦、洋芋,属干旱山地,以农为主。公社化时设中庄大队,现为中庄村委。

0744 古坡乡大坪村
简　介:该村有4个自然村,人口363人,耕地面积762亩,以种植小麦、麻、谷、洋芋为主,并有自身的灌木林279亩。大坪主要是以地理实体得名,解放初属大坪乡,1958年划分磐安,1961年后归古坡,至今未变。

0745 六峰镇张家庄村
简　介:该村位于六峰镇东部,西与六峰接壤,地处山脚下。有耕地面积479亩,其中大部分为水浇地,主要种植冬小麦、苞谷、高粱、洋芋等作物。人口1266人。村内有4个村民小组,经济以农业为主。以姓氏与方位而得名,因村内大部分群众姓张,且位于甘谷县城东部。

0746 八里湾乡咀头村
简　介:该村位于八里湾乡东北部,辖6个自然村,10个村民小组,人口1148人,耕地面积2545亩,主产小麦、玉米、谷子、洋芋等作物,地势起伏较大,以农为主。以自然地理实体得名,沿用至今。

0747 六峰镇周川子村
简　介:该村位于六峰镇西南部的浅山地区,相距约7公里,有耕地面积1529亩,均属山旱地,以种植冬小麦、苞谷、洋芋、高粱等作物为主,人口794人,村内有4个村民小组,以农业为主,姓氏以自然地理实体而得名。因村庄建址平展,南北较长,像平川一样,加之村内群众均姓周,故名周家川子。

0748 金山镇张家岔村
简　介:该村位于金山镇东部,与天水市接壤,有耕地面积3918亩,主产小麦、洋芋、玉米,人口1247人,所辖5个村民小组,4个自然村,地处山区,以农为主。张家岔是以姓氏和自然地理位置而得名。

0749 六峰镇姜家庄村
简　介:该村位于甘谷县城东部4公里,六峰镇苍耳王村南端,东部赵家村,人口639人,村内有2个村民小组,经济以农业为主,主产小麦、苞谷等。名称以姓氏而取。

0750 西坪乡莲花台村
简　介:该村位于西坪乡北部,辖8个自然村,7个村民小组,人口1233人。耕地面积5680亩,主产小麦、玉米、洋芋等作物,以农为主。相传300年前由于洪水冲击,其地形呈莲花状,故名莲花台。

0751 西坪乡四方咀村
简　介:该村位于西坪乡西北9公里处,属高山区,辖5个自然村,5个村民小组,人口466人。耕地面积1778亩，主产谷子、小麦、洋芋等作物，以农为主。以自然地理实体得名。因远望该村形似正方形，故名四方咀。

0752 西坪乡颉刘家村

简　介：该村位于西坪乡北部，辖4个自然村，4个村民小组，人口594人，耕地面积1720亩，主产小麦、玉米、洋芋、谷子等作物，以农为主。因该村多姓颉氏和刘氏，故名颉刘家村。

0753 白家湾乡安家湾村

简　介：该村位于白家湾乡北部，有耕地面积2534亩，人口1669人，辖有7个村民小组，3个自然村，地处浅山山区，经济以农为主，主产小麦、洋芋、玉米。以姓氏及地理自然形状而得名，现为安家湾村委。

0754 磐安镇马家滩村

简　介：该村位于磐安镇偏南部，有耕地面积1221亩，主产小麦、洋芋，人口16940人，辖有6个村民小组，9个自然村，地处高山阴湿地区，地势陡峭，交通不便，经济以农为主。马家滩村是以姓氏和实体组合而得名，公社化时建立马家滩大队，现为马家滩村委。

0755 新兴镇三合村

简　介：该村位于新兴镇东部，耕地面积699亩，人口1092人，所辖5个村民小组，2个自然村，地属半山半川，以农为主，解放后以张家庄、四家庄、王家庄编为一个行政村，定名三合村，公社化时设三合大队，现为三合村委。

0756 大像山镇五里铺村

简　介：该村位于甘谷县城西5华里处，耕地面积816亩，主要种植小麦、高粱等作物，人口1349人，所辖4个村民小组，2个自然村，以农为主。该村驻县城五华里处，故此得名，成立于1961年，从未改名，沿用至今。

0757 武家河镇格板峪村

简　介：该村位于武家湾南部4公里处，属高寒湿地区，辖3个自然村，属浅山区。耕地面积678亩，以小麦、洋芋为主。人口415人。本名崖板峪，以山势取名，方言中崖、格同音故转化为格板峪，原名周原坪大队，1979年划出3个生产大队，成立格板峪大队。

0758 八里湾乡阴湾村

简　介：该村位于八里湾乡东部，人口409人，辖2个村民小组，耕地面积1059亩，主产小麦、玉米、洋芋等作物，以农为主。以地理实体而得名。因该村位于山梁弯曲处的阴面，故名阴湾。

0759 武家河镇武家河村

简　介：该村位于武家河村东北部，地处高寒山区有耕地面积2638亩。以农作物小麦、洋芋、玉米为主，人口1119人，有4个自然村，经济以农为主。姓氏与自然地理实体得名。1973年以武家河村原称沿用至今。

0760 磐安镇五甲坪村

简　介：该村位于磐安镇北部，渭北浅山区，辖8个村民小组，3个自然村，2421亩。经济以农为主，产有小麦、玉米、辣子等。以保甲制序数及地理实体得名，合作化时，成立五甲坪农业社，公社化后，成立五甲坪大队，现为五甲坪村委。

0761 大庄镇芦家湾村

简　介：该村位于大庄镇北部高山区，辖6个村民小组，均属自然村，耕地面积3946亩。

以农为主，产有小麦、洋芋、玉米等。根据姓氏和自然地理实体而得名，原属于茹家湾大队，1978年分设芦家湾大队，现为芦家湾村委。

0762 磐安镇张家山村

简 介：该村位于磐安镇南偏西部，相距约8公里，地处山顶西南面，属高寒山区。以种植冬小麦、洋芋、玉米等农作物为主，有耕地面积905亩。人口235人，有1个村民小组，经济以农业为主。以姓氏与地理实体而得名，现为张家山村委。

0763 大庄镇杨家坡村

简 介：该村位于大庄镇南4公里，辖4个自然村，5个村民小组，1034人，耕地面积4144亩，以农为主，产有玉米、洋芋、小麦等。由姓氏及自然地理实体而得名，原属付家河大队，1968年分设杨家坡大队，沿用至今。

0764 白家湾乡康家坪村

简 介：该村位于白家湾乡南部，有耕地面积2300亩，主产小麦、玉米、洋芋，人口1114人，辖有7个村民小组，3个自然村，地属山区，经济以农为主。以姓氏命名，现为康家坪村委。

0765 新兴镇雒家村

简 介：该村位于新兴镇以西，有耕地面积2130亩，主产小麦、玉米、蔬菜。人口3134人，所辖10个村民小组，1个自然村，地处川区，以农为主。雒家庄是以姓氏而得名，沿用至今。

0766 大像山镇马务沟村

简 介：该村位于大像山镇西南部，耕地面积2196亩，主产小麦、玉米，人口387人，辖8个村民小组，2个自然村，地属川区，以农为主。马务沟是以地理与古寺得名，公社化时设马务沟大队，后改为马务沟村。

0767 谢家湾乡沟滩村

简 介：该村位于谢家湾乡北部，有耕地面积1217亩，主产小麦、洋芋、玉米等作物，人口624人，辖4个村民小组，1个自然村，地处山区，以农为主，以自然地理实体得名。因该村位于沟滩上，故名沟滩村。

0768 金山镇魏家山村

简 介：该村位于金山镇东南部的山坡上，耕地多系山坡地，有少部分梯田平地，主产小麦、洋芋、谷子等粮食作物。人口783人。该村有2个村民小组，经济以农为主。以姓氏及地理实体组合得名，因该村大部分人姓魏，又坐落在丘陵山坡上，故名魏家山。

0769 磐安镇李家窑村

简 介：该村位于磐安镇东南部山区，辖4个村民小组，5个自然村，608人，耕地1427亩，经济以农为主，产有小麦、玉米、洋芋等。以姓氏实体而得名，公社化时成立李家窑大队，现为李家窑村委。

0770 大像山镇北街村

简 介：该村位于甘谷城北街，辖5个村民小组，2611人。耕地面积433亩，属水浇地，以种植小麦、玉米等农作物为主。解放初属于西北乡，1957年属城街高级社，1959年改称为城街大队，1964年与南街分队改称为北街大队，后更名为北街村并沿用至今。

0771 金山镇吕家湾村

简 介：该村位于金山镇西部，与八里湾乡接壤，有耕地面积4150亩，主产洋芋、小麦、玉米。人口1616人，所辖9个村民小组，3个自然村，地处山区，以农为主。以姓氏和自然地理实体而得名，沿用至今。原名蒋家湾大队，因与白家湾公社蒋家湾大队重名，地名普查中更名吕家湾村。

0772 大像山镇白云村

简　介：该村位于大像山镇东部，耕地面积1458亩，主要种植小麦、高粱等作物，人口3070人。辖8个村民小组，1个自然村，地处川区，以农为主。此地有一"白云寺"，故名白云村。

0773 白家湾乡宋家庄村

简　介：该村位于白家湾乡西南部，与古坡乡相邻，有耕地面积1587亩，主产小麦、玉米、洋芋，人口829人，所辖5个村民小组，3个自然村，地处山区，经济以农为主。以姓氏和自然地理实体而得名，现为宋家庄村委。

0774 新兴镇十甲村

简　介：该村位于新兴镇以东，耕地面积1489亩，人口2088人，所辖6个村民小组，1个自然村，地势平坦，以农为主。以历史保甲制序数命名，一直沿用至今。

0775 六峰镇程家窑村

简　介：全村辖6个组，2516人，耕地面积1755亩，生产小麦、麻、谷、洋芋等作物，经济以农为主。以姓氏而得名。解放初属武坪乡，1958年成立武家湾，1961年建立程家窑，沿用至今。

0776 新兴镇杨家庄村

简　介：该村位于新兴镇西北部，耕地面积2036亩，人口1821人，所辖6个村民小组，3个自然村，地形基本上属山区，以农为主。主产小麦、玉米等作物，以姓氏定名，一直沿用至今。

0777 安远镇蒋山村

简　介：该村位于安远镇东北部山区，辖4个村民小组，5个自然村，人口1588人，耕地面积3422亩，主产小麦、洋芋，以农为主。因重名，更名为蒋家山大队，现为蒋山村委。

0778 谢家湾乡李家沟村

简　介：该村位于谢家湾乡西部，与武山县接壤，有耕地面积2319亩，主产小麦、洋芋等作物，人口788人，辖4个村民小组，2个自然村，地处山区，以农为主。以姓氏及地理实体得名。因该村大部分群众姓李，又居住在山沟河谷处，故名李家沟。

0779 金山镇七家山

简　介：该村位于金山镇南部，有耕地面积2629亩，主产有洋芋、小麦、玉米，人口1102人。所辖5个村民小组，4个自然村，地属山区，以农为主。七家山是以序数及自然地理实体而得名，沿用至今。

0780 六峰镇六峰村

简　介：该村位于甘谷县东5公里，六楼山北麓。总面积24.8平方公里。其地形南为土山，北为河谷平地，东西是不规则的长方形，总耕地面积17110亩，辖13个村，95个组，29个自然村，人口29125人，经济以农为主，解放初期设区政府于此。因南依山称六楼山（六个小山峰组成），故名六峰区，1958年公社化时为六峰至今。

0781 大石镇北山村

简　介：该村位于大石镇以北，设7个村民小组，5个自然村，1394人，耕地2529亩，种植有洋芋、玉米等农作物，经济以农为主。以姓氏实体方位而得名，合作化时为北山高级社，后改为北山大队，如今为北山村委。

0782 金山镇张家沟村
简　介：该村位于金山镇东部的丘陵山沟里，耕地多山坡地，有少部分平地，主产小麦、洋芋、玉米等粮食作物，人口475人，有3个村民小组，经济以农为主。以方位、姓氏及地理实体组合得村名。因该村在金山镇的东部，大部分群众姓张，坐落在山间沟壑边，故名张家沟。

0783 大石镇王家川村
简　介：该村位于大石镇以西，甘礼公路33公里处，属川区。耕地是半山半川。人口2430人。该村辖12个组，是大石镇较大的村落。经济以农为主。主要粮食作物为小麦、洋麦、玉米、高粱、洋芋等。

0784 礼辛镇上街村
简　介：该村位于礼辛镇，辖7个村民小组，人口1342人，耕地面积2751亩，地势东西平缓，南北起伏，主产小麦、玉米、洋芋等作物，经济以农为主。公社化后为上街大队，现为上街村委。

0785 武家河镇石家大山村
简　介：村子北部面临渭河川区。有耕地面积1657亩，以种植小麦、玉米、洋芋等作物为主。人口为844人。村内有4个行政村。经济以农业为主，石家大山是以姓氏和自然地理实体取名，沿用未变。

0786 新兴镇王家村
简　介：该村位于新兴镇以西，陇海线旁，有耕地面积2776亩，主产蔬菜，人口3443人，辖有6个村民小组，2个自然村，地处川区，以农为主。相传该村由王、吴、史三姓组成，以王姓为主，村庄位于西面，故名西王家，现为王家村委。

0787 六峰镇觉皇寺村
简　介：该村位于镇政府东部五公里的川区，总人口3233人，耕地面积2688亩，辖11个村，5个自然村，经济以农业为主，产有小麦、高粱、大麻辣子等，有"觉皇寺"庙宇1座（现改为学校），建村居沿用"觉皇寺"为村名，建队时仍用觉皇寺，至今未变。

0788 八里湾乡马耳峪村
简　介：该村位于八里湾乡西南部，辖6个自然村，7个村民小组，人口1434人，耕地面积2286亩，主产小麦、玉米、洋芋等作物，地势起伏较大，以农为主。以地理实体得名，沿用至今。

0789 八里湾乡赵家湾村
简　介：该村位于八里湾乡南部，辖5个自然村，7个村民小组，人口970人，耕地面积2794亩，主产小麦、玉米、洋芋等作物，以农为主。以姓氏及地理实体组合而得名。因该村群众多姓赵，又地处山梁湾曲地，故名赵家湾。

0790 新兴镇孙家坪村
简　介：该村位于新兴镇东南部，有耕地面积1979亩，主产小麦、洋芋。人口1107人，辖6个村民小组，3个自然村，地处浅山山区，以农为主。以姓氏而得名，沿用至今。

0791 武家河镇王家窑村
简　介：该村辖5个组，5个自然村，有人口761人，地处高寒山区，有耕地面积1896

亩。经济以农为主。以姓氏与自然地理实体得名，沿用至今。

0792 谢家湾乡鲜家坪村

简　介：该村位于谢家湾乡南部，有耕地面积2971亩，主产小麦、洋芋等作物，人口1065人，辖5个村民小组，4个自然村，地处山区，以农为主。以姓氏和地理实体组合而得名，沿用至今。

0793 武家河镇姚家湾村

简　介：该村位于武家湾西北部，村子建于山湾西部，属浅山区。耕地面积1110亩，均为坡地。以小麦、洋芋为主。人口415人。有2个村民小组，以姓氏与自然地理实体得名，并沿用至今。

0794 六峰镇巩家石滩村

简　介：该村位于东部山麓，辖12个村民小组，3个自然村，总人口3024人，总耕地面积1424亩，经济以农业为主，产有小麦、苞谷、辣子等。沿用村名为大队名称，因巩姓建村于山洪冲积而成的石滩之上，起名巩家石滩，沿用至今。

0795 安远镇王台村

简　介：该村位于安远镇东部山区，辖4个村民小组，4个自然村，人口922人，总耕地3552亩，主产小麦、洋芋，经济以农为主。王台村是以自然地理实体及姓氏得名，沿用至今。

0796 八里湾乡马家岘村

简　介：该村位于八里湾乡北部，辖8个自然村，12个村民小组，人口1830人，耕地面积3271亩，主产小麦、洋芋、谷子、玉米等作物，以农为主。以姓氏及地理实体组合得名。因该村群众多姓马，又地处山梁豁岘处，故名马家岘。

0797 磐安镇尉家沟村

简　介：该村位于磐安镇西南部河谷，辖4个村民小组，4个自然村，1528人，耕地面积1717亩，经济以农为主，产有小麦、玉米、洋芋等。以姓氏并地处河谷而得名。公社化后成立尉家沟大队，现为尉家沟村委。

0798 六峰镇铁坡山村

简　介：该村位于籍河将入峡谷处的南岸山麓，隔河相望，天兰铁路沿河穿山而行，东隔小山头即为天水市，铁坡村大部分为河谷，少部山坡地，200余人，村内有1个村民小组，系铁坡山的派生村庄，因地处河流转弯处故名铁坡山。

0799 大庄镇苏家湾村

简　介：该村位于大庄镇西南十余公里，高山区，土地坡度大，辖4个村民小组，5个自然村，654人，耕地面积2529亩，以农为主，产有小麦、玉米、谷子、洋芋等。根据姓氏及自然地理实体而得名，沿用至今。

0800 磐安镇十甲坪村

简　介：该村位于磐安镇北部，渭北浅山区，辖7个村民小组，2个自然村，1785人。耕地面积1424亩，经济以农为主，产有小麦、玉米、辣子等。以保甲制序数及地理实体得名。1962年从五甲坪大队分出，成立十甲坪大队，现为十甲坪村委。

0801 武家河镇周原坪村

简　介：该村位于武家湾南部10公里处，属高寒湿山区，辖4个村民小组，3个自然村，有人口500余人，耕地1128亩，经济以农业为主，以姓氏与自然地理实体得名，坐落于山坪上，本名周圆坪，后转化为周原坪，并沿用至今。

0802 安远镇韩家湾村
简　介：该村位于安远镇南部山区，辖8个村民小组，7个自然村，人口1637人，总耕地4543亩，主产小麦、洋芋，地处山坡，经济以农为主。以姓氏得名。

0803 大像山镇史家村
简　介：该村位于大像山镇东部，耕地面积428.6亩，主产小麦、高粱、玉米。人口763人。辖2个村民小组，1个自然村，地属川区，以农为主。以姓氏而得名。因建村初期，村内群众均为史氏，故名史家村。

0804 西坪乡石沟村
简　介：该村位于西坪乡南部山区，辖7个自然村，6个村民小组，人口803人。耕地面积2602亩，主产小麦、洋芋、玉米等作物，以农为主。因地居石沟口而得名，沿用至今。

0805 礼辛镇下街村
简　介：该村位于礼辛镇，辖5个村民小组，人口1417人，耕地面积2552亩，地势东面平坦，南北起伏，主产冬小麦、玉米、洋芋等作物，经济以农为主。1958年公社化时为礼辛大队，此后几经分合，1974年分为上街和下街大队，后改为下街村委，沿用至今。

0806 八里湾乡王家沟村
简　介：该村位于八里湾乡南部，辖3个自然村，5个村民小组，人口598人，耕地面积1179亩，地处山坡，主产玉米、小麦、洋芋、谷子、胡麻等作物，以农为主。以姓氏和地理实体组合得名。公社化时设王家沟大队，后改为王家沟村。

0807 谢家湾乡马家沟村
简　介：该村位于谢家湾乡南部，耕地面积2082亩，主产小麦、玉米、洋芋等作物，人口729人，辖4个村民小组，1个自然村，地处山区，以农为主。以姓氏及地理实体组合而得名。因该村大部分群众姓马，又地处山坡沟壑边，故名马家沟。

0808 西坪乡红凡沟村
简　介：该村位于西坪乡西部，辖9个自然村，4个村民小组，人口633人，耕地面积1897亩，主产小麦、洋芋等作物，经济以农为主。以地理实体得名，解放前叫翻山沟，解放后改称红凡沟，原属马家河大队，1973年分出，另建成红凡沟大队，后改为红凡沟村。

0809 八里湾乡红土坡村
简　介：该村位于八里湾乡东北部，辖5个自然村，7个村民小组，人口936人，耕地面积1920亩，地势较陡，主产小麦、玉米、谷子、胡麻、洋芋等作物，以农为主。以地理实体得名，沿用至今。

0810 金山镇颉家山村
简　介：该村位于金山镇东南部，与天水市接壤。耕地多系山坡地，生产条件较差，主产小麦、玉米、洋芋、糜谷等粮食作物，人口402人。该村有2个村民小组，经济以农为主。因该村人姓颉，又居住在丘陵山坡上，故名颉家山。

0811 礼辛镇高湾村
简　介：该村位于礼辛镇西部山区，辖3个自然村，5个村民小组，人口767人，耕地面积2813亩，主产小麦、洋芋等作物。经济以农为主。以姓氏和地理实体组合得名，原属于倪家山大队，1974年分设高家湾大队，后改为高湾村委，沿用至今。

0812 八里湾乡谢家曲村

简　介：该村位于八里湾乡东南部，辖6个自然村，8个村民小组，人口1618人，耕地面积2560亩，地势较陡，主产小麦、玉米、谷子、胡麻、洋芋等作物，以农为主。以姓氏和地理实体得名，公社化后设谢家曲大队，后改为谢家曲村。

0813 谢家湾乡汪坪村

简　介：该村位于谢家湾乡北部，有耕地面积2286亩，主产小麦、洋芋等作物，人口912人，辖4个村民小组，2个自然村，地处山区，以农为主。原称汪家坪，以姓氏地理实体而得名，解放后简称汪坪。

0814 磐安镇尉家庄村

简　介：该村位于磐安镇东部，耕地面积为1453亩，主产小麦、洋芋、玉米。人口686人，辖有5个村民小组，3个自然村，地处阴湿地区，地势起伏较大，经济以农为主。尉家庄是以姓氏而得名，公社化后成立尉家庄大队，现为尉家庄村。

0815 金山镇王家山村

简　介：该村位于金山镇北部，与西坪乡接壤，有耕地面积6334亩，主产小麦、洋芋，人口1635人，所辖9个村民小组，15个自然村，地属山区，以农为主。王家山是以姓氏和自然地理实体而得名，沿用至今。

0816 磐安镇北街村

简　介：该村位于磐安镇驻地磐安镇北街。辖6个村民小组，2257人，经济以农为主，产有小麦、玉米、辣子等。因地处磐安镇北街而得名。因与城关镇北街大队连名，地名普查中更名为北街大队，现为北街村。

0817 金山镇刘家山村

简　介：该村位于金山镇偏西南部，有耕地面积3803亩，主产小麦、洋芋、玉米。人口1796人。所辖7个村民小组，5个自然村。地处浅山山区，以农为主。刘家山是以姓氏及自然地理实体而得名。

0818 西坪乡冯寨村

简　介：该村位于西坪乡北部，辖4个自然村，4个村民小组，人口662人。耕地面积1891亩，属干旱山区，主产玉米、小麦、洋芋等作物，以农为主。以姓氏和人工建筑组合得名。相传此地曾建有防守用的栅栏，住有姓冯的群众，故名冯寨。

0819 金山镇金山村

简　介：该村位于甘谷县东部，南与渭阳乡为邻，东与秦安天水市相接。总面积101平方公里，地属渭北山区，有耕地100027亩，人口39119人。所辖28个村，155个自然村。经济以农为主。金山，原名牛蹄湾，以地理实体得名，因坐落于秀金山腰，解放后改名金山，沿用至今。

0820 磐安镇东卜峪村

简　介：该村位于磐安镇东南部，辖5个村民小组，4个自然村，1250人，耕地面积1666亩，属渭河南岸半山区，经济以农为主，产有小麦、洋芋、玉米等。因位于磐安土堡内居住而取名东堡，后属于大庄大队，1961年社队规模调整时，设东堡大队，现为东卜峪村。

0821 新兴镇大王家村

简　介：该村位于新兴镇西部，耕地面积1134亩，人口2674人，所辖11个村民小组，1个自然村，地势平坦，以农为主。辣椒是当地特产，远销省内外。以姓氏命名，一直沿用至今。

0822 武家河镇艾家坪村

简　介：该村位于武家河村东北部，地处高寒山区，有耕地面积2066亩。以小麦、洋芋、玉米等农作物为主，人口1021人，4个自然村，经济以农为主。艾家山以姓氏与自然地理实体得名。

0823 磐安镇裴家坪村

简　介：该村位于磐安镇西北部，渭北浅山区，辖6个村民小组，1个自然村，1630人，耕地面积1160亩，经济以农为主，产有小麦、玉米、辣子等。以姓氏及地理实体得名，公社化时成立裴家坪大队，1969年并入李家坪，1974年恢复为裴家坪大队，现为裴家坪村。

0824 谢家湾乡刘河村

简　介：该村位于谢家湾乡南部，有耕地面积2524亩，主产小麦、洋芋等作物，人口1689人，辖6个村民小组，3个自然村，地处山区，以农为主。以姓氏及地理实体组合得名。因该村大部分群众姓刘，又处在渭河北岸，故名刘河。

0825 西坪乡鸡毛峡村

简　介：该村位于西坪乡南部，辖3个自然村，4个村民小组，人口655人，耕地面积1842亩，主产小麦、洋芋、谷子等作物，经济以农为主。以地理实体得名，原称鸡窝峡，土改中改称鸡毛峡，1956年建立鸡毛峡初级社，公社化时为鸡毛峡大队，后改为鸡毛峡村。

0826 白家湾乡新庄村

简　介：该村位于白家湾乡东部，与六峰镇接壤，有耕地面积2528亩，主产小麦、洋芋、玉米、人口1375人，辖7个村民小组，4个自然村，地处山区，经济以农为主兼产苹果等。以姓氏命名，现为新庄村。

0827 磐安镇莫周兰村

简　介：该村位于磐安镇东北部。有耕地面积979亩，主产小麦、洋芋等。人口383人，所辖3个村民小组，3个自然村。地处干旱山区，经济以农为主。莫周兰是以地理实体而得名，公社化后属于田家庄大队，1977年分为莫周兰大队，现为莫周兰村。

0828 新兴镇渭水峪村

简　介：该村位于新兴镇东部，耕地1522亩，人口3930人，辖6个生产队，1个自然村，地属半山半川地，以农为主。位于渭河流入峡谷处，故名渭水峪。

0829 谢家湾乡山庄村

简　介：该村位于谢家湾乡北部，有耕地面积3781亩，主产小麦、洋芋等作物，人口977人，辖6个村民小组，5个自然村，地处山区，以农为主。以姓氏而得名。由汪家老庄分支成庄，故名山庄。（本地称新分支的村庄为山庄）沿用至今。

0830 新兴镇七甲村

简　介：该村位于新兴镇以西，有耕地面积1311亩，主产小麦、玉米、蔬菜。人口2498人，辖10个村民小组，1个自然村，处地平缓，以农为主，七甲是以保甲制序数命名，称七甲大队，大跃进时改为红星大队，1959年恢复七甲大队，现为七甲村。

0831 新兴镇柏林沟村

简　介：该村位于新兴镇北部，有耕地面积1928亩，主产小麦、洋芋。人口857人。所属4个村民小组，1个自然村，地处半山半川，以农为主。据传说，此地原为柏树林，又处山沟之中，故起名为柏林沟，沿用至今。

0832 磐安镇潘家山村

简　介：该村位于磐安镇东南部山区。辖3个村民小组，2个自然村，人口906人，耕地面积1960亩，经济以农为主，产有小麦、洋芋、玉米等。以姓氏及自然实体而得名。公社化后，成立潘家山大队，现为潘家山村。

0833 大石镇咸川村

简　介：该村位于大石镇以南6公里山谷，辖6个村民小组，6个自然村，1004人，耕地1932亩，以农业为主，产有玉米、洋芋等。咸川是咸家川的简称，由于水味咸而得名，1975年从康家滩公社划归为永兴公社，1976年与犁沟大队合并为咸川大队，后改为咸川村委，沿用至今。

0834 金山镇下店子村

简　介：该村位于秀金山腰，与金山镇接壤。耕地多山坡地，有部分梯田平地。主要粮食作物有小麦、洋芋、玉米、谷子等。人口749人，村内有4个村民小组，经济以农业为主，甘谷县第五中学设在村南。因该村坐落在甘谷通往秦安县的大路旁，从前曾有人在此开旅店，海拔稍低于金山镇，故名下店子。

0835 新兴镇马家磨村

简　介：该村位于新兴镇西部，陇海线南，有耕地面积1329亩，主产小麦、玉米、蔬菜，人口1959人，辖8个村民小组，1个自然村，地处川区，以农为主，先有马氏所建水力磨，以后形成马氏宗族，故沿用马家磨至今。

0836 大像山镇西关村

简　介：该村位于甘谷县城西南，辖6个村民小组，3个自然村，3440人。耕地面积1761亩，生产小麦、高粱、洋芋。半数山坡地，以农为主。解放后设西南关乡，1957年合作化时属于柳汁高级社，1961年设西关大队，后更名为西关村，并沿用至今。

0837 大像山镇李家村

简　介：该村位于大像山镇西部，耕地面积704亩，主产小麦、高粱、洋芋等作物。人口1311人，辖4个村民小组，1个自然村，地属川区，以农为主。以姓氏而得名，因建村初，村内群众均为李氏，故名李家村。

0838 大石镇马窑村

简　介：该村位于大石镇以北3公里的山坡，辖5个村民小组，3个自然村，783人，耕地1038亩，均为山地。以农为主，主产玉米、小麦。以姓氏而得名，公社化后设马窑大队，现改为马窑村。

0839 八里湾乡大塔坪村

简　介：该村位于八里湾乡东部，辖5个自然村，9个村民小组，人口1643人，耕地面积2640亩，地势东西起伏较大，主产小麦、玉米、洋芋等作物，以农为主。以自然地理实体得名，公社化时设大塔坪大队，后改为大塔坪村。

0840 礼辛镇马坡村

简　介：该村位于礼辛镇东北山区，辖6个自然村，7个村民小组，人口1262人，耕地面积4306亩，主产小麦、洋芋等作物，经济以农为主。以姓氏和自然地理实体组合而得名，沿用至今。

0841 大石镇麻杆坪村

简　介：该村位于大石镇西南6公里，山区辖4个村民小组，3个自然村，782人，耕地1597亩，以农业为主，产有洋麦、洋芋等。以村庄方位而得名。合作化时为麻杆坪高级社，公社化后，为麻杆坪大队，沿用至今。

0842 磐安镇南街村

简　介：该村位于磐安镇驻地磐安镇南街，辖5个村民小组，1728人，耕地面积1048亩，经济以农为主，产有小麦、玉米、辣子等。因地处磐安镇南部而得名。公社化后属磐安大队，1961年设南街大队，1969年和东街大队合并为东南街大队，1978年恢复南街大队建制，因与城关镇南街大队重名，地名普查中更名上南街大队。

0843 新兴镇坡下王村

简　介：该村位于新兴镇东部，1个自然村，所辖3个村民小组，1273人，总耕地1029亩，地势平坦，以农为主。以实体姓氏命名，沿用至今。

0844 古坡乡古坡村

简　介：该村驻安家河，下设7个组，有208户，2527人，耕地面积1927亩。大部分村庄在籍河北岸，沿河两岸有少量川地，有一简便公路通过，离县城40华里，以种植小麦、麻、谷、洋芋为主，以古坡湾而得名，村庄在古坡湾下面，土改时属古坡乡，1961年后又划为古坡，至今未变。

0845 安远镇董川村

简　介：该村位于安远镇西部，辖3个村民小组，4个自然村，人口745人，总耕地面积1969亩，主产小麦、洋芋，地势较为平坦，经济以农为主。以姓氏得名。

0846 大像山镇模范村

简　介：该村位于甘谷城东郊，辖4个自然村，11个村民小组，4608人，耕地面积1266亩，以种植小麦、玉米等作物为主。解放初设模范乡，1957年设模范高级社，1959年公社化后称模范大队，后更名为模范村并沿用至今。

0847 谢家湾乡永丰村

简　介：该村位于谢家湾乡北部，有耕地面积2876亩，主产小麦、洋芋等作物，人口1104人，辖6个村民小组，7个自然村，地处山区，以农为主。取永庆丰收之意，故名永丰。

0848 大庄镇松树岔村

简　介：该村位于大庄西北4公里，辖7个村民小组，7个自然村，275人，耕地面积4235亩，以农为主，产有小麦、洋芋、玉米、谷子等。依据自然地理实体而得名，合作化时，建立松树岔高级社，公社化时为松树岔大队，现为松树岔村。

0849 大像山镇安家嘴头村

简　介：该村位于大像山南部山顶，北俯甘谷县城，南瞰小沙沟及天定公路，西部为大沙沟，均为山坡地，少部分电灌地，有375人，村内有2个村民小组。初属安氏耕地，后建安氏村庄，因地处山顶，故名安家嘴头。

0850 大石镇李家湾村

简　介：该村位于大石镇西南5公里，山区。辖6个小组，4个自然村。人口1053人，耕地1837亩，以农业为主，产有洋麦、洋芋、玉米等。以姓氏地理实体而得名。合作化时为李家湾高级公社，公社化后为李家湾大队，沿用至今。

0851 六峰镇在城王村

简 介：该村位于六峰镇西2公里处，辖9个组，总人口3423人，耕地面积1721亩，经济以农业为主。产有小麦、高粱、洋芋等。

0852 礼辛镇李门村

简 介：该村位于礼辛镇东北部山区，辖4个自然村，5个村民小组，人口763人。耕地面积2452亩，主产小麦、洋芋等作物，经济以农为主。以姓氏及自然地理实体组合得名，1968年改称红中大队，1977年恢复李家门大队原称，现为李门村。

0853 金山镇常家庙村

简 介：该村位于金山镇偏东南部，有耕地面积3752亩，主产有洋芋、小麦、玉米，人口1262人，所辖7个村民小组，6个自然村，地属山区，以农为主。常家庙是以姓氏及人工建筑组合得名，沿用至今。

0854 八里湾乡中岔村

简 介：该村位于八里湾乡西北部，辖2个村民小组，人口311人，耕地面积1348亩，主产小麦、玉米、洋芋等作物，以农为主。以自然地理实体得名。因该村位于丘陵山沟岔的中端，故名中岔。

0855 安远镇庙滩村

简 介：该村位于安远镇北部，有耕地面积2186亩，生产小麦、洋芋，人口486人。辖6个村民小组，3个自然村，地处山区，以农为主。以寺庙及地理实体而得名，公社化时，定位庙滩大队，现为庙滩村。

0856 礼辛镇董岘村

简 介：该村位于礼辛镇东南山区，辖3个自然村，7个村民小组，人口1258人，耕地面积3251亩，以小麦、洋芋为主要作物，经济以农为主。以姓氏得名，原属于柏林大队，1961年分设董岘大队，1968年与徐坡合并命名为"向阳"大队，1974年恢复董家岘大队建制，后为董岘村。沿用至今。

0857 古坡乡麻岔子村

简 介：该村位于南面峰都山下，分布在2条沟里，居住33户，442人，以种植小麦、麻、谷、洋芋为主，庄南有大片次生灌木林，约930亩。根据地形得名，坐落在水篙谷沟和麻盆子的沟盆上，解放初属古坡乡，1958年至1960年属盘安镇，1961年改古坡乡，至今未变。

0858 磐安镇东堡村

简 介：该村在磐安镇东南部，辖5个村民小组，4个自然村，1250人，耕地面积1666亩，属渭河南岸半山区，经济以农为主，产有小麦、洋芋、辣子等。因位于磐安土堡内居住而取名东堡，合作化时，设东堡乡，后属于大庄大队，1961年社队规模调整时，设东堡大队，现为东堡村。

0859 磐安镇谢家坪村

简 介：该村位于磐安镇西北部，渭北浅山区，辖13个村民小组，1个自然村，3709人，耕地面积2313亩，经济以农为主，产有小麦、玉米、洋芋等。以姓氏及自然地理得名。合作化时期成立谢家坪农业社，公社化后成立谢家坪大队，现为谢家坪村。

0860 安远镇马坪村

简　介：该村位于安远镇偏西北部，有耕地面积 2411 亩，主产小麦、玉米、洋芋。人口 848 人，辖有 4 个村民小组，2 个自然村，地处山区，以农为主。以姓氏地理实体而得名。

0861 西坪乡姚家山村

简　介：该村位于西坪乡西南，辖 7 个自然村，7 个村民小组，人口 926 人，耕地面积 3700 亩，主产小麦、洋芋、谷子等作物，经济以农为主。以姓氏及地理实体组合得名。因该村群众大部分姓姚，又居住在丘陵山梁上，故名姚家山。

0862 安远镇河湾村

简　介：该村位于安远镇南部，散渡河东岸，辖 3 个村民小组，2 个自然村，826 人，耕地面积 2110 亩，主产小麦、玉米、高粱，地势较平坦，经济以农为主。以姓氏地理实体得名，1958 年公社化时设张家河湾大队，现为河湾村。

0863 大石镇冰滩村

简　介：该村位于大石镇西北 5 公里山区，辖 5 个村民小组，3 个自然村。人口 1134 人。耕地 1926 亩。主产有洋麦、洋芋，属山坡地，以农为主，以地理实体而得名。公社化时设冰滩大队，后改为冰滩村，沿用至今。

0864 磐安镇山庄村

简　介：该村位于磐安镇北部，耕地面积 1932 亩，产有小麦、洋芋、玉米，人口 767 人，所辖 3 个村民小组，3 个自然村，地处山区，以农业为主。山庄是沿用下山庄、上山庄的通名而得名，原属马儿湾大队，1976 年和马儿湾分队，建立山庄大队，现为山庄村。

0865 安远镇大城村

简　介：该村位于安远镇，辖 3 村民小组，1085 人，耕地面积 1697 亩，生产小麦、洋芋，地势平坦，经济以农为主。大城指古"柳州城"遗址（古城待考），原属安远城大队，1973 年分设大城大队，现为大城村。

0866 大庄镇大庄村

简　介：该村位于甘谷县最北面，距县城 40 公里，属高山地区，总面积 92 平方公里，下设 19 个村，109 个村民小组，17092 人，耕地面积 66930 亩，以农为主。沿用公社驻地席家大庄的简称"大庄"而得名，初设大庄镇，公社化时，为大庄公社，沿用至今。

0867 安远镇麻池窑村

简　介：该村位于安远镇北部山区，辖 4 个村民小组，3 个自然村，人口 743 人，总耕地面积 3245 亩，以种植小麦、洋芋、玉米为主，以地理实体得名。

0868 谢家湾乡地儿湾村

简　介：该村位于谢家湾乡最西部，西与武山县接壤，有耕地面积 1482 亩，主产小麦、洋芋等作物，人口 663 人，辖 5 个村民小组，4 个自然村，地处山区，以农为主。因该村坐落在山梁转弯处，故名地儿湾。

0869 古坡乡下店子村

简　介：该村驻下店子阳坡，下设 4 个组，人口 615 人，耕地面积 777 亩，属籍河上游较开阔的地带，以种植小麦、蚕豆、洋芋为主。有次生的灌木林 657 亩。下店子传说是以开店而命名，解放初属电子乡，1959 年至 1960 年属盘安，1961 年又划为店子乡，1969 年和古坡乡合并，为古坡乡管辖。

0870 金山镇王家局村

简　介：该村位于金山镇中部，有耕地面积3438亩，主产有小麦、洋芋、玉米。人口1374人，辖6个村民小组，4个自然村，地属山区，以农为主。王家局以姓氏和自然地理实体而得名。

0871 礼辛镇寨子村

简　介：该村位于礼辛镇西北部河谷，辖3个自然村，4个村民小组，人口600人，耕地面积1639亩，地势东西平缓，南北起伏，主产小麦、洋芋、玉米等作物，经济以农为主。以姓氏和人工建筑而得名，以前为寨子大队，后改为寨子村。

0872 新兴镇永安村

简　介：该村位于新兴镇以北，散度河西岸，有耕地面积3337亩，主产小麦、玉米，人口4705人，新辖19个村民小组，4个自然村，处地较平，以农为主。永安原名土桥子，由村北沟上有一土桥而得名，公社化后，命名永安，取永安之意，沿用至今。

0873 八里湾乡唐家湾村

简　介：该村位于八里湾乡东南部，辖4个自然村，5个村民小组，人口778人，耕地面积2159亩，沟壑纵横，起伏较大，主产小麦、玉米、谷子、洋芋等作物，以农为主。因该村群众姓唐，又地处山梁湾曲地，故名唐家湾。

0874 白家湾乡宋家岔村

简　介：该村位于白家湾乡东南部，与天水市接壤，有耕地面积1630亩，主产小麦、玉米、洋芋，人口724人。所辖5个村民小组，1个自然村，地处山区，以农为主。以姓氏及地理实体命名，现为宋家岔村。

0875 大庄镇小庄村

简　介：该村位于大庄镇东部3公里，属高山区，辖7个村民小组，6个自然村，1045人，耕地面积2930亩，以农为主，产有小麦、洋芋、玉米等。全称席家小庄，与席家大庄对称而得名，现为小庄村。

0876 大石镇梨沟村

简　介：该村位于大石镇西北15公里的丘陵山区，耕地全系山坡地，人口172人。该村有一个小组，经济以农为主，主要粮食作物为小麦、洋芋，以种植梨树而得名。

0877 谢家湾乡年家湾村

简　介：该村位于谢家湾乡西部，有耕地面积4474亩，主产小麦、洋芋等作物，人口1334人，辖8个村民小组，6个自然村，地处山区，以农为主。因该村大部分人姓年，又地处山梁湾曲地，故名年家湾。

0878 白家湾乡大山村

简　介：该村位于白家湾乡西部与十里铺村相接，有耕地面积1428亩，主产小麦、玉米、洋芋，人口860人，辖有4个村民小组，1个自然村，地处山区，经济以农为主。以姓氏取名，现为大山村。

0879 金山镇刘家沟村

简　介：该村位于金山镇西南部，有耕地面积3169亩，主产小麦、玉米、洋芋。人口1436人，所辖7个村民小组，6个自然村。地处浅山山区，经济以农为主。刘家沟以姓氏及自然地理实体而得名。

0880 武家河镇原高山村

简　介：该村位于武家河村东北部10公里，属浅山地区，辖4个自然村，人口1203人，地处高寒山区有耕地面积3428亩。经济以农为主。以自然地理实体得名，沿用至今。

0881 大像山镇黄家村

简　介：该村位于大像山镇西部，耕地面积1657亩，主产小麦、高粱、玉米。人口2800人。辖8个村民小组，1个自然村，地属川区，以农为主。以姓氏得名，1961年成立黄家大队，后改为黄家村，沿用至今。

0882 新兴镇豹子坪村

简　介：该村位于新兴镇西部，耕地面积1225亩，人口1377人，辖4个村民小组，1个自然村，地势平坦，以农为主。以自然地理实体命名，沿用至今。

0883 六峰镇牛家庄村

简　介：该村位于镇东2公里的川区，辖3个自然村，总人口943人，总耕地面积486亩，产有小麦、高粱、辣子等，以农业为主，以姓氏定名沿用至今。

0884 新兴镇小王家村

简　介：该村位于新兴镇东部，耕地面积1149.3亩，人口1899人，辖7个村民小组，1个自然村，地属川地，以农为主。因该村群众姓王，在甘谷地区八户王里属小，故名小王家。

0885 大石镇南山村

简　介：该村位于大石镇西北山后，设6个村民小组，5个自然村，805人。耕地1767亩，经济以农为主，产有小麦、玉米等，同汪家北山两坡相望，故名南山。合作化时为南山高级社，公社化后为南山大队，后为南山村，沿用至今。

0886 磐安镇玉皇殿村

简　介：该村位于磐安镇东南部山腰，辖2个村民小组，1个自然村，人口573人，耕地面积5060亩，经济以农为主，产有小麦、洋芋、玉米等。因原有"玉皇殿"寺庙1座，故名玉皇殿。公社化后，成立玉皇殿大队，现为玉皇殿村。

0887 礼辛镇陈庄村

简　介：该村位于礼辛镇西北部河谷，辖3个自然村，5个村民小组，人口1053人，耕地面积2667亩，地势东西平缓，南北起伏，主产小麦、洋芋、玉米等作物，经济以农为主。以姓氏得名，1958年公社化时设陈家庄大队，1972年恢复陈家庄大庄原称，现为陈庄村。

0888 六峰镇红崖沟村

简　介：该村辖4个村民小组，3个自然村，982人，耕地面积1766亩，生产小麦、玉米、洋芋，均属山腰地，经济以农为主。因山洪冲刷成山沟，沟壁高悬呈现积红黏土，故名红崖沟，村名沿用其沟名。

0889 六峰镇半沟村

简　介：该村村庄南、北西部各有一条沟，地势较陡，耕地面积555亩，经济以农为主，生产小麦、麻、谷、洋芋等作物，人口329人，有2个村民小组。因村庄位于南沟中部的山地上，故名半沟。

0890 大庄镇席家沟村

简　介：该村位于大庄镇西北7公里，辖4

个村民小组，4个自然村，752人。以农为主，耕地面积3251亩，产有小麦、玉米、洋芋等。依据姓氏及自然实体而命名。合作化时设席家沟高级社，公社化时为席家沟大队，现为席家沟村。

0891 谢家湾乡阳屲村
简　介：该村位于谢家湾乡西部，有耕地面积2144亩，主产小麦、洋芋等作物，人口540人，辖3个村民小组，3个自然村，地处山区，以农为主。因该村坐落在丘陵山坡向阳处，故名阳屲。

0892 大石镇黄家坪村
简　介：该村位于大石镇南部山腰，辖6个村民小组，2个自然村，1180人，耕地2304亩，经济以农业为主，产有洋芋、玉米等，以姓氏地理实体而得名，合作化时为黄家坪高级社，公社化后为黄家坪村，沿用至今。

0893 六峰镇武家湾村
简　介：该村辖5个村民小组，9个自然村，1183人，耕地面积2819亩，生产小麦、麻、谷、洋芋等作物，经济以农为主。武家湾是以姓氏而得名，解放初属武家乡，1958年成立武家湾，沿用至今。

0894 新兴镇韩家墩村
简　介：该村位于新兴镇西北部，有耕地面积861亩，主产小麦、洋芋、蔬菜，人口486人，所辖2个村民小组，1个自然村，地处山区，以农为主。该村最早住有韩姓，并且村后山上有个人工筑造的土墩，因此得名，从未变更。

0895 安远镇王马村
简　介：该村位于安远镇南部，散渡河谷，辖8个村民小组，6个自然村，人口2188人。总耕地4459亩，以种植小麦、玉米、洋芋等作物为主。以姓氏得名，1958年公社化时，设王马大队，现为王马村。

0896 谢家湾乡东庄村
简　介：该村位于谢家湾乡东部，地处山区，辖4个村民小组，2个自然村，人口920人。耕地面积2351亩，主产小麦、洋芋等作物，以农为主。以村庄方位得名。因该村坐落在窝铺岘山梁的东边，与西庄相望，故名东庄。

0897 古坡乡羌甘峪村
简　介：该村驻甘峪二组，下设4个村民小组，人口429人，耕地面积1130亩，西西河和武山接址，主要种植洋麦、洋芋、蚕豆等，是以地理实体而得名，1961年属店子乡，1969年和古坡合并，归古坡管辖，至今未变。

0898 白家湾乡梁家庄村
简　介：该村位于该乡偏北部，有耕地面积829亩，主产小麦、玉米、洋芋，人口483人，辖2个村民小组，1个自然村，地处浅山山区，经济以农为主。以姓氏命名，现为梁家庄村。

0899 磐安镇西街村
简　介：该村位于磐安镇，驻地磐安镇西街，辖1街，1个自然村，14个村民小组，3529人，耕地面积1417亩，产有小麦、玉米、辣子等，经济以农为主。因地处磐安镇西街而得名，1961年社队规模调整中设西街大队，1969年和北街大队合并为西北街大队，1978年恢复西街大队建制，现为西街村。

0900 磐安镇侯家山村
简　介：该村位于磐安镇西北部，与磐安镇接壤，有耕地面积1909亩，主产小麦、洋芋、玉米，人口616人，所辖3个村民小组，2个自然村，地处半山半川干旱地区，以农为主。侯家山是以姓氏而得名。

0901 新兴镇头甲村
简　介：该村位于新兴镇以西，有耕地面积1360亩，主产小麦、玉米、蔬菜等。人口2589人，辖有9个村民小组，1个自然村，地处川区，以农为主。头甲庄是以序数而得名。

0902 礼辛镇尉坪村
简　介：该村位于礼辛镇东南河谷，辖10个自然村，8个村民小组，人口2009人，耕地4027亩，地势东西平缓，南北起伏，主产小麦、玉米、洋芋等作物，经济以农为主。以姓氏及地理实体命名，1958年公社化时设尉家坪大队，1968年改名"五星"大队，1972年恢复尉家坪大队，现为尉坪村。

0903 大像山镇艾家村
简　介：该村位于大像山镇西部，耕地面积1121亩，主产小麦、玉米、高粱，人口2094人，辖6个村民小组，1个自然村，地属川区，以农为主。以姓氏得名，1961年成立艾家大队，后改为艾家村。

0904 大庄镇小河口村
简　介：该村位于大庄镇西部10公里，辖6个村民小组，4个自然村，1166人，耕地面积3990亩，地势平坦，以农为主，产有小麦、洋芋、玉米、苹果树等。村庄位于一小河口，故名小河口，解放初设小河口乡，合作化时为小河口高级社，1958年公社化时小河口大队，现为小河口村。

0905 西坪乡马家湾村
简　介：该村位于西坪乡东南部，辖5个自然村，5个村民小组，人口599人。耕地面积1718亩，主产玉米、小麦、洋芋等作物，以农为主。以姓氏和地理实体组合而得名。公社化时设马家湾大队，后改称马家湾村。

0906 新兴镇磐石村
简　介：该村位于新兴镇北部，散渡河西岸，有耕地面积2740亩，主产小麦、玉米、洋芋。人口2616人，辖有10个村民小组，4个自然村。地处半山半川，以农为主。因村内有两座碾米的石碾子，由此而称双碾子，1919年改为磐石村，意即安如磐石，但是群众仍习惯叫双碾子，一直沿用至今。

0907 大庄镇巩家山村
简　介：该村位于大庄镇西北部，辖5个村民小组，4个自然村，750人，耕地面积3100亩，以农为主，产有小麦、洋芋、玉米等。根据姓氏及自然地理实体命名。

0908 大石镇李家川村
简　介：该村位于大石镇以北15公里河谷，和通渭县接壤，设7个村民小组，9个自然村，1136人，耕地1803亩，半平半山地，以农业为主，产有小麦、洋芋等。以姓氏实体而得名，公社化后为李家川大队，现为李家川村。

0909 白家湾乡蒋家湾村
简　介：该村位于白家湾乡西部，有耕地面积2110亩，人口1203人，所辖5个村民小组，2个自然村，地处山区，以农为主。用姓氏及地理自然形状而得名，现为蒋家湾村。

0910　西坪乡燕珍村

简　介：该村位于西坪乡西北10公里，辖8个自然村，5个村民小组，人口586人。耕地面积2269亩，主产玉米、小麦、洋芋、谷子等作物，以农为主。该村因处燕珍山，故取名燕珍。

0911　礼辛镇杨湾村

简　介：该村位于礼辛镇北部山区，辖3个自然村，6个村民小组，人口1019人，耕地面积4592亩，地势起伏较大，主产小麦、洋芋等作物，经济以农为主。以姓氏和自然地理实体组合得名。

0912　六峰镇金坪村

简　介：该村辖3个村，1个自然村，1300人，总耕地面积2200亩，生产小麦、洋芋、玉米，经济以农为主，金坪是金家坪的简称，因金氏最先定居得名，现居金、王两姓，解放后属金坪乡，沿用至今。

0913　新兴镇崖湾村

简　介：该村位于新兴镇以西，有耕地面积1667亩，主产蔬菜、小麦，人口1636人，辖5个村民小组，1个自然村，处地半山半川，以农为主。以姓氏地理实体而得名，"文革"中改称"红色""朝阳"。1972年恢复原名，现为崖湾村。

0914　白家湾乡廉家庄村

简　介：该村位于白家湾乡东部，东与六峰镇相接，有耕地面积2350亩，主产小麦、玉米、洋芋，人口1103人，辖5个村民小组，4个自然村，地处山区，经济以农为主。以姓氏命名，现为廉家庄村。

0915　金山镇邓家咀村

简　介：该村位于金山镇东南部，东与天水市相接。有耕地面积2598亩，主产小麦、洋芋，人口906人，所辖5个村民小组，4个自然村，地属山区，以农为主。以姓氏地理实体组合得名。

0916　八里湾乡城峪沟村

简　介：该村位于八里湾乡南部，辖3个自然村，5个村民小组，人口925人，耕地面积1521亩，地势起伏较大，主产小麦、玉米、洋芋等作物，以农为主。因该村地处三面环山的峪谷，远望像一座天然的土城，故名城峪沟。

0917　大庄镇付家河村

简　介：该村位于大庄镇南部，属高山区，辖3个自然村，6个村民小组，1131人。耕地面积4464亩，以农为主，产有小麦、洋芋、糜谷等。依姓氏和自然地理实体而得名。解放后设付家河乡、付家河高级社。公社化时称付家河大队，沿用至今。

0918　金山镇郑家山村

简　介：该村位于金山镇北部，有耕地面积2485亩，主要种植小麦、洋芋等作物，人口790人，辖4个村民小组，2个自然村。地属山区，以农为主。郑家山是以姓氏和自然地理实体而得名，沿用至今。

0919　金山镇川子村

简　介：该村位于金山镇偏南部，有6个村民小组，共有4个自然村，1357人，耕地面积2632亩，地属山区，主产小麦、洋芋、玉米，以农为主。川子村是以姓氏及自然地理实体而得名，一直沿用至今。

0920 礼辛镇河沟村

简 介：该村位于礼辛镇北部山区，辖8个自然村，8个村民小组，人口1146人，耕地面积3685亩，主产小麦、洋芋等作物，经济以农为主。以姓氏及地理实体组合得名，沿用至今。

0921 大庄镇朱权村

简 介：该村位于大庄镇东北山区，辖7个村民小组，5个自然村，748人，耕地面积2842亩，小麦、洋芋、玉米等，以农为主。根据姓氏命名。

0922 新兴镇史家坪村

简 介：该村位于散渡河下游西岸，甘礼公路11公路处，多川水地，少部分山坡地，人口755人，该村所属3个村民小组，经济以农为主，粮食作物以小麦、玉米为主，是以姓氏和自然地理实体而命名的，清康熙六年前，因该村住有史姓人，故名史家坪，一直沿用至今。

0923 谢家湾乡韩窑村

简 介：该村位于谢家湾乡东北部，地处山区，辖5个村民小组，6个自然村，人口560人。耕地面积1971亩，主产小麦、洋芋等作物，以农为主。以姓氏及地理实体组合得名。因该村有崖窑，大部分群众姓韩，故名韩窑。

0924 安远镇任山村

简 介：该村位于安远镇西南山区，辖3个村民小组，3个自然村，人口643人，总耕地亩2049亩，主产小麦、洋芋，山高沟深，经济以农为主。以姓氏得名，沿用至今。

0925 武家河镇石庙咀村

简 介：该村位于武家河镇东北部五公里，辖3个村民小组，两个自然村。人口685人，耕地1823亩。经济以农为主。因驻地山头有一石庙而得名，沿用至今。

0926 古坡乡沟门村

简 介：该村驻何夷庄，下设4个村民小组，人口606人，耕地面积1504亩，由北向南延伸在一条沟里，分4个自然村，有简便公路，以种植小麦、洋芋、蚕豆为主，沟名是自然地理实体而得名，土改时属店子乡，1969年和古坡乡合并，为古坡乡管辖。

0927 大像山镇马鞍山村

简 介：该村位于大像山镇南面马鞍山上。耕地面积759亩，主产小麦、玉米。人口548人，辖2个村民小组，1个自然村，以农为主。以自然地理实体而得名。因该村位于马鞍山南部山腰，故名马鞍山。1978年设马鞍大队，后改为马鞍山村，沿用至今。

0928 磐安镇毛河村

简 介：该村位于磐安镇西部，与武山县接壤，有耕地面积2142亩，主产小麦、玉米、洋芋，人口1107人，所辖7个村民小组，6个自然村，地处阴湿山区，经济以农为主。毛河村是以地理实体而得名，公社化时成立毛河大队，现为毛河村委。

0929 西坪乡湾儿河村

简 介：该村位于西坪乡南部，辖8个村民小组，人口1193人。耕地面积2871亩，主产玉米、小麦、洋芋等作物，以农为主。以地理实体得名。因地处山涧小溪的湾曲处，故名湾儿河。

0930 金山镇红岘村

简 介：该村位于金山镇最北部，北与西坪

乡相邻。有耕地面积2522亩，人口972人，地属山区，以农为主，所辖5个村民小组，5个自然村。红岘是以自然地理实体而得名。

0931 白家湾乡马耳湾村
简　介：该村位于白家湾乡北部，与城关镇相邻，有耕地面积2237亩，生产小麦、洋芋、玉米，人口1328人，所辖5个村民小组，3个自然村，地处浅山山区，经济以农为主。因地形象马耳而得名，现为马耳湾村。

0932 八里湾乡上坪村
简　介：该村位于八里湾乡北部，辖8个自然村，5个村民小组，人口695人，耕地面积1849亩，沟壑纵横，地势起伏较大，主产小麦、玉米、洋芋、谷子等作物，以农为主。以方位及地理实体得名。因该村地处山坡平地，群众多姓张，原名张家坪，后更名为上坪。

0933 八里湾乡金家湾村
简　介：该村位于八里湾乡西南部，辖4个自然村，8个村民小组，人口1269人，耕地面积2313亩，地势陡，起伏大，主产小麦、洋芋、谷子、玉米等作物，以农为主。以姓氏及地理实体组合得名。因该村群众多姓金，又地处山梁湾曲地，故名金家湾。

0934 安远镇西城村
简　介：该村位于安远镇，辖4个村民小组，1511人，耕地2300亩，生产小麦、洋芋、谷子，地势平坦，经济以农为主。位于古"柳州城"遗址西城，故取名西城（柳州城遗址待考）。

0935 大像山镇樊家村
简　介：樊家村有耕地面积800亩，种植有小麦、玉米、洋芋等，人口1011人。辖3个村民小组，1个自然村。地属川区，以农为主。樊家村以姓氏得名，因村内大部分群众姓樊，故名樊家村。

0936 新兴镇崔家村
简　介：该村位于新兴镇以西，陇海线北，有耕地面积1952亩。主产小麦、蔬菜，人口2472人。所辖7个村民小组，3个自然村，处地平缓，以农为主。以姓氏而得名。

0937 安远镇苏家沟村
简　介：该村位于安远镇东北部山区，辖5个村民小组，5个自然村，人口871人，总耕地面积3864人，以种植小麦、洋芋为主。以姓氏得名，沿用至今。

0938 大石镇曲家坪村
简　介：该村位于大石镇以南4公里山腰，属山区，下设5个村民小组，6个自然村。人口879人。耕地1715亩，以农业为主，产有洋芋、玉米等。以姓氏和地理实体而得名，因该村有曲姓，又地处山腰平地处，故名曲家坪。

0939 谢家湾乡转地村
简　介：该村位于谢家湾乡西北部，有耕地面积2243亩，主产小麦、洋芋等作物，人口1091人，辖5个村民小组，5个自然村，地处山区，以农为主。以地理实体得名，因该村地处山脚转角处，故名转地。

0940 六峰镇苍耳王村
简　介：该村位于六峰镇西部川区，辖11个组，总人口3275人，总耕地面积2177亩，种植有小麦、玉米、辣子等，经济以农业为主。最早王姓定居时盛产"苍耳花"，故得名，沿用至今。

0941 金山镇段家沟村

简　介：该村位于金山镇东北部，东与秦安县接壤，有耕地面积3590亩，主要种植小麦、洋芋作物，人口1069人，所辖6个村民小组，4个自然村。段家沟是以初居者的姓氏和自然地理实体而得名，沿用至今。

0942 白家湾乡山庄村

简　介：该村位于白家湾乡西北部，与十里铺村相接，有耕地面积1143亩，主产小麦、玉米、洋芋，人口973人，辖5个村民小组，2个自然村，地处山区，经济以农为主。以姓氏得名（山庄，地方语中为本姓分支新建的村庄），现为山庄村。

0943 金山镇二家湾村

简　介：该村位于金山镇偏东部，有耕地面积3127亩，主产有小麦、洋芋、玉米，人口1071人，所辖6个村民小组，3个自然村，地属山区，以农为主。二家湾是以序数及自然地理实体而得名。

0944 磐安镇汪家庄村

简　介：该村位于磐安镇东部，渭河南川区，辖6个村民小组，1个自然村，人口1950人，耕地面积1138亩，经济以农为主，产有小麦、玉米、辣子等。以姓氏取名，公社化时成立汪家大队，现为汪家庄村。

0945 磐安镇石家庄村

简　介：该村位于磐安镇东部，渭河南岸川区，辖1个自然村，4个村民小组，1094人，耕地面积664亩，经济以农业为主，产有小麦、玉米、辣子等。以姓氏取名。公社化时期，又成立石家庄大队，现为石家庄村。

0946 大石镇河南村

简　介：该村位于大石镇东南5公里处，辖4个村民小组，2个自然村，1097人，耕地1903亩，以农业为主，产有玉米、洋芋等。因坐落在清溪河（大沟）南边而得名，合作化时属贯寺高级社，公社化后为河南大队，现为河南村。

0947 安远镇何山村

简　介：该村位于安远镇西北部山区，耕地多山坡地，少部分平地，主产小麦、玉米等粮食作物，人口366人，该村有两个村民小组，经济以农为主。以地理实体姓氏而得名。

0948 大像山镇东关村

简　介：该村位于甘谷县城东关，辖9个村民小组，3个自然村，5334人。耕地面积2208亩，以种植小麦、高粱、洋芋等作物为主。解放初属东关乡，1961年分设东关大队，后更名为东关村并沿用至今。

0949 大庄镇魏家峡村

简　介：该村位于大庄镇西北11公里，辖4个村民小组，3个自然村，785人，耕地面积3225亩，以农为主，产有小麦、洋芋、玉米等。祖居魏氏，地处散渡河峡口，故名魏家峡，大队原名魏家山。后因与金山镇魏家山重名，故更名魏家峡大队，现为魏家山村。

0950 武家河镇尚家山村

简　介：该村位于武家湾南部9公里，辖4个村民小组，3个自然村，有人口600余人。耕地面积1094亩，以经济为主，以姓氏与自然地理实体得名，因村子位于山区，村内大部分姓尚，故称尚家山，并沿用至今。

0951 磐安镇张家窑村

简 介：该村位于磐安镇北部，耕地面积1417亩，主产小麦、洋芋、玉米，人口540人，所辖3个村民小组，2个自然村，地处高寒阳湿地带，经济以农为主。张家窑是以姓氏得名，现为张家窑村。

0952 谢家湾乡窝铺岘村

简 介：该村位于谢家湾乡东部，与康家滩为邻，地处山区，辖5个村民小组，6个自然村，人口475人。耕地面积2269亩，主产小麦、洋芋等作物，以农为主。因地处山岘，初有窝铺而得名，沿用至今。

0953 西坪乡马家河村

简 介：该村位于西坪乡西部，辖11个自然村，7个村民小组，人口1142人。耕地面积3133亩，干旱瘠薄，生产小麦、洋芋等作物，以农为主。以姓氏实体组合命名，解放初乡政府设此处，1958年公社化后为马家河大队，后改为马家河村。

0954 谢家湾乡丁家沟村

简 介：该村位于谢家湾乡东南部，地处山区，辖9个村民小组，3个自然村，人口1507人。耕地面积3353亩，主产小麦、洋芋等作物，以农为主。因该村群众姓丁，又居住在沟壑滩地上，故名丁家沟。

0955 金山镇移家湾村

简 介：该村位于金山镇南部，耕地面积2744亩，主产有小麦、玉米、洋芋，人口1165人，所辖6个村民小组，8个自然村，地属山区，以农为主。据说这个村的祖先从它地移来，住居在这里，从此定名为移家湾。

0956 磐安镇董家坪村

简 介：该村位于磐安镇中部，耕地面积3218亩，人口1123人，所辖6个村民小组，6个自然村。地处阴湿山区，经济以农为主。董家坪是以姓氏和地理实体组合而得名，现为董家坪村。

0957 金山镇苏家山村

简 介：该村位于金山镇北部，有耕地面积2425亩，主要种植小麦、洋芋等作物，人口960人，所辖5个村民小组，4个自然村。地属山区，以农为主。苏家山是以姓氏和自然地理实体而得名，沿用至今。

0958 八里湾乡上岔村

简 介：该村位于八里湾乡东北部，辖5个自然村，5个村民小组，人口864人，耕地面积1784亩，主产小麦、玉米、谷子、胡麻、洋芋等作物，以农为主。以自然地理实体得名，沿用至今。

0959 礼辛镇石岘村

简 介：该村位于礼辛镇西部山区，辖6个自然村，6个村民小组，人口783人，耕地面积2686亩，主产小麦、洋芋等作物，经济以农为主。以姓氏而得名，1958年设石岘子大队，1968年与九山、上窑、下窑合为一个大队，名为七一大队，1970年恢复石岘子大队，现为石岘村。

0960 磐安镇洪家湾村

简 介：该村位于磐安镇最北面，与磐安镇接壤，耕地面积1605亩，主产小麦、洋芋、玉米，人口656人，辖3个村民小组，2个自然村，地处山区干旱地带，以农为主。洪家湾是以姓氏地理实体组合得名，原名马儿湾大队，因与白家湾公社马儿湾大队重名，地名普查中更名洪家湾大队，现为洪家湾村。

0961 大像山镇高桥村
简　介：该村位于甘谷城北关，辖9个村民小组3个自然村，4605人。耕地面积1100亩，生产小麦、玉米、蔬菜，地势平坦，以农为主。

0962 金山镇谢家湾村
简　介：该村位于金山镇南部，地处卧牛山、东咀梁、荒地梁的山坡曲地。耕地多系山坡地，有少部分梯田平地。主要粮食作物是小麦、洋芋、谷子。人口905人，村内有4个村民小组，经济以农为主。因该村大部分人姓谢，又地处山坡湾，故名谢家湾。

0963 新兴镇柏林峪村
简　介：该村位于新兴镇最北部，东与八里湾乡接壤，有耕地面积1149亩，主产小麦、洋芋。人口583人，辖3个村民小组，1个自然村，地处山区，以农为主。据传建村时，此地有柏树林，又处山谷之中，故得名柏树峪，沿用至今。

0964 安远镇石方村
简　介：该村位于安远镇西北山区，辖4个村民小组，5个自然村，人口698人。耕地面积2575亩，生产小麦、洋芋、谷子等作物，经济以农为主。以地理实体得名。

0965 磐安镇好稍科村
简　介：该村位于磐安镇偏西部，耕地面积974亩，主产小麦、洋芋、玉米等，人口525人，辖4个村民小组，3个自然村，地处高山阴湿地区，交通不便，经济以农为主。好稍科是以产优质稍科（用于编织等的树木）而得名，公社化时建立好稍科大队，现为好稍科村。

0966 大石镇丁家窑村
简　介：该村位于大石镇南4公里山区，辖5个村民小组，2个自然村，有900人，耕地1672亩，以农业为主。产有玉米、洋芋等。以姓氏及人工土建筑得名，公社化时设丁家窑大队，后改为丁家窑村，沿用至今。

0967 大像山镇新庄村
简　介：该村位于甘谷县城西北，辖4个村民小组，1个自然村，2481人，耕地526亩，生产小麦、玉米、蔬菜。均为水浇地，以农为主。原名李家新庄，解放后属于北关乡，1957年属于柳汁高级社，公社化后属于西关大队，1978年从西关大队分出设新庄大队。地名普查中因与磐安公社新庄大队重名故更名新庄大队，后改为新庄村。

0968 西坪乡董堡村
简　介：该村位于西坪乡北部，辖13个自然村，7个村民小组，人口986人。耕地面积2697亩，主产玉米、小麦、洋芋等作物，以农为主。因该村大部分人姓董，村边有两个土堡，故名董堡。

0969 礼辛镇倪山村
简　介：该村位于礼辛镇西部山区，辖3个自然村，5个生产队，人口681人。耕地面积2193亩，主产小麦、洋芋等作物，经济以农为主。以姓氏地理实体组合而得名，1958年公社化时设倪家山大队，现为倪家村。

0970 大像山镇马务寺村
简　介：该村位于大像山镇西北约3公里处，地处川区，耕地面积2778亩，人口4894人。

辖2个村民小组，主产小麦、洋芋、高粱，以农为主。因村内"马务寺"这一寺名而得名，公社化时为马务寺大队，后改为马务寺村。

0971 西坪乡上硬王村

简　介：该村位于西坪乡北部山区，辖12个自然村，9个村民小组，人口1154人。耕地面积3864亩，主产玉米、小麦、洋芋等作物，以农为主。以姓氏及地理实体组合得名。因该村坐落在冯寨梁东坡阴地，大部分群众姓王，故名上硬（阴）王。

0972 六峰镇白家窑村

简　介：该村辖4个村民小组，4个自然村，815人，耕地面积1701亩，生产小麦、玉米、洋芋，均属山坡地，经济以农为主，白家窑是以自然地理实体而得名的，解放后属金坪乡，1958年成立至今未变。

0973 新兴镇魏家村

简　介：该村位于新兴镇以西，陇海线以北，有耕地面积1950亩，主产蔬菜、玉米，人口1929人，辖有8个村民小组，3个自然村，地处平缓，以农为主。魏家庄是以姓氏而得名。

0974 大庄镇王家河村

简　介：该村位于大庄镇东南5公里，辖5个自然村，7个村民小组，826人，耕地面积3057亩，以农为主，产有小麦、洋芋、玉米。以姓氏和自然地理实体而得名，土改后组建王家河高级社，公社化后为王家河村，沿用至今。

0975 六峰镇总门村

简　介：该村位于六峰镇西北角2.5公里处中滩河村，地居平川，辖9个组，人口2403人，耕地面积934亩，种植小麦、玉米、辣子等农作物，经济以农作物为主，入村的道口有门楼，称总门，1958年建村时便以总门为名，至今未变。

0976 礼辛镇冯山村

简　介：该村位于礼辛镇南部山区，辖5个自然村，7个村民小组，人口2364人，耕地面积4316亩，地势起伏，主产小麦、洋芋等作物，经济以农为主。以姓氏和地理实体而得名，1968年与泉湾、贾山3个大队合为"永胜"大队，1972年恢复冯山大队建制，现为冯山村。

0977 安远镇老庄村

简　介：该村位于安远镇东北部，东与安远镇接壤，有耕地面积2240亩，主产小麦、洋芋。人口788人，辖5个村民小组，3个自然村，地处山区，以农为主。老庄全称王家老庄，以姓氏得名。

0978 磐安镇庄儿沟村

简　介：该村位于磐安镇中部，有耕地面积1451亩，主产小麦、洋芋，人口673人，辖有7个村民小组，9个自然村，地处高山阴湿地区，经济以农为主。庄儿沟村以地理实体而得名，公社化时属于好稍科大队，1977年又分为庄儿沟大队，现为庄儿沟村。

0979 武家河镇武家堡村

简　介：该村位于武家河村西北部相距一公里，属高寒阴湿地区。有耕地面积3270亩。属坪地。以农作物小麦、洋芋、玉米为主，人口1467人。以姓氏与古建筑而得名。因村子建于堡子里面，村子群众大部分姓武，故名武家堡。

0980 大像山镇狄家村

简　介：该村位于大像山镇以西，耕地面积1647亩，主产小麦、高粱等，人口2780人，辖6个村民小组，1个自然村，地属川区，以农为主。建村时村内群众多为狄氏，因姓氏得名。1979年设狄家庄大队，后改为狄家村。

0981 磐安镇原家庄村

简　介：该村位于磐安镇东部，耕地面积2174亩，主产小麦、洋芋、玉米等，人口1099人，所辖3个村民小组，2个自然村，地势较平，以农为主。原家庄是以姓氏而得名，原属于南坡寺生产大队，1978年分设原家庄大队，现为原家庄村。

0982 新兴镇姚家坪村

简　介：该村位于新兴镇偏南部，有耕地面积1764亩，主产小麦、洋芋，人口822人，所辖4个村民小组，11个自然村，地处山区，经济以农为主。姚家沟是以姓氏地理实体而得名，沿用至今。

0983 磐安镇东街村

简　介：该村位于磐安镇，驻地磐安镇东街，辖4个村民小组，1414人，耕地面积766亩，为河水淤积平地，经济以农为主，主产有玉米、小麦、辣子等。因地处磐安东街而得名，原属大庄大队，1961年成立东街大队，1969年与南街大队合并为东南街大队，1978年恢复东街大队建制，至今沿用。

0984 大像山镇二十铺村

简　介：该村位于大像山镇以西10华里处，耕地面积3287亩，主产小麦、玉米，人口3835人，辖11个村民小组，1个自然村，地属川区，以农为主。二十铺距甘谷县城20华里而得名。原为东、西两个大队，1964年合并为二十铺大队，后改为二十铺村。

0985 白家湾乡苟家岘村

简　介：该村位于白家湾乡最北部，与城关镇相接壤。有耕地面积1821亩，主产小麦、玉米、洋芋。人口1050人，所辖6个村民小组，1个自然村，地处浅山山区，经济以农为主。以姓氏及自然地理形状而得名，现为苟家岘村。

0986 金山镇张家庙村

简　介：该村位于金山镇西北部的溪流沟岔里。耕地半山半滩地，主产小麦、洋芋、玉米等粮食作物。人口568人。村内有3个村民小组，经济以农为主。因该村大部分姓张，村内有一古寺庙，因此而称为张家庙。

0987 安远镇阳赛村

简　介：该村位于安远镇西北部，有耕地面积2337亩，生产小麦、洋芋等，人口1107人，共有9个村民小组，6个自然村，地处山区，以农为主。

0988 谢家湾乡白家局村

简　介：该村位于谢家湾乡东北部，地处山区，辖4个村民小组，3个自然村，人口540人。耕地面积1856亩，主产小麦、洋芋等作物，以农为主。因该村住户姓白，又地处山梁湾曲地，故名白家局（"曲"与"局"当地口音一致）。

0989 金山镇二家坪村

简　介：该村位于金山镇偏东部，有耕地面积3127亩，主产小麦、洋芋、玉米，人口793人，所辖6个村民小组，3个自然村，地属山区，以农为主。二家坪是以序数及自然地理实体而得名。

0990 六峰镇麦堆坪村

简　介：该村位于六峰镇东南部。辖3个自然村总人口641人，耕地面积892亩，生产小麦、麻、谷、洋芋，经济以农为主。解放初称灰堆坪，因地形得名，解放后改名麦堆坪，沿用至今。

0991 磐安镇新庄村

简　介：该村位于磐安镇东南部，辖1个自然村，5个村民小组，1233人，耕地面积890亩，以农为主，产有小麦、玉米、辣子等。因此庄为大庄杨氏所新建，故取名新庄，土改时属四区磐安乡，合作化时属东堡乡管辖，后转为大庄高级社。公社化后属大庄大队，1961年社队规模调整时，设为新庄大队，1969年为八大庄队，1978年恢复新庄大队。现为新庄村。

0992 新兴镇苟家村

简　介：该村位于新兴镇最西部，西与磐安镇接壤，有耕地面积1050亩，主产小麦、玉米、蔬菜，人口2406人，所辖8个村民小组，2个自然村，地处川区，以农为主。以姓氏得名，在1967年至1968年改为前进大队，1968年后恢复原名至今。

0993 安远镇何家坪村

简　介：该村位于安远镇西北部，有耕地面积1692亩，主产小麦、洋芋等，人口718人。所辖5个村民小组，3个自然村，地处山区，以农为主。以姓氏地理实体而得名。

0994 安远镇厚家坪村

简　介：该村位于安远镇南部山区，辖5个村民小组，人口1192人，耕地面积3499亩，以种植小麦、洋芋等作物为主。厚家坪是以姓氏得名。沿用至今。

0995 古坡乡深岘子村

简　介：该村驻深岘子，下设6个组，8个自然村，人口887人，耕地面积1966亩，位于古坡北面的山上，大多土为红黏土，有通往马家山的公路，以种植小麦、青稞、大麦、洋芋为主。深岘子村位于暖水沟，并且沟很深，在庄顶梁上有一豁岘，故此而得名。

0996 大像山镇沙石坡村

简　介：沙石坡村位于甘谷县城东部，耕地面积240亩，主产小麦、高粱、玉米等作物。人口837人，辖2个村民小组，以农为主。因地理得名，公社化时设沙石坡大队，后改为沙石坡村。

0997 八里湾乡魏家岔村

简　介：该村位于八里湾乡北部，辖10个自然村，4个村民小组，人口1470人，耕地面积3509亩，地势起伏较大，主产玉米、小麦、谷子、洋芋、胡麻等作物，以农为主。以姓氏和地理实体组合而得名，沿用至今。

0998 磐安镇刘家墩村

简　介：该村位于磐安镇西部川区，西与武山县接壤，辖6个村民小组，1个自然村，1595人，耕地面积729亩，经济以农为主，产有小麦、玉米、辣子等。以姓氏及人工建筑组合得名。据传甘谷城西五十里铺墩址在现刘家墩村的地方，后刘姓建村墩旁，故名刘家墩，现为刘家墩村。

0999 白家湾乡河沟村

简　介：该村位于白家湾乡最南部，南与古坡村接壤。有耕地面积1575亩，主产小麦、洋芋、玉米，人口871人，辖6个村民小组，4个自然村，地属山区，经济以农为主。因姓氏和自然地理形状得名，现为河沟村。

1000 谢家湾乡西庄村

简　介：该村位于谢家湾乡东南部，辖7个村民小组，5个自然村，地处山区，人口1423人。耕地面积3829亩，主产小麦、洋芋等作物，以农为主。以方位得名。因该村坐落在窝铺岘山湾的西边，与东庄相对，故名西庄。

1001 安远镇王窑村

简　介：该村位于安远镇西北部山区，辖5个村民小组，4个自然村，人口1084人，总耕地3591亩，以种植小麦、豌豆、洋芋等作物为主。以姓氏地理实体得名。

1002 磐安镇榆林坪村

简　介：该村位于磐安镇东北部，东面以磐安武家河镇相接，耕地面积2112亩，主产小麦、洋芋、玉米，人口705人，所辖3个村民小组，2个自然村，经济以农为主。榆林坪是以自然地理实体而得名，公社化时建立榆林坪，现为榆林坪村。

1003 磐安镇严家庄村

简　介：该村位于磐安镇东南部浅山区，耕地面积1339亩，全系山坡地。人口643人，该村所属3个村民小组，经济以农为主，粮食作物以小麦、玉米、洋芋为主。因该村居住姓严，由此而称严家庄，现为严家庄村。

1004 新兴镇雒家坪村

简　介：该村位于新兴镇偏北部，有耕地面积2594亩，主产小麦、洋芋，人口1352人，所辖8个村民小组，5个自然村，地处山区，经济以农为主。雒家坪是以姓氏实体而得名，公社化时定为雒家坪大队，现为雒家坪村，沿用至今。

1005 八里湾乡张家坪村

简　介：该村位于八里湾乡东北部，辖9个村民小组，人口1260人，耕地面积2500亩，地势东西起伏较大，南北逐渐平缓，交通较为便利，主产玉米、小麦、谷子、洋芋、胡麻等作物，以农为主。以姓氏而得名，沿用至今。

1006 新兴镇皂角树村

简　介：该村位于新兴镇北部，散渡河以西，有耕地面积1145亩,主产小麦、玉米、洋芋等。人口863人，所辖3个村民小组，1个自然村，地处半山半川，以农为主。据说村北头有一棵皂角树，故名皂角树，一直沿用至今。

1007 金山镇田家山村

简　介：该村位于金山镇东部，耕地面积5378亩，主产有洋芋、小麦、玉米，人口1464人，所辖7个村民小组，9个自然村。地属山区，以农为主。田家山是以姓氏和自然地理而得名。

1008 古坡乡李家坪村

简　介：李家坪位于古坡乡，辖4个村民小组，4个自然村，389人，耕地面积762亩，经济以农为主，生产小麦、麻、谷、洋芋等作物，李家坪以地理实体得名，沿用至今。

1009 安远镇北城村

简　介：该村位于安远镇，辖3个村民小组，1161人，耕地1975亩，地势平坦，生产小麦、玉米、洋芋，经济以农为主。位于古柳州城遗址北城（古城待考）。

1010 新兴镇大坪村

简　介：该村位于颉家村北面北山腰处，耕地面积3659亩，全属山地，人口1914人，所辖7个村民小组，5个自然村，以农为主。以地理实体得名，因该村坐落在山坡的平地处，比周围村庄大，故名大坪。

1011 西坪乡海子湾村

简　介：该村位于西坪乡西北15公里处，辖7个自然村，5个村民小组，人口697人。耕地面积2104亩，主产小麦、谷子、洋芋等作物，以农为主。以山泉得村名，海子湾别名海池湾，因该村山湾处有一山泉水池，遂起名海池，也叫海子，"子"是由"池"字演化过来的（当地口音），因此而称为海子湾。

1012 磐安镇杨家大庄村

简　介：该村位于磐安镇东部，渭河南岸，辖1个自然村，12个村民小组，2655人。耕地面积1856亩，为川水地，经济以农为主，产有小麦、玉米、辣子等。以姓氏取名。因与渭阳公社杨家庄大队重名，地名普查中更名杨家大庄大队，现为杨家庄村委。

1013 安远镇史川村

简　介：该村位于安远镇东部山谷，辖7个村民小组，5个自然村，2012人，总耕地4903亩，主产小麦、洋芋、玉米，经济以农为主。以姓氏得名，公社化时设史家川公社，现为史川村。

1014 大像山镇南街村

简　介：该村位于甘谷城内南街，辖4个村民小组，1975人。耕地面积527亩，均属水浇地，以种植小麦、玉米等农作物为主。解放后属于东南乡，1957年合作时属于高级社，1959年改称为城街大队，1964年与北街分队称南街大队，后更名为南街村并沿用至今。

1015 安远镇北川村

简　介：该村位于安远镇北部，散渡河谷，辖3个村民小组，2个自然村，人口882人，耕地面积1871亩，生产小麦、玉米。地势平坦，经济以农为主。因驻安远镇北面川里，故起名北川。

1016 磐安镇北坡寺村

简　介：该村位于磐安镇北部，耕地面积2136亩，主产小麦、玉米，人口1308人，所辖4个村民小组，1个自然村。地处半山半川地区，地势较平，以农为主。北坡寺是因寺庙得名，高级社时原属于南坡寺大队，后另建北坡大队，现为北坡寺村。

1017 礼辛镇上窑村

简　介：该村位于礼辛镇西南山区，辖5个自然村，6个村民小组，人口628人，耕地面积2057亩，主产小麦、洋芋等作物，经济以农为主。以村庄方位而得名，1974年分设魏家上窑大队，如今为上窑村。

1018 大庄镇城子村

简　介：该村地处大庄镇西北部，辖5个村民小组，4个自然村，732人，耕地面积2973亩，以农为主，产有小麦、洋芋、玉米等。解放初原为杨家富户，筑一小城，故名为杨城子，尚有残垣可见，后人简称城子，设城子大队，现为城子村并沿用至今。

1019 八里湾乡八里湾村

简　介：该村位于八里湾乡驻地，辖9个村民小组，6个自然村，人口1123人，耕地面积2794亩，主产小麦、玉米、洋芋等作物，均属山旱地，以农为主。因地处南起寨子山，北止金岘的八华里大湾中部，故名八里湾。

1020 金山镇半山村

简　介：该村位于金山镇偏南部，有耕地面积4208亩，主产有洋麦、小麦、洋芋。人口1944人，下辖9个村民小组，6个自然村，地属山区，以农为主。半山是以自然地理实体而得名。

1021 大像山镇土堆村

简　介：该村位于大像山镇西部，耕地面积320亩，种植小麦、高粱等农作物。人口454人，辖2个村民小组，1个自然村，地属川区，以农为主。该处四周平坦，其地高出一土堆，故此得名，1979年分社土堆大队，后改为土堆村。

1022 谢家湾乡马窑村

简　介：该村位于谢家湾乡南部，有耕地面积2121亩，主产小麦、洋芋等作物，人口1037人，辖5个村民小组，4个自然村，地处浅山区，以农为主。以姓氏及地理自然形状而得名，一直沿用至今。

1023 八里湾乡椿树岘村

简　介：该村位于八里湾乡南部，辖3个自然村，人口720人，耕地面积1463亩，主产小麦、玉米、洋芋等作物，均属山坡地，以农为主。地处山势低的地方，建村初有椿树，故名椿树岘。

1024 新兴镇颉家村

简　介：该村位于新兴镇以西，耕地面积2407亩，人口4212人，辖10个村民小组，一个自然村，地势较平，以农为主。以姓氏命名，一直沿用至今。

1025 白家湾乡白家湾村

简　介：该村位于甘谷县南部，北邻城关镇，东接六峰镇，南与天水市及古坡接壤。总面积64平方公里，地处山区，地形呈分布不规则正方形，有耕地面积37201亩，人口20060人，辖21村，60个自然村，经济以农为主。以姓氏命名，曾用名"刘家湾"乡、"八一乡"，1973年更名为白家湾公社，现为白家湾乡。

1026 礼辛镇董渠村

简　介：该村位于礼辛镇北部山区，辖7个自然村，6个村民小组，人口1312人，耕地面积3781亩，主产小麦、洋芋等作物，经济以农为主。以姓氏及自然地理实体组合得名，1968年改称东方红大队，1972年恢复董渠大队原称，现为董渠村。

1027 磐安镇西坪村

简　介：该村位于渭北黄土大山脚下，渭水从庄南冲流而下，多阳山坡地，357人，村内有1个村民小组。西坪，以方位及地形定名（与东坪相对而言），现为西坪村。

1028 新兴镇谢家村

简　介：该村位于新兴镇偏东，甘谷火车站东侧，有耕地面积1407亩，主产小麦、玉米。所辖14个村民小组，1个自然村，地处川区，以农为主。以姓氏得名，人民公社化属姚庄大队，1961年和姚家庄分开，成立谢家庄大队，现为谢家村。

1029 安远镇后川沟村

简　介：该村位于安远镇东北部山区，辖9个村民小组，8个自然村，1693人，耕地面积5668亩，以种植小麦、玉米等作物为主。以所处地形取名。

1030 磐安镇三十铺村

简　介：该村位于磐安镇东部，辖10个村民小组，3个自然村，人口3468人，耕地面积2533亩，地属川区，经济以农为主，产有小麦、玉米、辣子等。原称西三十铺，位于甘谷县城30华里而得名，解放后设三十铺乡，合作化设三十铺高级社，公社化为三十铺大队，为了与白家湾公社的三十铺大队于区别，地名普查中恢复"西三十铺"大队原称，现为三十铺村。

1031 安远镇李家堡村

简　介：该村位于安远镇西北部，西与谢家湾接壤，有耕地面积1633亩，主产小麦、洋芋，人口682人，所辖6个村民小组，两个自然村，地处山区。以农为主。以姓氏地理实体而得名。

1032 谢家湾乡谢家湾村

简　介：该村即谢家湾乡驻地处，有耕地面积2014亩，主产小麦、洋芋等作物，人口985人，辖4个村民小组，3个自然村，地处山区，以农为主。因村内群众多姓谢，且地处山梁之湾而得名。

1033 磐安镇新窑村

简　介：该村位于磐安镇东部，有耕地面积1265亩，主产小麦、黄豆、洋芋等，人口622人，所辖3个村民小组，2个自然村，地处半山阴湿地带，以农为主。新窑是以人工建筑而得名，在1974年建立大队时，设址于新窑，故称新窑大队，现为新窑村。

1034 白家湾乡尹家湾村

简　介：该村位于白家湾乡偏南部，有耕地面积1687亩，主产小麦、玉米、洋芋，人口882人，所辖6个村民小组，4个自然村，地处山区，经济以农为主。以姓氏及自然地理形状而得名，现为尹家湾村。

1035 大石镇榆树川村

简　介：该村位于大石北部山区，设7个村民小组，5个自然村，1477人，耕地2285亩，经济以农业为主，产有玉米、谷子等。榆树川解放后简称榆川，以地理实体而得名，合作化时为榆树川高级社，公社化后为榆树川大队，后改为榆树川村委，沿用至今。

1036 磐安镇甄家庄村

简　介：该村位于磐安镇东部，东与武家河公社相接，耕地面积2424亩，种植小麦、洋芋、玉米等作物，人口1222人，辖有6个村民小组，4个自然村，地处阴湿山区，以农为主。原名五家庄大队，因与十里铺等公社的"五家庄"同名，故更为甄家庄大队。

1037 武家河镇黑吓沟村

简　介：该村位于武家河村西南3公里处，辖4个自然村，6个村民小组。有人口963人，耕地面积1756亩。经济以农为主，以自然地理实体得名，沿用至今。

1038 六峰镇中洲村

简　介：该村位于六峰镇西北角3公里渭河畔，地处平川，辖7个村民小组，人口2627人，耕地面积694亩，经济以农业为主。产有小麦、高粱、辣子等。位于中滩河村，1958年命名为中洲村，沿用至今。

1039 磐安镇郭家山村

简　介：该村位于磐安镇最北部，与磐安镇接壤。有耕地面积2377亩，主产小麦、洋芋、玉米，人口906人，所辖4个村民小组，2个自然村。地处浅山山区，以农为主。郭家山是以姓氏地理实体组合得名，公社化后为郭家山大队，现为郭家山村。

1040 谢家湾乡麻柳村

简　介：该村位于谢家湾乡南部，有耕地面积1942亩，主产小麦、洋芋等作物，人口727人，辖4个村民小组，1个自然村，地处山区，以农为主。因该村生长麻柳树而得名。

1041 新兴镇姚庄村

简　介：该村有耕地面积873亩，甘谷火车站设在此地，主产小麦、洋芋、玉米，人口3136人，所辖4个村民小组，1个自然村，地处川区，以农为主。以姓氏得名，1957年与谢家庄并为姚家庄高级社，1958年公社化时改为姚家庄大队，现为姚庄村。

1042 安远镇菜子山村

简　介：该村位于安远镇西北山区，辖4个村民小组，7个自然村，人口1108人，总耕地面积3936亩，主产小麦、洋芋、玉米等，山大沟深，经济以农为主。原为广种菜籽之地，后建村庄沿用此名。

1043 西坪乡陈家湾村

简　介：该村位于西坪乡东北5公里，辖10个自然村，6个村民小组，人口837人。耕地面积2759亩，干旱瘠薄，主产小麦、洋芋等作物，以农为主。以姓氏命名，公社化时设陈家湾大队，后改为陈家湾村。

1044 西坪乡朱阳屲村

简　介：该村位于西坪乡西北部，辖9个自然村，6个村民小组，人口744人。耕地面积2885亩，主产小麦、玉米、谷子、洋芋等作物，以农为主。取朱家寺和阳屲末两村名的首字，又因地处山坡，故得名朱阳屲。

1045 古坡乡大卜峪村

简　介：该村驻大卜峪，有4个自然村由东向西10华里，人口567人，耕地面积1660亩，村庄中间籍河流过，村有林面积440亩，以种植小麦、麻、谷、洋芋蚕豆为主，当地蚕豆颗粒大，蛋白质含量高，大卜峪根据地理实体得名，位于籍河辖长谷地带，石头大，山峰较突出，解放初原属大坪乡，1961年又归古坡乡。

1046 大像山镇张家井村

简　介：该村位于大像山镇西部，耕地面积680亩，主产小麦、玉米等。人口1181人，辖4个村民小组，2个自然村，地属川区，以农为主。据当地传说，该村远祖姓张，开有一口井，方圆人常吃井水，并名叫此地为张家井。1961年成立公社时，沿用旧名，定为张家井大队，后改为张家井村。

1047 六峰镇巩家窑村

简　介：该村位于金坪乡山腰，辖8个村民小组，5个自然村，1586人，耕地面积2573亩，生产小麦、麻、谷、洋芋，属山坡地，经济以农为主。巩家窑是以姓氏而得名，解放初属金坪乡，1958年成立巩家窑后合于金坪乡，1973年恢复巩家窑，至今未变。

1048　磐安镇毛家坪村

简　介：该村位于磐安镇西部川区，辖4个村民小组，2个自然村，1119人，耕地面积1047亩，经济以农为主，产有小麦、玉米、辣子等。以姓氏及自然实体组合得名。公社化后成立毛家坪大队，现为毛家坪村。

1049　大石镇王家湾村

简　介：该村位于大石镇西北15公里山区，下设4个村民小组，3个自然村，707人，耕地1319亩，属为山坡地，以农为主，产有小麦、洋芋等。以姓氏地理实体而得名。合作化时为王家湾高级社，公社化后为王家湾大队，现为王家湾村。

1050　谢家湾乡大坪村

简　介：该村位于谢家湾乡北部，有耕地面积4203亩，主产小麦、洋芋等作物，人口1164人，辖5个村民小组，3个自然村，地处山区，以农为主。以姓氏地理实体而得名，沿用至今。

1051　安远镇巩川村

简　介：该村位于安远镇南部，散渡河东岸山脚，辖5个村民小组，两个自然村，1226人，耕地3185亩，生产小麦、洋芋，东高西低，地势平坦，经济以农为主。以姓氏得名。

1052　安远镇安坡村

简　介：该村位于安远镇北部山区，辖7个村民小组，人口1389人，耕地面积5842亩，以种植小麦、谷子、洋芋等作物为主。原名牛家安坡，简称安坡，以姓氏得名，沿用至今。

1053　磐安镇田家庄村

简　介：该村位于磐安镇东南部，相距约6公里，属高寒山区。有耕地面积356亩，多坡地，以种植小麦、玉米为主。人口173人。村内有1个村民小组，经济以农为主。以姓氏而命名，因村内大部分群众姓田，故命名为田家庄，现为田家庄村。

1054　八里湾乡寨子山村

简　介：该村位于八里湾乡南部，辖3个自然村，7个村民小组，人口939人，耕地面积1720亩，主产小麦、洋芋、玉米等作物，以农为主。相传此地建村时，修了一处防守用的栅栏，因坐落在山坡上，故名寨子山。

1055　六峰镇蒋家窑村

简　介：该村位于金坪乡西南部，约9公里处，与白家湾乡的柳家湾相邻，耕地面积509亩，属山旱地，生产小麦、麻、谷、洋芋，人口200余人，有3个村民小组，以农业为主。以姓氏而得名，解放初属苔霖乡，1958年后设蒋家窑，沿用至今。

1056　八里湾乡张家庄村

简　介：该村位于八里湾乡南部，辖6个自然村，7个村民小组，人口1566人，耕地面积2314亩，地势起伏较大，主产玉米、小麦、洋芋、谷子等作物，以农为主。以姓氏得名。因该村大部分群众姓张，故名张家庄。

1057　礼辛镇贾山村

简　介：该村位于礼辛镇南部山区，辖3个自然村，3个村民小组，人口758人，耕地2489亩，主产小麦、洋芋等作物，经济以农为主。以姓氏和自然地理实体得名，沿用至今。

1058　武家河镇吕家岘村

简　介：该村位于武家河西北部，地处山谷处，辖4个自然村，7个村民小组，有耕地面积1960亩，主要农作物为小麦、玉米、谷子、洋芋等，人口1038人，经济以农业为主。因村内大多数群众姓吕，村子建于山的豁岘处，故名吕家岘，沿用至今。

1059 谢家湾乡自坪村

简　介：该村位于谢家湾乡北部，有耕地面积1890亩，主产小麦、洋芋等作物，人口771人，辖3个自然村，4个村民小组，地处山区，以农为主。以地理实体得名，沿用至今。

1060 西坪乡马家山村

简　介：该村位于西坪乡以西8公里，辖9个自然村，6个村民小组，人口837人，耕地面积2995亩，气候干旱，土质瘠薄，主产小麦、洋芋等作物，以农为主。因该村居住马氏，又坐落在山坡上，故名马家山。

1061 磐安镇东崖村

简　介：该村位于磐安镇东北部，渭河北岸浅山区，辖4个村民小组，2个自然村，1287人，耕地面积1675亩，经济以农为主，产有小麦、洋芋、玉米等。据自然地理实体而得名，解放后属朱圉区，后建立东崖高级社，公社化后设腰崖大队，1978年底分建立东崖大队，现为东崖村。

1062 武家河镇秦家坪

简　介：该村位于武家河西北部，属浅山地区。有耕地面积1783亩，主要农作物有小麦、洋芋等。人口926人，经济以农业为主，所辖4个自然村，4个村民小组。以姓氏与自然实体得名。因村子建于坪上，村内大部分群众姓秦，故名秦家坪。

1063 八里湾乡金岘村

简　介：该村位于八里湾乡北部，辖5个自然村，9个村民小组，人口1269人，耕地面积2824亩，主产小麦、洋芋、玉米等作物，地势起伏较大，以农为主。以姓氏及地理实体组合得名。因该村大部分群众姓金，地处山梁豁岘处，故名金岘。

1064 八里湾乡冯坡村

简　介：该村位于八里湾乡西北部，辖12个自然村，10个村民小组，人口2011人，耕地面积3364亩，主产玉米、小麦、洋芋等作物，以农为主。以姓氏和地理实体组合而得名，沿用至今。

1065 礼辛镇徐坡村

简　介：该村位于礼辛镇东南山区，辖3个自然村，3个村民小组，人口705人，耕地面积1832亩，主产小麦、洋芋等作物，经济以农为主。以姓氏和自然地理实体得名，1968年与董岘大队合并称"向阳"大队，1974年恢复徐家坡大队建制，现为徐坡村。

1066 安远镇南城村

简　介：该村位于安远镇，辖4个村民小组，一街一村，1315人，耕地2795亩，地势平坦，以种植小麦、洋芋等作物为主。位于古柳州城遗址（古柳州城遗址待考）南城，故取名南城。

1067 新兴镇五甲庄村

简　介：该村位于新兴镇以西，有耕地面积820亩，主产小麦、玉米、蔬菜，人口1435人，所辖4个村民小组，1个自然村，地处川区，以农为主。以保甲制序数命名，1958年公社化后成立五甲庄大队，现为五甲村。

1068 白家湾乡小沟门村

简 介：该村位于白家湾乡西南部，属于高寒阴湿山区，相距约4公里。有耕地面积514亩，以种植小麦、玉米、洋芋等作物为主，有2个村民小组，经济以农为主，人口289人。以自然地理实体而得名，因村庄位于大沙沟上部两条小沟的沟门口处，故名小沟门，现为小沟门村。

1069 磐安镇杨家坪村

简 介：该村驻魏家坪，下设10个村民小组，分别住在5个自然村，1948人，耕地面积2921亩，土地大多在坪上，地势较平缓，以种植小麦、麻、谷、洋芋为主，村子有一个实验站，实验种植的优良品种，推广全乡，杨家坪是以姓氏和自然实体得名而成，1961年变更为磐安镇，后又划小为杨家坪，至今未变。

1070 磐安镇张家沟村

简 介：该村位于磐安镇西南部河谷，辖9个村民小组，3个自然村，1701人，耕地面积1408亩。经济以农为主，产有小麦、洋芋、玉米等。以姓氏及地处河谷而得名，公社化后建张家沟大队。因与谢家湾公社张家沟大队重名，地名普查中更名为西张家沟大队，现为张家沟村。

1071 西坪乡柴家湾村

简 介：该村位于西坪乡东南，辖7个自然村，4个村民小组，人口405人。耕地面积1277亩，干旱瘠薄，主产洋芋、小麦、玉米等作物，以农为主。以姓氏及地理实体组合得名。因该村群众姓柴，又处山坡湾曲地，故名柴家湾。

1072 八里湾乡徐家岔村

简 介：该村位于八里湾乡南部，辖9个自然村，9个村民小组，人口1139人，耕地面积2010亩，均为山坡地，主产小麦、洋芋等作物，以农为主。以姓氏和地理实体组合得名，1979年设徐家岔大队，后改为徐家岔村。

1073 谢家湾乡张家沟村

简 介：该村位于谢家湾乡西北部，有耕地面积2166亩，主产小麦、洋芋等作物，人口711人，辖5个村民小组，3个自然村，地处山区，以农为主。因该村大部分群众姓张，又地处沟南边，故名张家沟。

1074 古坡乡店子村

简 介：该村驻店子，下设4个村民小组，人口716人，耕地面积1685亩，以种植小麦、洋芋、蚕豆为主，并能种植药材当归，该村有七年制小学，该村有门诊部1处。店子传说是以开店而命名，解放初属店子乡，1959年至1960年属盘安，1961年又划为店子，1969年和古坡乡合并，为古坡乡管辖。

1075 安远镇黄河村

简 介：该村位于安远镇东北山区，辖6个村民小组，7个自然村，1180人，耕地面积4991亩，以种植小麦、谷子等作物为主。以地理实体为名，沿用至今。

1076 武家河镇秦家湾村

简 介：该村位于武家河村东北部，属浅山区，人口547人，耕地面积789亩，以经济农业为主，以姓氏与自然地理实体得名。原属艾家坪，1979年分为秦家湾村。

1077 白家湾乡李家湾村

简　介：该村位于白家湾乡西南部，西与古坡乡接壤，有耕地面积1210亩，主产小麦、洋芋、玉米，人口753人，所辖5个村民小组，4个自然村，地处山区，经济以农为主。因以姓氏及自然地理形状而得名，现为李家湾村。

1078 新兴镇令甲村

简　介：该村位于新兴镇以西，有耕地面积629亩，主产蔬菜、玉米。人口1358人，所辖5个村民小组，1个自然村，地处川区，以农为主，以姓氏及保甲制序数组合而得名，令是姓氏，甲是保甲制时的地丁税组织名称。

1079 磐安镇石沟村

简　介：该村位于磐安镇中部，耕地面积995亩，主产小麦、洋芋、玉米等，人口419人，所辖3个村民小组，4个自然村，地势起伏较大，交通不便，经济以农为主。石沟是以地理实体而得名，公社化时建立大队，因与西坪公社石沟大队重名，地名普查中更名石沟大队，现为石沟村。

1080 安远镇沙滩村

简　介：该村位于安远镇西南部，淹家沟东侧，耕地半山半川，粮食作物以小麦、玉米、洋芋为主，人口576人，该村有2个村民小组，经济以农为主。

1081 白家湾乡斜坡村

简　介：该村位于白家湾乡最南部，南边与古坡村和天水市相接，有耕地面积1405亩，主产小麦、洋芋、玉米。人口613人，所辖5个村民小组，4个自然村，地属山区，经济以农为主。斜坡位于马家河沟的斜坡上，故取名斜坡大队，原属于马家沟大队，1976年斜坡、杨家湾阳坡、鏊岘辖4个自然村，从马家河沟大队分出，成立斜坡大队，现为斜坡村。

1082 大像山镇北关村

简　介：该村位于甘谷城北关，辖4个村民小组1个自然村，3089人。地势平坦，西南略高于东北，总土地585亩，生产小麦、玉米、蔬菜，以农为主。解放后设北关乡，1957年合并于柳汁高级社，1966年设北关大队，后更名为北关村，沿用至今。

1083 八里湾乡陡湾村

简　介：该村位于八里湾乡南部，辖4个自然村，3个村民小组，人口611人，耕地面积924亩，主产小麦、玉米、洋芋等作物，以农为主。以地理实体得名。公社化时设陡湾大队，后改为陡湾村。

1084 谢家湾乡赵窑村

简　介：该村位于谢家湾乡南部，有耕地面积3484亩，主产小麦、洋芋等作物，人口1138人，辖6个村民小组，5个自然村，地处浅山区，以农为主。以姓氏及地理实体得名，沿用至今。

1085 安远镇阳坡村

简　介：该村位于安远镇东北部丘陵沟壑处，耕地多山坡地，少部分梯田平地，粮食作物以小麦、洋芋、玉米为主，人口230人，该村有2个村民小组，经济均以农为主。以地理实体得名，因苏家沟分南、北两村，该村坐落在上坡向阳处，故名阳坡。

1086 大石镇汪家下山村

简　介：该村位于大石镇东北3公里的山梁，辖7个村民小组，3个自然村，1296人。耕地 2159 亩，均属干旱山地，以农业为主。产有洋芋、小麦等。以姓氏地理实体而得名，公社化时设汪家下山大队，现为汪家下山村。

1087 西坪乡石坪村

简　介：该村位于西坪乡南部，辖 7 个自然村，6 个村民小组，人口 1384 人，耕地面积 2852 亩，土质瘠薄，主产小麦、洋芋、玉米等作物，以农为主。公社化建队时，石山与西坪两村组合得名，沿用至今。

1088 金山镇水家岔村

简　介：该村位于金山镇西北部，西与八里湾乡相邻。有耕地面积 6335 亩，主产小麦、洋芋、玉米。人口 2932 人。所辖 15 个村民小组，16 个自然村。地属山区，以农为主。水家岔是以自然地理实体而得名，一直沿用至今。

1089 安远镇山庄川村

简　介：该村位于安远镇西北部，与大石镇接壤，有耕地面积 1992 亩，人口 973 人。辖 7 个村民小组，8 个自然村，地处山区，以农为主。生产小麦、洋芋。以地理实体而得名。

1090 大石镇温岘村

简　介：该村位于大石镇北山顶，辖 4 个村民小组，3 个自然村，850 人。耕地 1512 亩，主产洋芋、小麦，属干旱山地，以农为主。以姓氏地理实体而得名，公社化后改为温岘大队，后为温岘村，沿用至今。

1091 大石镇牛川村

简　介：该村位于大石镇以东 2 公里，辖 8 个村民小组，5 个自然村，耕地 2073 亩，1330 人，以农业为主，产有小麦、玉米等。以姓氏地理实体而得名，合作化时为牛川高级社，公社化后为牛川大队，现为牛川村。

1092 磐安镇燕家庄村

简　介：该村位于磐安镇东部，渭河南岸川区。辖 6 个村民小组，2 个自然村，1906 人，耕地面积 847 亩。经济以农为主，产有小麦、玉米、洋芋等。以姓氏取名，公社化后为燕家大队，现为燕家庄村。

1093 大庄镇席家曲村

简　介：该村位于大庄镇北面高山区，辖 8 个村民小组，7 个自然村，1104 人。耕地面积 3717 亩，以农为主，产有小麦、洋芋、玉米等。根据姓氏及所处山势而得名。现为席家曲村。

1094 武家河镇杨河村

简　介：该村位于武家湾南部相距 10 公里，原高寒阴湿地区。所辖 6 个村民小组，5 个自然村，有人口 1123 人，村子建于山湾西部，属浅山区。耕地面积 2684 亩，均为坡地。以小麦、洋芋为主。人口 415 人。杨河原名杨家河，因村位于山沟边，村内大部分姓杨，故名杨河。

1095 大石镇贯寺村

简　介：该村位于大石镇东部，甘礼公路 23 公里处，耕地是半山半川，人口 804 人，有 4 个村民小组，经济以农为主，粮食作物有小麦、高粱、洋芋等。以寺贯得名。相传此地建村前有 1 所大寺贯，在清康熙二十一年地震时覆没，后来在庙旁建村，沿用贯寺为村名至今。

1096 白家湾乡刘家湾村

简　介：该村位于白家湾乡中部，有耕地面积 2089 亩，主产小麦、玉米、洋芋，人口 1103 人，辖 5 个村民小组，3 个自然村，地处山区，经济以农为主。以姓氏及自然地理形状而得名，现为白家湾村。

1097 八里湾乡杨家沟村

简　介：该村位于八里湾乡南部，辖 6 个自然村，10 个村民小组，人口 1550 人，耕地面积 2572 亩，均为山坡地，主产小麦、玉米、洋芋、谷子等作物，以农为主。因该村群众多姓杨，又坐落在丘陵沟壑边，故名杨家沟。

1098 安远镇阴坡村

简　介：该村位于安远镇偏西部，有耕地面积 2106 亩，主产小麦、洋芋。人口 707 人，所辖 3 个村民小组，3 个自然村，地处山区，盛产花椒，以农为主。以实体而得名。

1099 礼辛镇柏林村

简　介：该村位于礼辛镇东南山区，辖 9 个自然村，8 个村民小组，人口 979 人，耕地面积 3211 亩，主产小麦、洋芋等作物，经济以农为主。以寺庙之名为名，1958 年公社化时期设柏林大队，1968 年改称"向前"大队，1974 年恢复柏林大队原称，现为柏林村。

（十四）天水市武山县

1100 嘴头乡新泉村
简　介：新泉村是嘴头乡的一个行政村，位于嘴头乡西部，全村共有3个自然村，有164户，796人，农闲时期，人们以外出务工创业为主。当地全年降雨量较少，主要种植小麦、玉米、洋芋等旱作物。

1101 杨河乡现头村
简　介：现头村位于杨河乡东南部，总人口786人，总户数177户，4个自然村，其中洛家沟坐落于海拔2700多米的云雾山山腰。全村耕地面积2000亩，草原可利用面积1431亩。

1102 山丹乡赵山村
简　介：山丹乡赵山村位于山丹乡西南18公里，属于山区。现辖4个自然村，共有156户，617人。全村共有低保户39户，159人，五保户2户，2人，退伍优抚军人3人，残疾人10人，现有党员数19人，其中女党员1人。2013年人均纯收入为2780元。

1103 温泉乡双录村
简　介：双录村位于武山县东南部，属东南部二阴地区，年降水量757毫米左右，主要集中在6—9月；平均气温9℃，年日照2300小时，无霜期185天。全村辖4个自然村，现有306户，1450人，劳动力653人，耕地面积3962亩，人均耕地2亩。有村党总支1个，"两委"村班子有村干部4人。劳务及种植是村域主导产业，收入占农民经济总收入的80%以上。2013年农民人均纯收入2835元。全村现有贫困人口263户，1184人，占全村总人口的86.3%。

1104 高楼乡刘川村
简　介：刘川村是高楼乡政府驻地，地处漳河沿岸北侧，北靠北山，常年降水量200毫米。村庄依川势而建，比较集中。武高公路穿村而过，交通便利，水资源丰富。刘川村有2个自然村，全村共有308户，总人口1486人，其中劳动力人口786人。产业以农业为主，全村耕地面积2158亩（其中山地1586亩，水地572亩），主要农作物是玉米、小麦、马铃薯。村民收入以劳务输出和农业收入为主，有少量的户数养羊。

1105 桦林乡高河村
简　介：高河村现有225户，1083人，5个村民小组，有村干部4人，组干部1人。

1106 马力镇苗丰村
简　介：苗丰村是扶贫开发重点村，位于武漳公路沿线。全村有3个自然村，5个村民小组，350 户，1849 人。全村贫困户共 143 户，703 人，其中特困户 35 户，170 人。现有耕地 1997 亩（川水地 1200 亩，山地 797 亩），人均耕地 1.08 亩。2011 年，农民人均纯收入 2278.4 元。

1107 山丹乡阴山村

简　介：山丹乡阴山村位于山丹乡西南 20 公里，与马力镇接壤。共有 113 户，523 人，现有劳动力 294 人，其中男劳动力 160 人，女劳动力 134 人。现有党员数 22 人。主要支柱产业为种植业和劳务业，2013 年人均纯收入为 2660 元。

1108 城关镇坪塬村

简　介：坪塬村位于武山县城北部，距县城约 10 公里，现有 2 个自然村，3 个村民小组，共有户数 349 户，1569 人，劳动力 523 人，耕地 2881 亩，人均耕地面积 1.8 亩，2012 年人均收入 2300 元，以种植业和劳务输出为主导产业。

1109 四门镇兰屲村

简　介：兰屲村位于四门镇南部浅山区，距镇区 2 公里处，全村共有 2 个自然村，3 个村民小组，共 180 户，795 人，有正式党员 31 名，入党积极分子 5 名，全村总土地面积 1309 亩，其中水浇地面积 25 亩，现有砖木结构房屋 0.277 万平方米，公共设施房面积 0.045 万平方米，全村饮水以水窖为主。

1110 杨河乡庄科村

简　介：庄科村地处杨河乡东部，属二阴山区，耕地面积 2078 亩，一部分为山区，一部分为河滩地，海波高，河东由河东和大南岔组成。农作物种植以小麦、油菜、蚕豆和洋芋为主，同时附带种植胡麻等油料作物，全村家庭主要经济来源依靠外出务工，经济作物为辅助，全村退耕还林面积 1025.4 亩，人均纯收入达到 1840 元。

1111 嘴头乡鸣鼓村

简　介：鸣鼓村是嘴头乡的一个行政村，位于嘴头乡后片区，全村共有 3 个自然村，有 168 户，887 人。农闲时期，人们以外出务工创业为主。当地全年降雨量较少，主要种植小麦、玉米、洋芋等旱作物。村党支部、村委会有 3 名村干部。

1112 高楼乡陈门村

简　介：陈门村位于高楼乡政府东面，东接鸳鸯镇丁门村，处于漳河下游，是高楼乡的东大门。海拔 1820 米，降水量较少。村庄依地势而建，比较集中。陈门村有 2 个村民小组，常住人口 1398 人。主要产业以农业为主，全村耕地面积 4000 亩（旱地 3000 亩、水地 1000 亩）。主要农作物是航天辣椒、玉米、小麦、马铃薯和油菜。村民收入以劳务输出和农业收入为主，有少量的户数养羊。

1113 榆盘乡关儿村

简　介：关儿村辖关儿、孟家泉、大站、常湾、阳山、七湾、旧庄 7 个自然村。属温带半湿润气候，其特点是冬冷无严寒，夏热无酷暑，四季冷暖干湿分明。多年平均气温 7℃，生长期年平均 215 天，无霜期年平均 150 天。全村有 265 户，1307 人，耕地面积 3090 亩。

1114 滩歌镇代磨村

简　介：武山县滩歌镇代磨村位于武山县滩歌镇东部，距县城 27 公里，滩歌镇政府以东 1 公里，全村共有 3 个自然村，4 个村民小组，现有农户 143 户，672 人，其中劳动力 370 人，现有耕地面积 630 亩，人均耕地 0.9

亩。蔬菜种植、规模养殖、运输业和劳务输出是该村的主导产业。

1115 温泉乡棋盘村

简　介：棋盘村位于温泉乡南部，海拔1800米至2400米，属南部二阴地区，年降水量580毫米左右，主要集中在5-10月；平均气温7.6℃，无霜期110天。全村辖5个自然村，现有190户，851人，劳动力349人，耕地面积2120亩，人均耕地2.5亩。

1116 嘴头乡库洞村

简　介：库洞村位于咀头乡西部，有耕地面积2012亩，人均耕地面积2.58亩，有166户，785人，有劳动力435人。年降水量只有330 mm，年平均温度为15℃，无霜期为214天，适宜多种作物生长。全村主要种植作物有小麦、洋芋、玉米、油菜，共种植作物面积为2283亩，粮食总产量为239.4吨，农村经济总收入为187万元，农民人均纯收入为1540元。

1117 山丹乡贾河村

简　介：贾河村位于山丹乡境内，距政府所在地5公里，总户数326户，1377人。本行政区有3个村民小组，耕地面积1575亩，水田475亩，旱地830亩，河流1条，有桥2座。学校2所（贾河初中、水峪小学）。陇上农庄食用油加工厂1处，低保38户，137人，五保户7户，8人。孤儿2人，60岁以上老人191人，残疾人32人。党员48人（女党员4人），主要以种植蔬菜为收入，其次种植的有小麦、玉米、油菜籽、洋芋。

1118 四门镇三衙村

简　介：三衙村位于四门镇西北部山区，四马公路和大西河北侧。辖三衙、冯家台、四衙3个自然村，5个村民小组，278户，1251人。现有党员35人，劳动力735人。现有耕地面积1256亩，其中川水地42亩，山地1214亩。

1119 高楼乡独岭村

简　介：独岭村位于高楼乡西面，与漳县武当乡当中岭接壤，海拔2300米左右，年降水量350毫米。交通不便，距高楼乡12公里。全村共有4个村民小组，127户，总人口623人。农作物以小麦、胡麻、油菜、土豆为主，经济收入主要靠农作物种植和劳务输出。

1120 嘴头乡嘴头村

简　介：嘴头村是嘴头乡政府所在地，位于武山县东北部。属渭北干旱山区。全村有2个自然村，共有197户，940人。全村主要种植作物有小麦、洋芋、玉米、油菜，经济农作物以中药材为主。

1121 高楼乡常坪村

简　介：常坪村位于距高楼乡政府西面5公里处的半山上，北靠青阳山，南临坡边，海拔1820米，降水量较少。村庄依地势而建，比较集中。在高楼村西头有一座过水桥涵横跨漳河，经一条2公里的沙砾盘山路通村里。常坪村有2个村民小组，常住人口370人。主要产业以农业为主，全村耕地面积965亩，全是山地。主要农作物是玉米、小麦、马铃薯和油菜。村民收入以劳务输出和农业收入为主，有少量的户数养羊。

1122 高楼乡柳滩村

简　介：柳滩村位于高楼乡西南，大大沟西面的山上，海拔2000米左右，年降水量350毫米，属二阴山区。共有3个村民小组（柳滩、大埂栏、下马跛），128 户，总人口 612 人（其中男 314 人，女 298 人），共有耕地面积 3100 亩（山旱地 2900 亩、蔬菜园区水浇地 200 亩）。全村以种植大棚蔬菜及小麦、豌豆、胡麻、土豆为主，经济收入主要靠大棚辣椒种植和劳务输出。

1123 马力镇柴庄村

简　介：柴庄村是扶贫开发重点村，位于武山县马力镇西端的龙川河畔。全村有 2 个自然村，5 个村民小组。现有耕地 1554 亩（川水地 454 亩，山地 1100 亩），人均耕地 0.9 亩。2011 年，农民人均纯收入 3470 元。

1124 温泉乡中坝村

简　介：中坝村位于武山县东南部，全村辖区 4 个自然村，先有 172 户，811 人，劳动力 434 人。耕地面积 1556 亩，人均耕地 1.9 亩。有村党支部 1 个，党员 21 名。两委村班子有村干部 3 人。劳务及种植是村域主导产业，收入占农民经济收入的 80% 以上。2013 年农民人均纯收入 2714.3 元。

1125 马力镇姚峰村

简　介：姚峰村位于武山县西南部，全村辖 4 个自然村，现有 222 户，1112 人，劳动力 669 人，耕地面积 3087 亩，全部为山地，人均耕地 2.78 亩。劳务及种植是村域主导产业，收入占农民经济总收入的 80% 以上。2011 年农民人均纯收入 3063 元。

1126 沿安乡泉峪村

简　介：全村 120 户，538 人，有上泉峪、下泉峪 2 个自然村；其中上泉峪 26 户，121 人，下泉峪 94 户，417 人；有耕地面积 1200 亩，农作物以小麦、马铃薯、油菜、蚕豆为主，经济来源以种植中药材和外出务工为主。

1127 温泉乡小南村

简　介：小南村位于武山县东南部，全村有 3 个自然村，共有 198 户，956 人。耕地面积 2143 亩。党支部 1 个，23 名党员。主要收入来源为种植、养殖和劳务输出。2013 年全村人均纯收入 2831 元。

1128 鸳鸯镇大林村

简　介：大林村地处鸳鸯镇北部山区，有 268 户人，总人口数 1310 人（其中男 709 人，女 601 人）。总土地面积 3330 亩，人均产粮 314 公斤。

1129 高楼乡八营村

简　介：八营村位于高楼乡南面，距高楼乡政府 5 公里，东接玉林村，西临斗敌村。八营村有 4 个村民小组，常住人口 1000 多人。主要产业以外出务工为主，全村耕地面积 3445 亩，全是山地。主要农作物是玉米、小麦、马铃薯。村民收入以劳务输出和农业收入为主，有少量的户数养羊。

1130 马力镇山庄村

简　介：山庄村是扶贫开发重点村，全村有 3 个自然村，175 户，860 人，劳动力 469 人，贫困户 158 户，708 人，占总人口的 90%。现有耕地 1673 亩，人均耕地 2.2 亩。2011 年，农民人均纯收入 3100 元。

1131 温泉乡李子沟村

简　介：李子沟村位于武山县最南部，年降水量 580 毫米左右，主要集中在 5-10 月；平均气温 5.7℃，年日照 1800 小时，无霜期 110 天。全村辖 2 个自然村，现有 315 户，1307 人，劳动力 619 人，耕地面积 3456 亩，人均耕地 2.64 亩。

1132 桦林乡寨子村

简　介：寨子村现有168户，874人，3个村民小组，有村干部2人。自来水受益农户140户，617人；2005年新修高崖至寨子农二级公路1条；通电、通电话。全村总耕地2452亩，其中山地2452亩。

1133 高楼乡吴坪村

简　介：吴坪村位于高楼乡北面，海拔1800米左右，年降水量300毫米。交通基本便利，宽阔的村路直通丁高公路。吴坪村共有3个自然村，230户，1198人（其中男650人，女548人），共有耕地面积7396.7。农作物以小麦、玉米、胡麻为主，经济收入主要靠农作物种植和劳务输出。

1134 咀头乡张沟村

简　介：张沟村是咀头乡23个行政村之一，耕地面积2752亩，人均耕地面积2.46亩，位于咀头乡北部，年降水量只有330㎜，年平均温度为13℃，无霜期为214天，适宜多种作物生长。全村有3个自然村，共有225户，1117人，有劳动力647人（其中女劳力289人）。全村主要种植作物有小麦、洋芋、玉米、油菜，共种植作物面积为335亩，粮食总产量为327.5吨，农村经济总收入为266.2万元，农民人均纯收入为1260元。

1135 洛门镇龙泉村

简　介：龙泉村位于镇区以北1.5公里处，城咀公路横穿村境。有346户，1458人，现有耕地892亩，其中川水地530亩。人均纯收入3880元，主要产业是蔬菜种植与劳务输出，是蔬菜园区建设重点村之一。

1136 沿安乡川儿村

简　介：全村198户，984人，有川儿、苟家山2个自然村，其中川儿161户，802人，苟家山37户，182人；有耕地面积2022亩，农作物以小麦、马铃薯、油菜、蚕豆为主，经济来源以外出务工为主。

1137 滩歌镇柳坪村

简　介：柳坪村位于滩歌镇东南部，离镇区6公里，全村有自然村3个，户数及人口各为219户，1098人。有耕地面积1590亩，人均占有1.3亩。2011年全村人均纯收入2650元。

1138 桦林乡陈嘴村

简　介：陈嘴村现有61户，315人，3个村民小组，通电话。全村总耕地968亩，其中山地968亩；粮食作物播种面积630亩。

1139 马力镇张坪村

简　介：张坪村是扶贫开发重点村，全村有3个自然村，215户，1017人，劳动力683人，贫困户178户，764人，占总人口的75%。现有耕地2600亩，人均耕地2.5亩。2011年，农民人均纯收入3090元。张坪村农业基础相对较好，村主干道及田间道路宽度均达3米以上，村主巷道硬化1800米。

1140 滩歌镇卢坪村

简　介：卢坪村位于滩歌镇镇区南部2公里处的半山区，交通便利，光热充足。全村有3个村民小组，共有236户，总人口1098人，劳力521人。全村耕地面积956亩，全部为旱地。适合种植小麦、玉米、油菜等农作物。2011年全村的人均纯收入为3200元。

1141 山丹乡周庄村

简　介：山丹乡周庄村位于县城西北3公里处，辖2个自然村，6个村民小组，共有615户，

2560 人，现有党员 72 名，其中女党员 10 名。行政区域面积为 5.83 平方公里，总耕地面积为 3215 亩，2013 年人均纯收入 5580 元。

1142 龙台乡贾山村

简　介：贾山村有冯家沟、旧庄、贾山 3 个自然村，170 户，759 人，耕地面积 1187 亩，人均 1.57 亩。主要农作物有小麦、洋芋、油菜、蚕豆等，人均纯收入 3704 元。

1143 高楼乡纸碾村

简　介：纸碾村位于高楼乡政府西面 3 公里处的漳河南岸，海拔 1820 米，降水量较少。村庄依漳河河谷而建，呈带状分布，村庄比较零散。纸碾村共有 3 个自然村，5 个村民小组，常住人口 263 户，1304 人。产业以农业为主，全村耕地面积 1987 亩，其中水地 272 亩。水地主要种植蔬菜，主要农作物是玉米、小麦、马铃薯和油菜。

1144 榆盘乡梁沟村

简　介：梁沟村辖梁家沟、高湾、王湾、符湾、大庄 5 个自然村。属温带半湿润气候，其特点是冬冷无严寒，夏热无酷暑，四季冷暖干湿分明。多年平均气温 7℃，生长期年平均 215 天，无霜期年平均 150 天。全村有 200 户，923 人，耕地面积 3121 亩。

1145 高楼乡泄兵村

简　介：该村位于高楼乡西南，与漳县武当乡当中岭村相接，海拔 2200 米左右，年降水量 300 毫米。交通基本便利，宽阔的村路直通"付叶"公路。全村共有 3 个村民小组，238 户，总人口 1104 人（其中男 607 人，女 497 人），共有耕地面积 3784 亩。农作物以小麦、玉米、胡麻、油菜、土豆为主，经济收入主要靠中药材、大豆种植和劳务输出。

1146 洛门镇郭台村

简　介：郭台村现有 4 个村民小组，农户 245 户，总人口 1115 人。总耕地面积 1544.5 亩。蔬菜和果品种植面积 482.6 亩。人均耕地面积 1.39 亩。

1147 鸳鸯镇鸳鸯村

简　介：鸳鸯村位于鸳鸯镇政府所在地，是鸳鸯镇扶贫开发重点村，共有 6 个村民小组，738 户，4029 人，共有党员 71 名，耕地总面积 1967 亩，2011 年，农民人均纯收入 3450 元。

1148 嘴头乡何去村

简　介：何去村是嘴头乡的一个行政村，位于嘴头乡东部，全村共有 4 个自然村，有 104 户，495 人，农闲时期，人们以外出务工创业为主。当地全年降雨量较少，主要种植小麦、玉米、洋芋等旱作物。村党支部、村委会有 3 名村干部。

1149 嘴头乡杜井村

简　介：杜井村是嘴头乡的一个行政村，位于嘴头乡东部，全村共辖 2 个自然村，86 户，408 人。农闲时期，人们以外出务工为主。

1150 马力镇付门村

简　介：付门村位于武山县西南部武漳公路旁，距马力镇区 6 公里，榜沙河纵贯全村，交通和灌溉条件十分便利。全村有 4 个自然村，9 个村民小组，696 户，3204 人，耕地总面积 2444 亩，其中川水地 1845 亩，人均耕地面积 0.76 亩，2011 年农民人均纯收入 3154 元。

1151 滩歌镇魏山村

简　介：魏山村位于滩歌镇东部边缘山区，距镇政府 5 公里。处在四马公路两侧，交通便利，光热充足。全村有 3 个村民小组，共有 146 户，总人口 711 人，劳力人数 345 人，全村耕地面积 943 亩，人均耕地 1.33 亩，全部为旱地。适合种植小麦、玉米、油菜等农作物。

1152 滩歌镇松山村

简　介：松山村位于滩歌镇西南部，离镇区 8 公里，全村有 478 户，2294 人，其中扶贫户 154 户，724 人，扶贫低保户 66 户，336 人，低保户 58 户，200 人，有耕地面积 4750 亩，2011 年全村人均纯收入 3098 元。

1153 山丹乡任山村

简　介：山丹乡任山村位于山丹乡西南 18 公里，属于山区。现辖 2 个自然村，共有 256 户，1250 人。2013 年人均纯收入为 2680 元。主要支柱产业为种植业和劳务业，因没有川水地，农业种植品种单一，村集体经济薄弱。

1154 杨河乡杨楼村

简　介：杨楼村位于乡政府以北 2.5 公里处，辖区内有 2 个自然村，172 户人家，总人口 805 人。其中小康户 4 户，19 人；富裕 7 户，32 人；温饱户 129 户，587 人；贫困户 32 户，167 人。耕地面积 1057 亩，到户林地面积 1021.1 亩，集体草地 1626 亩，大小牲畜 328 头。2011 年人均纯收入 1920 元。

1155 山丹乡漆河村

简　介：漆河村位于山丹河西岸，距离县城 16 公里，部队公路穿村而过，交通十分便利，地理位置优越。全村有 208 户，997 人，1 个自然村，4 个村民小组。耕地总面积 1969 亩，其中川水地 672 亩，人均耕地 1.98 亩，全村共有党员 34 人。

1156 马力镇民武村

简　介：民武村位于武山县马力镇南端的榜沙河畔，全村有 2 个自然村，4 个村民小组，241 户，1256 人，劳动力 750 人，贫困户 36 户，160 人，占总人口的 13%。现有耕地 1501 亩（川水地 957 亩，山地 544 亩），人均耕地 1.2 亩，2011 年，农民人均纯收入 3160 元。

1157 四门镇上湾村

简　介：上湾村位于四门镇的北边，与行政村隔河相望，南河边上，洛礼公路在村中穿过，有 2 个自然村，189 户，总人口 844 人，行政区总面积约 4.5 平方公里，总耕地面积为 843 亩，山地面积为 247 亩，山林面积为 100 亩。

1158 杨河乡赵河村

简　介：赵河村地处杨河乡西部，属于二阴山区，全村拥有耕地 790 亩，一部分为山地，一部分为河流滩地，海拔较低。全村有 4 个村民小组，分布在景河组、赵河组、山庄、李堡组。人口 566 人，户数 137 户。农作物以种植为主，种植小麦、菜籽和洋芋等作物，同时附带种植胡麻等经济作物。

1159 鸳鸯镇麻山村

简　介：麻山村位于鸳鸯镇西南，漭河与漳河相交 5 公里的山下，海拔 1800 米左右，年降水量 300 毫米。交通基本便利，宽阔的村路直通武漳公路。全村共有 2 个村民小组，140 户，总人口 717 人（其中男 367 人，女 350 人），共有耕地面积 3300 亩。农作物以小麦、高粱、油菜、土豆为主，经济收入主要靠农作物种植和劳务输出。

1160 马力镇马力村

简　介：马力镇马力村位于武山县西南部，是马力镇政府所在地，全村现有 6 个村民小组，728 户，2862 人，劳动力 1913 人，耕地面积 2159 亩，人均耕地 0.75 亩。有村党总支 1 个，"两委"班子有村干部 4 人。商贸、劳务及种植是村域主导产业，收入占农民经济总收入的 80% 以上。2011 年农民人均纯收入 3520 元。

1161 高楼乡张门村

简　介：张门村位于高楼乡西南方位，东接斗敌村，西邻叶兵村，南靠大坪村，北连柳滩村，东西宽 0.8 公里，南北长 1 公里，面积 0.8 平方公里，距离村政府所在地 16 公里。全村共有 3 个村民小组，100 户，496 人，耕地面积 1299 亩，人均 2.6 亩。形成两梁一沟地域分布，地势高低相差悬殊，呈阶梯状分布，海拔 1800～2780 米之间，气候干旱，蒸发量大，无霜期短。

1162 沿安乡李庄村

简　介：全村 260 户，1223 人，有李家庄、小李庄 2 个自然村；其中沟门下 192 户，905 人，小李庄 68 户，318 人。有耕地面积 2047 亩，农作物以小麦、马铃薯、油菜、蚕豆为主，经济来源以外出务工为主。

1163 沿安乡郭山村

简　介：全村 219 户，1025 人，有田家山、火烧山、王家山 3 个自然村；其中田家山 79 户，380 人，火烧山 94 户，432 人，王家山 46 户，213 人。有耕地面积 1806 亩，农作物以小麦、马铃薯、油菜、蚕豆为主，经济来源以种植中药材和外出务工为主。

1164 鸳鸯镇砚峰村

简　介：砚峰村地处鸳鸯镇北面，西与桦林乡赵坪村接壤。316 国道、陇海铁路依村而过，交通四通八达，渭河蜿蜒而来，与榜沙河交汇，所以该村交通便利，水资源丰富。全村共有村民小组 7 个，共有 560 户，总人口 2816 人（其中男 1410 人，女 1406 人）。共有耕地面积 1791 亩（其中水地 1000 亩，山地 791 亩）。农作物以小麦、玉米、油菜为主，经济收入主要靠劳务收入。

1165 山丹乡贺店村

简　介：贺店村位于山丹乡东部，濒临 316 国道。辖 3 个村民小组，现有总人口 502 户，1921 人，有劳动力 1069 人。总耕地面积 1545 亩，其中水地占 599 亩。现有党总支 1 个，党支部 4 个，党员 58 人，其中女党员 15 人。2013 年人均纯收入为 5150 元。

1166 龙台乡大庄村

简　介：大庄村有大坪、东梁、贾家湾、漆家山、大庄 5 个自然村，306 户，1447 人。耕地面积 2380 亩，人均 1.68 亩。主要农作物有小麦、洋芋、油菜、蚕豆等，主导产业为劳务输出，人均纯收入 4044 元。

1167 山丹乡丁湾村

简　介：山丹乡丁湾村位于县城西南 17 公里处，属山区村，交通不便，吃水困难。现辖 4 个自然村，共有 217 户，997 人。

1168 桦林乡孙堡村

简　介：孙堡村现有 187 户，870 人，3 个村民小组，有村干部 3 人，组干部 1 人。牛庄至包门的南沟公路穿村而过，通电、通电话。全村总耕地2130亩，其中山地1878亩，川地152亩，水浇地100亩。粮食作物播种面积2040亩，粮食总产量321.5吨，其中小麦种植750亩，产量70吨，玉米种植面积480亩。

1169 沿安乡冯山村

简　介：全村276户，1346人。有冯家山、黑猫山、画匠沟、阳坡、桥子、咀儿6个自然村。其中冯家山52户，275人，黑猫山91户，420人，画匠沟36户，186人，阳坡29户，138人，桥子42户，204人，咀儿26户，123人。有耕地面积3034亩，农作物以小麦、马铃薯、油菜、蚕豆为主，经济来源以外出务工为主。

1170 四门镇周咀村

简　介：周咀村位于四门镇北部山区，全村共有9个自然村，413户，1828人，劳动力863人。耕地面积2918亩，全村以种植小麦、油菜、玉米、旱作蔬菜为主。外出务工人员546人次，购买农用车40多台，微耕机80多台，打麦机90多台。

1171 嘴头乡彭坡村

简　介：彭坡村有2个自然村，耕地面积1775亩，人均耕地面积2.5亩。位于嘴头乡北部，年降水量只有330mm，年平均温度为15℃，无霜期为214天，适宜多种作物生长。全村共有147户，706人，有劳动力415人。全村主要种植作物有小麦、洋芋、玉米、油菜等，共种植作物面积为240亩，粮食总产量为222.8吨，农村经济总收入为135.5万元，农民人均纯收入为1235元。旱作农业在宋坡村得到了全面有效的发展。

1172 滩歌镇大麻村

简　介：大麻村位于滩歌镇镇区东部15公里处的山区，与山丹乡、龙台乡、君山林场相邻。全村有4个村民小组，有3个自然村（大蚂蚱、能干来、秦家崖），共有215户，总人口1030人，人均纯收入2053元，劳力人数510人，全村耕地面积1800亩。适合种植小麦、玉米、油菜等农作物。

1173 沿安乡马蹄沟村

简　介：全村164户，760人，有马蹄沟、安上2个自然村，其中马蹄沟116户，551人，安上48户，209人；有耕地面积1765亩，农作物以小麦、马铃薯、油菜、蚕豆为主，经济来源以外出务工为主。

1174 洛门镇关山村

简　介：关山村是扶贫开发重点村，位于洛门镇东南7公里处，属浅山半干旱地区。全村有1个自然村，2个村民小组，126户，562人。现有耕地937亩，人均耕地1.7亩。关山村以传统种植和劳务输转为主。

1175 龙台乡山羊坪村

简　介：山羊坪村辖山羊坪、大山2个自然村。436户，2138人，耕地面积2108亩，人均1亩。主要农作物有小麦、洋芋、油菜、蚕豆等，人均纯收入1872元。

1176 榆盘乡康沟村

简　介：康沟村辖康家沟、川地、高家沟、张家庄、程山、石坪、阴坡、尹堡、潘家山9个自然村。属温带半湿润气候，其特点是冬冷无严寒，夏热无酷暑，四季冷暖干湿分明。多年平均气温7℃，生长期年平均215天，无霜期年平均150天。全村共有260户，1273人。全村耕地面积4119亩。

1177 龙台乡东沟村

简　介：东沟村辖中庄、咀背后、何家湾、油付沟4个自然村。172户，832人，耕地面积1186亩，人均1.46亩。主要农作物有小麦、洋芋、油菜、蚕豆等，人均纯收入3664元。

1178 桦林乡柒坪村

简　介：柒坪村现有178户，896人，4个村民小组。有村干部2人，组干部1人。自来水受益农户160户，700人；2006年新修包门至柒坪5公里的农路；通电、通电话。农村适龄儿童入学人数64人，男24人，女40人；有教学点1个，在校学生10人，代课教师1人；享受五保人数1人，参加新型农村合作医疗人数847人。劳动力资源总数519人，乡村从业人员448人。全村总耕地2198亩，其中山地2198亩；粮食作物播种面积2150亩，粮食总产量306.4吨。

1179 温泉乡英嘴村

简　介：英嘴村位于武山县西南部，全村辖10个自然村，现有196户，937人，劳动力400人。耕地面积1712亩，人均耕地1.9亩，村党支部1个，党员37人，"两委"班子有村干部3人。英嘴村农民生活用水是水窖水，外出务工是村域主导产业，收入占农民经济总收入的80%以上。2013年农民人均纯收入2480元。

1180 嘴头乡罗坡村

简　介：罗坡村是嘴头乡的一个行政村，位于嘴头乡后片区。全村共有4个自然村，有135户，784人，农闲时期，人们以外出务工创业为主。当地全年降雨量较少，主要种植小麦、玉米、洋芋等旱作物。

1181 桦林乡鲍湾村

简　介：鲍湾村现有315户，1527人，4个村民小组。全村总耕地3795亩，其中山地3795亩；粮食作物播种面积3330亩，粮食总产量534.1吨。

1182 高楼乡高楼村

简　介：高楼村位于漳河沿岸，距高楼乡政府所在地5公里，丁高公路横穿全境，东接八院村，西临高尧村，降水量较少。村庄依丁高公路而建，比较集中。高楼村有2个自然村，5个村民小组，256户，常住人口1106人，其中劳动力619人。全村耕地面积1701亩，其中水地160亩。主要农作物有玉米、小麦、马铃薯和油菜及设施蔬菜。村民收入以劳务输出和农业收入为主。

1183 洛门镇新龙村

简　介：新龙村位于武山县东部，距洛门镇政府所在地2.5公里。316国道贯穿村子而过，交通便利。有3个自然村，现有农户426户，共约1823人。全村以种植蔬菜和务工为主，全村耕地面积为1503亩。

1184 鸳鸯镇盘古村

简　介：盘古村地处"丝绸之路"左道之上，鸳鸯镇南约5公里处，辖区占地面积12平方公里。现有人口550户，总人口3043人。现有耕地面积3050亩。村庄三面环山，一面临水，特别是依村而过的磅沙河清澈见底，无污染，四季不竭。

1185 沿安乡中川村

简　介：全村246户，1137人，辖漆家庄、祝家那坡里、窑坡上、管家沟、交河湾、烂泥滩6个自然村。其中高堡子19户，91人，漆家庄107户，466人，祝家那坡里32户，

146人，管家沟25户，126人，交河弯42户，210人，烂泥滩21户，98人；有耕地面积2091亩，农作物以小麦、马铃薯、油菜、蚕豆为主，经济来源以种植中药材和外出务工为主。

1186 四门镇西川村

简　介：西川村位于四门镇南部山区，距镇区4公里，四马公路和大西河穿村而过，辖宋家堡、大柳树、汪家庄3个自然村，248户，1087人（男560人，女527人），现有党员36人，其中女党员7人，劳力520人。全村共有耕地面积1347亩，其中川水地31亩，山地1316亩，全村以种植小麦、玉米、油菜、蚕豆、蔬菜为主。

1187 马力镇高山村

简　介：高山村位于武山县马力镇东北部，全村辖4个自然村，现有174户，817人，劳动力515人，耕地面积1972亩（山地1000亩、川地972亩），人均耕地2.41亩。村党支部1个，党员27人（其中女党员2人），村干部3人。村民生活用水是旱窖，2011年农民人均纯收入3101.9元。

1188 滩歌镇王磨村

简　介：王磨村地处滩歌北面峡谷地带的基口，与山丹乡漆家河村相连，贺岷公路从全村通过，是武山县进入滩歌的北大门。全村由王磨、水峪沟、窑上、崖湾、观下5个自然村组成，距镇政府驻地约5公里。全村共有415户，1810人，党员37人，共有劳动力1252人，其中外出约451人，约占36%。耕地总面积1812亩，人均占有1亩。2011年人均纯收入2889元。

1189 洛门镇北街村

简　介：北街村位于洛门镇区以北，渭河北岸，天定高速、城咀公路穿村而过，地理位置优越，交通便利。该村现有2个自然村，有425户，1478人，区域面积586.4亩。

1190 杨河乡闫山村

简　介：闫山村位于杨河乡西南部，紧邻杨岷公路，属典型的二阴山区，海拔2320米，海拔高度属全乡19个行政村之冠。全村有178户，810人，由于土地贫瘠，无支柱产业，导致大量劳动力外流，有丰富的人力资源不能很好地利用。农作物种植面积原来有1381亩，人均1.83亩，退耕还林后人均不到1.2亩。

1191 龙台乡阳屲村

简　介：阳屲村辖河内、下阳山、师家泉、能干上、东庄里5个自然村。有259户，1317人，耕地面积2176亩，人均1.67亩。主要农作物有小麦、洋芋、油菜、蚕豆等，主导产业为劳务输出，人均纯收入4361元。

1192 榆盘乡四湾村

简　介：四湾村辖四湾、火盆咀2个自然村。属温带半湿润气候，其特点是冬冷无严寒，夏热无酷暑，四季冷暖干湿分明。多年平均气温7℃，生长期年平均215天，无霜期年平均150天。全村共159户，784人，耕地面积2310亩。

1193 嘴头乡金银村

简　介：金银村是嘴头乡的一个行政村，位于嘴头乡东部，全村共有3个自然村，有149户，748人，农闲时期，人们以外出务工创业为主。当地全年降雨量较少，主要种植小麦、玉米、洋芋等旱作物。

1194 桦林乡高崖村

简　介：高崖村现有190户，873人，3个村民小组，有村干部3人。全村自来水受益户数145户，721人。牛庄至包门的南沟公路穿村而过，武山至高河的公交车通过该村，交通便利。全村劳动力资源总数504人，乡村从业人员435人，全村总耕地2130亩，其中山地1878亩，川地152亩，水浇地100亩；粮食作物播种面积2040亩，粮食总产量321.5吨。

1195 滩歌镇代沟村

简　介：滩歌镇代沟村位于滩歌镇东部2公里处，住房依山而建，全村有286户，1285人。耕地面积1602亩，人均耕地1.3亩。党员人数35人。劳动力700人左右，其中外出务工人员达到450人左右。2011年全村人均纯收入3096元。该村土地多为山地，主要种植小麦、油菜、洋芋等作物。饮水主要有自来水和井水，国家级非物质文化遗产——武山旋鼓舞在该村得到了很好的发扬和传承，曾多次在天水、兰州、西安、北京等地的重大活动上表演，得到了较好的赞誉。

1196 嘴头乡党口村

简　介：党口村系嘴头乡的一个行政村，位于嘴头乡西北部，全村共辖4个自然村，5个村民小组，共有144户，627人。全村耕地面积1111亩，人均1.8亩，以种植小麦、油菜、洋芋、玉米为主。

1197 温泉乡聂河村

简　介：聂河村位于温泉乡政府南面5公里处，海拔约1700米，无霜期110～140天，日照时间年平均1400～2000小时左右，年平均气温5.1℃～7.2℃，年平均水量500～588毫米左右，山大沟深，夏无酷暑，冬无严寒，但经济条件差，经济、文化落后，群众生活家底薄、基础差。全村共辖6个自然村，6个村民小组，全村现有住户224户，总人口1016人，耕地面积2163亩，人均耕地2.13亩。务农及外出务工是村民的主要收入来源，占总收入的90%以上。2013年农民人均纯收入2810.5元。

1198 滩歌镇兴城村

简　介：兴城村地处武山县滩歌镇南部山区，距镇区5公里，辖自然村4个，全村共有356户，总人口1630人，劳动力860人。有耕地面积1230亩，其中川水地60亩，人均占有耕地0.7亩。2011年全村农民人均纯收入为1500元。该村属南部高寒阴湿山区，地处小陇山林场地边缘区，海拔1860～2210米之间，雨量充沛，但光照不足，年平均气温8.3℃，最热月平均气温18.5℃，最冷月平均气温−6.8℃，≥0℃积温2750℃，≥10℃积温2106℃，无霜期165天，年日照时数2480小时，年降雨量630毫米左右。生态环境好，土壤以沙壤土为主，土层浅，有机质含量高，交通较为便利，贺岷公路从旁穿过，水资源丰富，山丹河流经村境。

1199 马力镇余寨村

简　介：余寨村位于武山县东南部，榜沙河从村旁流过。全村辖2个自然村，现有403户，2027人，劳动力1147人。耕地面积2092亩，其中水地1500亩，人均耕地1.03亩。余寨村农民生活用水是井水，农业是村域主导产业，收入占农民经济总收入的90%以上。2011年农民人均纯收入3240.5元。

1200 桦林乡天衢村

简　介：天衢村现有135户，658人，3个村民小组，有村干部1人。全村总耕地1380亩，其中山地794亩，川地236亩，水浇地350亩；粮食作物播种面积1340亩，粮食总产量252.5吨，其中小麦种植640亩，产量71吨，玉米种植面积530亩。

1201 桦林乡牛庄村

简　介：牛庄村现有183户，878人，2个村民小组，有村干部3人。天定高速公路依村而过。农村适龄儿童116人，其中男60人，女56人，适龄儿童入学人数116人，男60人，女56人；有小学1所，在校学生407人，专职教师8人；享受五保人数1人，参加新型农村合作医疗人数841人。全村总耕地1975亩，其中山地1515亩，川地350亩，水浇地310亩；粮食作物播种面积1890亩，粮食总产量349.1吨，其中小麦种植810亩，产量89吨，玉米种植面积750亩，产量217.5吨，其他粮食作物种植190亩，产量18.9吨；豆类种植10亩，产量0.9吨；马铃薯种植130亩，产量22.8吨；油料作物种植180亩，产量17.3吨；蔬菜种植620亩，产量871吨。

1202 龙台乡青山村

简　介：青山村辖青山、吴家沟、岸沟3个自然村。316户，1440人，耕地面积2750亩，人均1.92亩。主要农作物有小麦、洋芋、油菜、蚕豆等，人均纯收入3550元。

1203 四门镇候堡村

简　介：候堡村位于武山县四门镇南部，距离镇中心约3.5公里，海拔大约在1570～2700米左右，属温带大陆性季风气候，平均日温度为9.3℃。无霜期约为185天左右，年均日照约为2330小时，降水量为550毫升左右。全村总户数180户，总人口为778人。全村共分为河西、河东2个自然村，4个村民小组，区域总面积为2475亩，其中耕地面积926亩，交通用地8.5亩，有效灌溉面积为61亩。

1204 桦林乡谢坡村

简　介：谢坡村现有203户，936人，3个村民小组，有村干部2人。自来水受益户数180户，786人；通公路、通车、通电、通电话，宝兰二线、316国道横贯穿东西，拟建的天定高速公路依村而过。全村总耕地1580亩，其中山地1240亩，川地210亩，水浇地130亩。

1205 榆盘乡徐黄村

简　介：徐黄村辖山庄、东家沟、李家沟、徐黄、曲湾、林家地、七家岘7个自然村。属温带半湿润气候，其特点是冬冷无严寒，夏热无酷暑，四季冷暖干湿分明。多年平均气温7℃，生长期年平均215天，无霜期年平均150天。全村205户，946人，耕地面积3400亩。

1206 沿安乡汪庄村

简　介：全村231户，1088人，有汪庄、高堡子两个自然村；其中汪庄200户，945人，高堡子31户，143人。有耕地面积2356亩，农作物以小麦、马铃薯、油菜、蚕豆为主，经济来源以外出务工为主。

1207 高楼乡八院村

简　介：八院村位于高楼乡西面，距高楼乡政府3公里，东接刘川村，西临高楼村。八院村有3个村民小组，常住人口735人左右。主要产业以航天辣椒种植为主，全村耕地面积903亩，其中水地55亩。主要经济作物为辣椒，主要农作物是玉米、小麦、马铃薯。村民收入以劳务输出和农业收入为主，有少量的户数养羊、养猪。

1208 沿安乡高九村

简　介：高九村辖背铁沟、酒店子 2 个自然村，全村有 678 人。该村属温带半湿润气候，四季分明，雨热同季。光照充足，无霜期短；多年平均气温 5℃。全村总耕地 2991 亩，其中山地 2991 亩；粮食作物播种面积 2770 亩，粮食总产量 406.5 吨。

1209 洛门镇孟庄村

简　介：孟庄村地处武山县洛门镇西 316 国道旁，距镇政府 1 公里处。全村有人口 310 户，1338 人。收入以种植塑料大棚蔬菜为主，个别农户兼以养殖、外出务工为主要收入。本村交通便利，土地肥沃，村民勤劳朴实。孟庄村主要是以日光温室蔬菜为主的种植业，以劳务输转和畜牧养殖为辅的产业结构。

1210 马力镇石坪村

简　介：石坪村位于马力镇南部，全村辖 4 个自然村，现有 198 户，1001 人，劳动力 603 人，耕地面积 1698 亩，人均耕地 1.69 亩。劳务及种植是村域主导产业，收入占农民经济总收入的 80% 以上。2011 年农民人均纯收入 2915 元。

1211 山丹乡干树村

简　介：山丹乡干树村位于县城南面 17 公里处，属山区村，交通不便，吃水困难。现辖 4 个自然村，共有 271 户，1305 人。该村有学校 1 处，卫生室 1 所。全村共有党员数 38 人，其中预备党员 1 人，女党员 5 人。有低保户 48 户，193 人，五保户 10 户，11 人，孤儿 8 人。总耕地 2310 亩，其中水地 19 亩，旱地 2291 亩。2013 年人均纯收入为 2515 元。

1212 温泉乡赵庄村

简　介：赵庄村位于武山县南部，全村辖 4 个自然村，现有 150 户，677 人，劳动力 364 人，耕地面积 1496.8 亩，属山地。人均耕地 2.23 亩。村党支部 1 个，支部成员 5 人。党员 24 人（其中女党员 5 人），"两委"班子有村干部 3 人。赵庄村农民生活用水是自来水，主导产业是种植和养殖。经济来源以务工为主，2013 年农民人均纯收入为 2896 元。

1213 榆盘乡苏家村

简　介：苏家村辖大李沟、小李沟、苏家岔、坡山、山场 5 个自然村。属温带半湿润气候，其特点是冬冷无严寒，夏热无酷暑，四季冷暖干湿分明。年平均气温 7℃，生长期年平均 215 天，无霜期年平均 150 天。全村 230 户，1170 人，耕地面积 3747 亩。

1214 滩歌镇下街村

简　介：下街村有 4 个自然村，8 个村民小组，共 527 户，2457 人，距离镇政府 0.5 公里。全村共有土地 1196 亩，人均耕地 0.5 亩。有党员 58 名，其中女党员 15 名。

1215 杨河乡西山村

简　介：西山村位于杨河乡偏西处，242 户，1031 人，耕地面积 1738 亩，全村有党员 52 名，其中女党员 6 名，村干部 3 名。

1216 山丹乡渭河村

简　介：渭河村位于渭河北岸，距离县城 6 公里，车杜公路、天定高速穿村而过，交通十分便利，地理位置优越。全村有 286 户，1337 人，3 个村民小组。耕地总面积 1357.18 亩，人均耕地 1.15 亩，全村共有党员 52 人，其中女党员 8 人。

1217 杨河乡广元村

简　介：广元村位于乡政府以东7公里处，辖区内有3个自然村，4个村民小组，172户人家，总人口793人。耕地面积1434亩，土壤肥沃、气候温暖湿润，适宜种植大豆、洋芋、小麦、油菜等农作物。

1218 洛门镇南街村

简　介：南街村位于洛门镇区以南，316国道穿村而过，全村有1个自然村，4个村民小组，384户，1657人。现有耕地473亩，人均耕地0.29亩。南街村以蔬菜、果品种植为支撑，以劳务输转、经商为其辅助经济收入。

1219 嘴头乡白湾村

简　介：白湾村是嘴头乡的一个行政村，位于嘴头乡西部，全村共有4个自然村，有140户，690人，农闲时期，人们以外出务工创业为主。当地全年降雨量较少，主要种植小麦、玉米、洋芋等旱作物。村党支部、村委会有3名村干部。

1220 杨河乡军民村

简　介：军民村地处杨河中梁山西北部，属高寒阴湿的温带气候，土地宽阔肥沃，地理条件较好，与杨岷公路联络呈"丁"字形，处于中梁九村之最佳位置，有1个自然村，2个村民小组，人口97户，415人，耕地面积768亩。

1221 嘴头乡管沟村

简　介：管沟村是嘴头乡后片的一个行政村，全村共有自然村9个，农户251户，常住人口1145人，村庄毗邻元树、李尧等村。辖区处在3条河流的中下游，发生滑坡、涝害的可能性大。

1222 四门镇麦山村

简　介：麦山村位于四门镇南部山区，海拔大约在2000米左右，辖马泉、麦歌、独庄、大庄、水池、羊舌沟和塔拉子等7个自然村，381户，1757人（男896人，女861人），现有农村党员38人，劳动力953人。全村共有耕地面积2833亩，全部为山地。全村以种植小麦、油菜、蚕豆、洋芋和中药材为主，平均亩产量240公斤。

1223 山丹乡龚山村

简　介：山丹乡龚山村位于山丹乡西南20公里，与马力镇接壤。现辖2个村民小组，共有136户，707人，现有劳动力410人，其中男劳动力260人，女劳动力150人。现有党员数22人，其中女党员1人。主要支柱产业为种植业和劳务业，2013年人均纯收入为2660元。

1224 榆盘乡盘龙村

简　介：盘龙村辖韩家湾、互跎沟、苟老、闫家湾、坪道、护林、打各线7个自然村。属温带半湿润气候，其特点是冬冷无严寒，夏热无酷暑，四季冷暖干湿分明。多年平均气温7℃，生长期年平均215天，无霜期年平均150天。全村186户，882人，耕地面积4200亩。

1225 鸳鸯镇包坪村

简　介：包坪村地处鸳鸯镇东南面，该村交通便利，武漳公路横穿而过。榜沙河、漳河途经本村，水资源丰富。全村共有4个村民小组，320户，总人口1595人（其中男816人，女779人）。共有耕地面积1434亩（其中山地865亩，水地569亩）。农作物以小麦、玉米、洋葱为主，经济收入主要靠洋葱和劳务输出为主。

1226 高楼乡高尧村

简　介：高尧村地处高楼乡西约5公里处，现有人口119户，总人口589人。现有耕地面积1162.9亩，村庄分布呈东西走向，光照充足。村庄三面环山，一面临水，漳河依村而过，无污染，四季不竭，是村内农作物主要灌溉水源。

1227 滩歌镇黄山村

简　介：黄山村位于滩歌镇西南部，离镇区12公里，全村有338户，1678人。耕地面积3320亩。党员人数33人，劳动力600人左右，其中外出达到300人左右。2011年全村人均纯收入2286元。该村地势陡峭，土地肥沃，阳光充足，村委会班子齐全，现由4人组成。人均耕地1.9亩，具有较好的资源优势和区位优势。

1228 温泉乡草川村

简　介：草川村位于武山县温泉乡东南部，全村辖2个自然村，现有288户，1263人，劳动力628人。耕地面积3228亩，人均耕地1.8亩。有村党支部1个，党员36人（其中女党员5人），"两委"班子有村干部4人。

1229 嘴头乡尹沟村

简　介：尹沟村是嘴头乡的一个行政村，位于嘴头乡东部。全村共有6个自然村，有155户，843人，农闲时期，人们以外出务工创业为主。当地全年降雨量较少，主要种植小麦、玉米、洋芋等旱作物。村党支部、村委会有3名村干部。

1230 山丹乡明山村

简　介：山丹乡明山村位于山丹乡西南22公里，属于山区。现辖5个自然村，共有238户，1098人。2013年人均纯收入为2380元。

1231 洛门镇刘坪村

简　介：刘坪村位于武山县洛门镇最西部，有1个自然村，人口2250人，6个村民小组，人均耕地面积1.5亩。刘坪村主要是以日光温室蔬菜为主的种植业，以劳务输转和畜牧养殖为辅的产业结构。蔬菜种植是全村的第一大产业，是全县无公害蔬菜主产区。

1232 马力镇干扎村

简　介：干扎村是扶贫开发重点村，位于松民公路沿线。全村有3个自然村，3个村民小组，195户，954人。现有耕地1853亩（川水地953亩，山地900亩），人均耕地1.94亩。2011年，农民人均纯收入3194.1元。

1233 洛门镇金刚村

简　介：金刚村位于洛门镇南部5公里处，洛礼公路纵贯全村，区域位置明显，自然条件优越，水源丰富，土地肥沃。全村共有3个自然村，6个村民小组，426户，1882人，有70名党员，其中女党员6名。全村现有耕地2000.6亩，人均1.06亩，其中川地188.2亩，水浇地871.4亩，山地941亩，蔬菜面积650亩，其中温棚蔬菜面积450亩。金刚村是以蔬菜种植为主导产业的人口大村。主要种植莴笋、菜瓜、豆角、蒜苗等蔬菜。

1234 榆盘乡堡东村

简　介：堡东村辖老庄、元咀、庙儿沟、老湾来4个自然村。属温带半湿润气候，其特点是冬冷无严寒，夏热无酷暑，四季冷暖干湿分明。年平均气温7℃，生长期年平均215天，无霜期年平均150天。全村有159户，769人，耕地面积2549亩。

1235 高楼乡秦湾村

简　介：秦湾村位于武山县高楼乡北片山区。东接桦林乡寨子村，西邻李坪村，南接桦林山，北接柴坪村，海拔1800～2680米之间，距离乡政府所在地7公里，全村共有3个自然村，5个村民小组，全村161户，750人。耕地面积为1358亩。秦湾村主要是以玉米、冬小麦、洋芋为主的种植业，以劳务输转和外出务工为经济来源。劳务输转和外出务工以季节性输出为主，重点从事建筑行业，规模相对较大，占农民人均纯收入的70%。

1236 龙台乡马年村

简　介：马年村有于家湾、牙和、段家窑、马年4个自然村，253户，1234人，耕地面积1800亩，人均1.51亩。主要农作物有小麦、洋芋、油菜、蚕豆等，人均纯收入4004元。

1237 温泉乡冯河村

简　介：冯河村位于武山县西南部，全村辖3个自然村，现有120户，560人，劳动力330人，耕地面积538亩，人均耕地1.2亩。村党支部1个，党员27人（其中女党员4人），"两委"班子有村干部3人。冯河村农民生活用水是自来水，外出务工是村域主导产业，收入占农民经济总收入的80%以上。2013年农民人均纯收入2800元。

1238 杨河乡牛山村

简　介：牛山村有3个自然村，5个村民小组，272户，总人口1264人，总耕地面积1964亩，其中退耕还林面积为1216亩，人均占地1.55亩，大家畜128头（匹），生猪存栏486头，劳动力758人，输转劳务385人，2011年人均纯收入2300元,主要经济来源是劳务收入，占总收入的68%，人均产量235公斤。

1239 四门镇硬湾村

简　介：四门镇硬湾村位于镇北3公里处，与城关镇、洛门镇接壤，交通十分便利。本村共有340户，1456人，耕地面积2850亩，人均耕地面积2亩。该村地处四门镇半干旱浅山区，村落分布零散，共分有5个自然村，分别是古石湾、张家硬湾村、侯家村、硬山村、马连现等。

1240 四门镇孙白村

简　介：孙白村位于四门镇东南北部山区，辖孙家山、白家山、卧牛坪3个自然村，全村人口847人，耕地面积1351亩，现有党员21人，现有劳力466人。全村以种植小麦、油菜、蚕豆、洋芋、中药材为主，平均亩产300公斤。

1241 山丹乡车川村

简　介：山丹乡车川村位于县城西11公里处，现辖2个村民小组，共有288户，1194人。现有劳动力1194人，其中男劳动力616人，女劳动力578人。现有党员48人，其中女党员8人。主要支柱产业为玉器加工业和劳务业，2013年人均纯收入为5850元。

1242 温泉乡东梁村

简　介：东梁村离温泉乡政府5公里，海拔约1750米，无霜期110～140天，日照时间年平均1400～2000小时左右，年平均气温6.5℃，年降水量500～588毫米左右。全村共3个自然村，现有254户，1058人，劳动力 630 人。耕地面积 2221.8 亩，人均耕地 2.1 亩。劳务及种植是村域主导产业，收入占农民经济总收入的 85% 以上。2013 年农民人均纯收入 3152 元。全村现有贫困人口 86 户，342 人，占全村总人口的 32.3%。

1243 嘴头乡多家村

简　介：多家村位于咀头乡东部，有耕地面积 3758 亩，人均耕地面积 3.18 亩，有 237 户，1183 人，有劳动力 663 人。年降水量只有 330 mm，年平均温度为 15℃，无霜期为 214 天，适宜多种作物生长。全村主要种植作物有小麦、洋芋、玉米、油菜，共种植作物面积为 4265 亩，粮食总产量为 447.5 吨，农村经济总收入为 301.56 万元，农民人均纯收入为 1250 元。

1244 嘴头乡吴山村

简　介：吴山村是嘴头乡的一个行政村，位于嘴头乡西部，全村共有 101 户，441 人。农闲时期，人们以外出务工创业为主。当地全年降雨量较少，主要种植小麦、玉米、洋芋等旱作物。

1245 桦林乡兰沟村

简　介：兰沟村现有 266 户，1288 人，3 个村民小组，有村干部 3 人。自来水受益户数 250 户，1090 人；通公路、通车、通电、通电话，宝兰二线、316 国道横贯东西，拟建的天定高速公路依村而过。全村总耕地 2073 亩，其中山地 1583 亩，川地 130 亩，水浇地 360 亩。

1246 桦林乡上沟村

简　介：上沟村现有 174 户，835 人，3 个村民小组，有村干部 2 人。全村总耕地 1830 亩，其中山地 1830 亩；粮食作物播种面积 1480 亩，粮食总产量 219.1 吨，其中小麦种植 650 亩，产量 64.2 吨，玉米种植面积 420 亩，产量 126 吨，其他粮食作物种植 170 亩，产量 14.5 吨；马铃薯种植 240 亩，产量 42.4 吨；油料作物种植 260 亩，产量 24.2 吨。

1247 山丹乡任门村

简　介：山丹乡任门村位于山丹河下游，全村现有 2 个自然村，4 个村民小组，共 293 户，1393 人，有劳动力 807 人。全村有五保户 4 人，低保户 30 户，114 人。总耕地面积 1244 亩，其中水地 498 亩，分布于山丹河两岸。主要产业为蔬菜种植业和劳务业，2013 年人均纯收入 4800 元。

1248 山丹乡苏嘴村

简　介：山丹乡苏嘴村位于县城西南 18 公里处，属山区村，交通不便，吃水困难。现辖 6 个自然村，共有 223 户，963 人。该村有学校 2 处，卫生室 1 所。2013 年人均纯收入为 2650 元，主要支柱产业为种植业和劳务业，因没有川水地，农业种植品种单一，村集体经济薄弱，根本不能满足本村经济社会发展的需求。

1249 滩歌镇关庄村

简　介：武山县滩歌镇关庄村位于镇政府以北 1 公里处，全村共有 2 个自然村，5 个村民小组，现有农户 278 户，1323 人，其中劳动力 706 人。现有耕地面积 1281 亩，人均耕地 0.9 亩。蔬菜种植、规模养殖、运输业和劳务输出是该村的主导产业。蔬菜种植面积 320 亩，其中冬暖棚蔬菜园区占地 60 多亩，种植户 17 户，规模养殖户 17 户，运输专业户 24 户，年输出劳务人员 465 人，其中，组织输转 200 人。

1250 榆盘乡马寨村

简　介：马寨村辖马寨、张丰岘、斜山、神湾、周湾、贺湾、店子7个自然村。属温带半湿润气候，其特点是冬冷无严寒，夏热无酷暑，四季冷暖干湿分明。多年平均气温7℃，生长期年平均215天，无霜期年平均150天。全村265户，1307人，耕地面积3090亩。

1251 马力镇北顺村

简　介：北顺村是扶贫开发重点村，位于武山县马力镇西端的龙川河畔。全村有4个自然村，11个村民小组，663户，3169人。现有耕地5257亩（川水地3550亩，山地1707亩），人均耕地1.66亩，尚有2000亩荒山可整治为耕地。2011年，农民人均纯收入3260元。北顺村农业基础设施相对较好，北顺灌渠干渠及其支渠基本建成，并投入使用。

1252 四门镇草坪村

简　介：草坪村位于四门镇南部山区，海拔大约在1700米左右，是四门镇与龙台乡的交界点，辖半山、下草坪、上草坪和盔山4个自然村，全村265户，1260人。现有党员32人，劳动力650人。全村共有耕地面积2705亩，全部为山地，全村以种植小麦、油菜、蚕豆和洋芋为主，平均亩产量170公斤。全村共有五保户7户，7人，有低保户53户，146人，特困户78户，395人。

1253 马力镇堡子村

简　介：堡子村位于武山县马力镇东北部，全村辖4个自然村，现有210户，1053人，劳动力626人。耕地面积2380亩，人均耕地2.26亩。村民生活用水是旱窖，全村现有贫困人口165户，720人，占全村总人口的78%。2011年农民人均纯收入3066元。

1254 山丹乡车岸村

简　介：车岸村位于渭河北岸，距离县城7公里，车杜公路，天定高速穿村而过，交通十分便利，地理位置优越。全村有230户，1060人，两个自然村，4个村民小组。耕地总面积2483亩，其中川水地1322亩，人均耕地2.34亩。全村共有党员43人，其中女党员7人。产业结构以传统农业种植为主，农业种植品种单一，村集体经济薄弱，根本不能满足本村经济社会发展的需求。

1255 山丹乡阳山村

简　介：山丹乡阳山村位于山丹乡与鸳鸯镇交界处，现辖5个自然村，共有143户，724人。现有劳动力456人，其中男劳动力296人，女劳动力160人。现有党员数26人，其中女党员4人。主要支柱产业为种植业和劳务业，2013年人均纯收入为3100元。

1256 滩歌镇北山村

简　介：北山村位于滩歌镇镇区北部4公里处的山区。全村有6个村民小组，4个自然村（郭岔、平道、山庄、新庄），共有179户，总人口795人，人均纯收入2068元。

1257 温泉乡大坪村

简　介：大坪村位于武山县东南部，全村有9个自然庄，共有232户，1052人。耕地面积2104亩，有效灌溉面积330亩。党支部1个，有38名党员。主要收入来源为种植、养殖和劳务输出。2013年全村人均纯收入2841元。

1258 高楼乡李坪村

简　介：李坪村位于高楼乡北面，海拔1800米左右。交通基本便利，宽阔的村路直通丁高公路。李坪村共有2个自然村，222户，

1149人（其中男586人，女563人）。共有耕地面积4062亩。农作物以小麦、玉米、土豆为主，经济收入主要靠农作物种植和劳务输出。

1259 马力镇南阳村

简　介：南阳村位于武山县东南部，海拔1900米，榜沙河从村旁流过。全村辖3个自然村，现有267户，1121人，劳动力697人。耕地面积1790亩。

1260 温泉乡田河村

简　介：田河村位于武山县东南部，处于秦岭山麓余脉与黄土高原交会处，位于盘草公路畔，聂河溪水穿村而过，交通便利，气候宜人，属南部浅山干旱半干旱二阴地区。年降水量780毫米左右，主要集中在4-10月；平均气温9.0℃，无霜期170天左右。全村分3个自然村，现有159户村民，共720人，一、二组101户主要居住在盘草公路边，58户主要居住在三组韩家山，全村劳动力366人。耕地面积1235亩（其中山地935亩，水浇地300亩），人均耕地2.2亩，粮食产量50000亩。

1261 沿安乡草滩村

简　介：全村264户，1168人。有上仁峪、下仁峪、锁家河、草滩、半坡山5个自然村。其中上仁峪54户，249人；下仁峪28户，125人；锁家河27户，126人；草滩117户，515人；半坡山38户，153人。有耕地面积2034亩，农作物以小麦、马铃薯、油菜、蚕豆为主，经济来源以畜牧养殖、种植中药材和外出务工为主。

1262 洛门镇蓼阳村

简　介：蓼阳村位于洛门镇区南部9公里处，洛礼公路贯穿全村。有2个自然村，7个村民小组，共414户，农业人口1894人。现有党员66名。全村现有耕地2130.3亩，蔬菜种植面积420亩，新建果园面积600多亩，累计建设果园面积1000多亩。农民生活饮水都以自来水为主，村庄主巷道已硬化。蓼阳村主要是以果园、蔬菜为主的种植业，以劳务输转和畜牧养殖为辅的产业结构。

1263 嘴头乡元树村

简　介：元树村辖荞宽湾、陷口下、元树、红土坡、野仚5个自然村。有135户，726人。农闲时期，人们以外出务工创业为主。当地全年降雨量较少，主要种植小麦、玉米、洋芋等旱作物。村党支部、村委会有3名村干部。

1264 嘴头乡宋坡村

简　介：宋坡村是嘴头乡23个行政村之一，全村有2个自然村，分别为宋坡和山庄，耕地面积1775亩，人均耕地面积2.5亩。宋坡村位于嘴头乡北部，年降水量只有330㎜，年平均温度为15℃，无霜期为214天，适宜多种作物生长。全村共有147户，706人，有劳动力415人（其中女劳力178人）。全村主要种植作物有小麦、洋芋、玉米、油菜，共种植作物面积为240亩，粮食总产量为222.8吨，农村经济总收入为135.5万元，农民人均纯收入为1235元。

1265 四门镇录坪村

简　介：录坪村位于四门镇西河北岸，辖4个村民小组，223户，984人（男513人，女471人），现有农村党员26人，劳动力603人。全村共有耕地面积1120余亩，其中川水地320余亩，山地800余亩。全村以种植设施蔬菜、全膜玉米、小麦、油菜为主，平均亩产量520公斤。

1266 山丹乡漆窑村

简　介：山丹乡漆窑村位于县城西20公里处，现辖3个村民小组，共有126户，530人。现有劳动力420人，其中男劳动力253人，女劳动力167人。现有党员数18人，其中女党员2人。主要支柱产业为种植业和劳务业，2013年人均纯收入为4200元。

1267 山丹乡刘凸村

简　介：山丹乡刘凸村位于山丹乡与鸳鸯镇交界处，现辖4个村民小组，共有220户，909人。现有劳动力576人，其中男劳动力375人，女劳动力201人。现有党员数59人，其中女党员8人。主要支柱产业为种植业和劳务业，2013年人均纯收入为4200元。

1268 山丹乡山丹村

简　介：山丹村地处武山县城西6公里处，山丹乡政府所在地。山丹河、渭河交叉经过，316国道、宝兰铁路、军用专列线穿村而过。当地有信用社、农电站、卫生院、粮站、贺家店火车站等单位，有山丹中心小学和山丹初中两所学校。该村辖3个村民小组，478户，1908人，其中男978人，女930人。总耕地1170亩，其中水浇地224亩，山地946亩，退耕还林2273亩。本村主要产业有蔬菜、玉器加工、劳务输出。

1269 桦林乡赵坪村

简　介：赵坪村现有645户，3234人，8个村民小组。有村干部3人，组干部3人。全村总耕地3410亩，其中山地2309亩，川地131亩，水浇地970亩。

1270 山丹乡堡子村

简　介：山丹乡堡子村位于县城西北5公里处，辖2个自然村，3个村民小组，共有332户，1468人，劳动力839人。全村低保户28户，113人，五保户2人。现有党员47名，其中女党员13名。行政区域面积为4.6平方公里，总耕地面积为1478亩，其中水地458亩。主导产业为蔬菜种植业和劳务业，2013年人均纯收入4760元。

1271 滩歌镇漆庄村

简　介：漆庄村位于滩歌镇区南部1.5公里的南河河畔，四马公路和贺岷公路穿村而过，交通十分便利。全村有477户，2150人。耕地面积1868亩，人均耕地0.9亩。

1272 鸳鸯镇费山村

简　介：费山村位于鸳鸯镇北部干旱山区，全村有4个自然村，6个村民小组，总户数335户，总人口1454人，其中男村民750人，女村民704人。

1273 山丹乡崔山村

简　介：山丹乡崔山村位于山丹乡与鸳鸯镇交界处，现辖3个自然村，共有175户，775人。现有劳动力327人，其中男劳动力207人，女劳动力120人。现有党员数26人，其中女党员1人。主要支柱产业为种植业和劳务业，2013年人均纯收入为3800元。

1274 四门镇罗湾村

简　介：罗湾村位于四门镇北部山区，辖罗诺湾、马家湾2个自然村，5个村民小组，165户，780人（男396人，女384人）。现有农村党员29人，现有劳力450人。旱作蔬菜复种、劳务输转、畜牧养殖为该村主导产业。共有耕地面积1499亩，以种植小麦、全膜玉米、全膜豆角、油菜为主，平均亩产量780公斤，上年人均纯收入2000元。

1275 洛门镇西街村

简　介：洛门镇西街村位于洛门镇开发区，有2个自然村，8个村民小组，552户，总人口2286人，村党支部有党员78人。总耕地面积576.5亩，人均0.23亩。该村以劳务输出、制作豆腐、小吃经营为主。

1276 滩歌镇董坪村

简　介：董坪村位于滩歌镇腹地南端，距镇区2.5公里，山丹河流西侧，贺岷公路穿村而过。全村由3个自然村组成，分别是：王家楼、董家坪、岳家沟。全村共有447户，2117人。耕地面积2213亩，其中95%以上为山地，种植农作物以小麦、油菜、玉米、土豆为主，经济收入以外出务工为主，2011年全村人均纯收入为2800元。

1277 马力镇远中村

简　介：远中村位于武山县西南部，全村辖3个自然村，现有148户，775人，劳动力395人。耕地面积2190亩，全部为山地，人均耕地2.83亩。有村党总支1个，村干部2人。2011年农民人均纯收入3303元。远中村农业基础设施相对比较落后，通村主干道已经拓宽沙化，田间道路还未开通，通往李家湾和王家咀的道路还未通。

1278 鸳鸯镇苟山村

简　介：苟山村地处鸳鸯镇磅沙河西北部，属于旱浅山区。全村146户，总人口754人，耕地面积1523亩。经济发展相对落后，以农业为主，种植小麦，农民增收主要靠劳务输出。本村林区较大，整体环境较好，空气新鲜。

1279 马力镇石峰村

简　介：石峰村是扶贫开发重点村，位于武山县西南部，属西南部二阴地区，年降水量480毫米左右，主要集中在5-10月；平均气温9℃。全村辖4个自然村，现有219户，1082人，劳动力639人。耕地面积2709亩，全部为山地，人均耕地2.5亩。2011年农民人均纯收入3005.6元。全村现有贫困人口204户，934人，占全村总人口的86.3%。

1280 杨河乡安沟村

简　介：安沟村地处杨河乡南部，属高寒阴湿山区，东南界芦河村，西毗洛礼公路。南北长10公里，东西长5公里，总面积85平方公里。全村3个自然村，3个村民小组，179户，930人，总劳力520个。耕地面积1143.5亩，人均占地1.75亩。

1281 马力镇王沟村

简　介：王沟村位于武山县西南部，全村辖6个自然村，现有232户，1178人，劳动力667人。耕地面积3530亩，全部为山地，人均耕地2.99亩。2011年农民人均纯收入3125元。

1282 高楼乡护林村

简　介：护林村位于距高楼乡政府东北面5公里处的半山上，辖护林、青崖2个自然村，有126户农户。海拔2000左右米，降水量较少，属较偏僻干旱山区，高漳公路陈门村处向北山有约8公里沙化山路直达本村。全村经济条件、基础设施相对落后，群众生活水平低。有4个村民小组，常住人口536人。主要产业以农业为主，全村耕地面积1331亩，历年退耕还林603亩，耕地全是山地。主要农作物有玉米、小麦、马铃薯和油菜。村民收入以劳务输出和农业收入为主，有少量的户数养羊。

1283 嘴头乡白尧村

简　介：白尧村是嘴头乡的一个行政村，位于嘴头乡西部，全村共有3个自然村，有132户，647人。农闲时期，人们以外出务工创业为主。当地全年降雨量较少，主要种植小麦、玉米、洋芋等旱作物。村党支部、村委会有3名村干部。

1284 沿安乡李庄村

简　介：全村260户，1223人，有李家庄、小李庄2个自然村；其中李家庄192户，905人，小李庄68户，318人；有耕地面积2047亩，农作物以小麦、马铃薯、油菜、蚕豆为主，经济来源以外出务工为主。

1285 滩歌镇元崖村

简　介：元崖村位于天爷梁北侧林缘地带，属高寒阴湿山区，平均海拔2400米，距镇政府18公里。全村有腰林、元崖、熊沟、缸厂、白溜道5个自然村，耕地1333亩，人均1.67亩，167户，802人。2011年农民人均纯收入2100元。

1286 滩歌镇沟门村

简　介：沟门村地处滩歌镇东北部，距镇区1.5公里，由2个自然村，3个村民小组组成。总耕地面积793亩，人均占有耕地0.9亩。全村共有199户，881人，劳动力370人（其中外出务工约200人）。现有党员25名。2011年人均纯收入2900元。

1287 洛门镇文寺村

简　介：文寺村是扶贫开发重点村，位于洛门镇以南1公里处，大南河以西，水资源丰富。全村有1个自然村，10个村民小组，813户，3812人。现有耕地2547亩，人均耕地0.6亩。文寺村以蔬菜种植和小规模的养殖业为主，以劳务输转为其辅助经济收入。

1288 榆盘乡河程村

简　介：河程村辖南河、丁门、黎家山、彦坪、摆搭湾、单家湾、丁家湾、那坡8个自然村。属温带半湿润气候，其特点是冬冷无严寒，夏热无酷暑，四季冷暖干湿分明。多年平均气温7℃，生长期年平均215天，无霜期年平均150天。全村有306户，1504人，耕地面积4977亩。

1289 滩歌镇本深沟村

简　介：本深沟村地处滩歌镇南部山区，海拔2000米左右，全村现有206户，1029人，分为4个自然村，分别为本深沟村、小干石、李家庄、大干石，分布在南河两岸约3公里的河谷地带。总耕地面积1100亩，人均1.06亩，其中人均耕地最少的大干石村只有0.7亩。2011年人均产粮210公斤，人均纯收入1678元。全村有劳动力570人，其中男390人，女260人，长期从事建筑、砖瓦等劳力型务工人员198人，目前有劳务7人。全村以粮食种植为主，主要粮食作物有小麦、洋芋、油菜、蚕豆等。

1290 桦林乡马滩村

简　介：马滩村现有94户，476人，3个村民小组，有村干部3人。参加新型农村合作医疗人数424人，劳动力资源总数276人，乡村从业人员238人。全村总耕地1328亩，其中山地1328亩。

1291 温泉乡柏山村

简　介：柏山村位于武山县东南部，距县城30公里，东、北连甘谷磐安镇，西毗四门镇，南接礼县。地势东南高、西北低、南北狭长，总面积137.54平方公里，地处秦岭北麓云雾山与劳头山峡谷地带，地质构造特异，南北气候相差悬殊，海拔1580米，无霜期110~140天，日照1400~2000小时左右，年均气温5.7℃~7.2℃，年降雨量500~588毫米左右。全村辖4个自然村，现有229户，980人，劳动力462人，耕地面积1283亩，人均耕地1.7亩。有村党总支1个，"两委"班子有村干部3人。劳务及种植是村域主导产业，收入占农民经济总收入的80%以上。2013年农民人均纯收入3056元。

1292 鸳鸯镇丁门村

简　介：丁门村地处鸳鸯镇西南，与高楼乡陈门村接壤，平均海拔1700米，年降水量2800毫米。该村交通便利，武漳公路穿村而过，榜沙河、漳河依村而流，水资源极为丰富。全村共有7个村民小组，494户，总人口2673人，其中男1347人，女1326人。共有耕地面积2999亩（其中川地971亩，水地2028亩）。农作物以小麦、玉米、油菜、洋葱为主，经济收入主要靠劳务收入，2005年人均纯收入1580元。

1293 城关镇邓堡村

简　介：邓堡村位于县城以东，全村共297户，1272人，共有劳动力564人，总耕地面积1833亩（其中退耕还林面积465.2亩），草改面积198亩。辖区共有7个自然村，分别为张堡、邓堡、西坪、黎坪、岘口、马家山、湾儿，分为五组，其中一组为张堡，二组为邓堡，三组为西坪，四组为黎坪，五组为岘口、马家山、湾儿（因自然灾害在2008年将西坪、黎坪搬至邓堡新村）。各组基本情况。一组（张堡）共68户，287人，总耕地面积401亩。二组（邓堡）共76户，340人，总耕地面积476亩。三组（西坪）共35户，136人，总耕地面积190亩。四组（黎坪）共67户，276人，总耕地面积386亩。五组（岘口、马家山、湾儿）共51户，233人，总耕地面积达380亩。邓堡村以种植玉米、小麦、油菜、豆角为主，另有果园，主要种植苹果、核桃。

1294 杨河乡王河村

简　介：王河村位于杨河乡政府西部5公里处，候北公路穿境而过，海拔1900~2300米之间，地质构造复杂，植被较差，土质为沙壤土，沟道内洪水和泥石流易发生，水土流失严重，土层极薄，肥力中等，耕种条件恶劣，粮食作物广种薄收。气候属高寒阴湿山区，四季分明，年均气温8℃左右，平均降水量650.7毫米，无霜期180天，粮食作物一年一熟，部分作物可一年两熟，全村耕地面积618亩，退耕还林面积23.7亩，人均耕地1.4亩。

1295 马力镇榜沙村

简　介：榜沙村是马力镇的贫困村，位于武山县马力镇南部。全村辖6个自然村，现有268户，1184人，劳动力564人。耕地面积1932亩，全为山地，人均耕地1.6亩。有村党支部1个，党员32人，其中女党员2人，村"两委"班子有村干部3人。2011年农民人均纯收入3103元。

1296 龙台乡杨嘴村

简　介：杨嘴村有杨嘴村、田家湾、小马扎、罗家山、泄山下、山顶来、汕头架7个自然村。全村211户，1049人，耕地面积2234亩，人均2.17亩。主要农作物有小麦、洋芋、油菜、蚕豆等，主导产业为劳务输出，人均纯收入4379元。

1297 杨河乡河东村

简　介：河东村地处杨河乡东部，属二阴山区，耕地面积2017亩，一部分为山区，一部分为河滩地，海波高。河东由河东和大南岔组成，其中大南岔距村委会约4公里，全村总人口916人，192户，农作物种植以小麦、油菜、蚕豆和洋芋为主，同时附带种植胡麻等油料作物，全村家庭主要经济来源依靠外出务工，经济作物为辅助，全村退耕还林面积1135.4亩，人均纯收入达到1840元。河东村有河东河穿村而过，通村路沿河而行，交通比较方便，建有河东养殖小区1处，主要养猪，经济效益良好。

1298 沿安乡苟具村

简　介：全村211户，1045人，有上苟具、下苟具2个自然村，其中上苟具122户，600人，下苟具89户，445人。有耕地面积1762亩，农作物以小麦、马铃薯、油菜、蚕豆为主，经济来源以外出务工为主。

1299 滩歌镇上街村

简　介：该村位于滩歌镇政府所在地，东与下街村穿插接壤，西靠镇兴堡、野峪村，南与漆庄、卢坪相接，北与关庄村毗连。全村507户，2185人，人均纯收入2175元。由"明清街"的上街、中街、上南巷组成，共7个村民小组。因处"明清街"的上部，与下街村相对，故名。该村北宋始有集场，明清时为力丰里。1940年为滩歌镇第十保，又称"镇兴堡"。新中国成立初与卢家坪合为上街村。1956年与下街村、关庄村合为建设社。1958年改为建设大队。1965年与下街村合为滩歌大队。1979年与下街分开后称上街大队。1983年改为上街村。

1300 榆盘乡鲁班村

简　介：鲁班村辖半下、七坡、崖岔、宋山、何山、刘山、白土坡、斗沟8个自然村。属温带半湿润气候，其特点是冬冷无严寒，夏热无酷暑，四季冷暖干湿分明。多年平均气温7℃，生长期年平均215天，无霜期年平均150天。全村有246户，1199人，耕地面积2829亩。

1301 洛门镇下康村

简　介：下康村地处洛门镇东北部，距镇区6公里，东与甘谷县盘安镇谢家坪村隔沟相望。年降水400～500毫米米左右，年平均气温9.6℃，附近有渭河，海拔在1365～3120米之间，属温带大陆性半湿润季风气候。该村共4个村民小组，230户，1041人，其中男593人，女448人，有劳动力612人。全村耕地总面积863亩，其中川水田地305亩，退耕还林面积398.3亩，人均占地0.83亩，以西红柿、黄瓜、水萝卜、豆角等为主的蔬菜达20多种，蔬菜总产量达1900公斤，产值达180万元。

1302 温泉乡马皇寺村

简　介：马皇寺村位于武山县东南部，全村辖区4个自然村，共有178户，850人，劳动力510人。耕地面积2093亩，人均耕地2.6亩。有村党支部1个，党员22名。两委班子有村干部3人。劳务及种植是村域主导产业，收入占农民经济收入的80%以上。2013年农民人均纯收入2714元，全村现有贫困人口155户，730人，占全村总人口的90%。

1303 龙台乡杨庄村

简　介：杨庄村有堡子、蕙家湾、杨庄3个自然村，166户，873人，耕地面积1223亩，人均 1.45 亩。主要农作物有小麦、洋芋、油菜、蚕豆等，人均纯收入 3495 元。

1304 杨河乡小庄村

简 介：杨河乡小庄村位于武山县南部高寒阴湿山区，现有 5 个村民小组，分别居住在小庄、驼腰间、山庄梁 3 个自然村，共 228 户，1081 人，劳力 482 人。耕地面积 1876 亩，大家畜 203 头（匹），2011 年底人均纯收入 1075 元，人均产粮 300 公斤。农作物种植以小麦、洋芋、蚕豆和油菜为主，附带作物为胡麻。全村以劳务输出为主，种植养殖为辅，常年外出务工人员 800 多人，占本村劳动力的 75% 以上。

1305 嘴头乡管山村

简 介：管山村位于嘴头乡前部，全村共有 4 个自然村，有 271 户，1400 人，农闲时期，人们以外出务工创业为主。

1306 马力镇钟山村

简 介：钟山村位于武山县马力镇南部山区，全村有 4 个自然村，7 个村民小组，344 户，1821 人，劳动力 1088 人，现有耕地 2771 亩，人均耕地 2.54 亩，2011 年农民人均纯收入 2913.1 元。

1307 沿安乡西沟村

简 介：全村 247 户，1117 人，有阳坡庄、阴坡庄、寺背后 3 个自然村，其中阳坡庄 91 户，437 人，阴坡庄 89 户，432 人，寺背 67 户，308 人。有耕地面积 2284 亩，农作物以小麦、马铃薯、油菜、蚕豆为主，经济来源以外出务工为主。

1308 嘴头乡王山村

简 介：王山村是咀头乡 23 个行政村之一，耕地面积 1697 亩，人均耕地面积 2.44 亩，位于咀头乡东部，年降水量只有 330 mm，年平均温度为 13℃，无霜期为 214 天，适宜多种作物生长，但王山村也是全乡最不耐旱的几村之一。全村有 2 个自然村，共有 139 户，696 人，有劳动力 387 人（其中女劳力 186 人）。全村主要种植作物有小麦、洋芋、玉米、油菜，共种植作物面积为 188 亩。

1309 滩歌镇漆湾村

简 介：该村位于滩歌北部山区，纯属干旱地带，距镇政府 3.2 公里，共有 1 个自然村，东邻王磨村，西接北山村，南接关庄村，北连杏湾村。全村有 112 户，512 人，党员 16 人，其中外出劳动力 220 人。相传，漆家湾古时为漆姓人，现只剩下其名字，无一户漆姓。目前，主要是马、张两姓。马姓人明朝从山西移民而来。1956 年 9 月至 1958 年 7 月与杏湾、北山合为滩歌镇北山村。1958 年 7 月至 9 月改为幸福公社北山大队。1958 年 12 月至 1961 年 5 月改为滩歌管区北山生产队。1961 年 5 月至 1965 年 8 月与其它村分离后为滩歌公社漆湾大队。1965 年至 1978 年 12 月又与杏湾、北山合为滩歌公社北山大队。1979 年 1 月至 2006 年又分为滩歌公社、乡、镇，为漆湾大队。全村共有耕地 775.3 亩，人均 1.9 亩，以农为主。全村退耕还林面积 458.2 亩，人均纯收入 2883 元，主要作物有小麦、洋芋、油菜、胡麻、禾田、豌豆等。

1310 沿安乡九棵树村

简 介：全村 145 户，746 人，有九棵树、堡子、高家山 3 个自然村。其中九棵树 44 户，227 人，堡子 46 户，246 人，高家山 55 户，273 人；有耕地面积 1214 亩，农作物以小麦、马铃薯、油菜、蚕豆为主，经济来源以外出务工为主。

1311 滩歌镇阴屲村

简　介：阴屲村位于武山县滩歌镇西南部，距县城27公里，距滩歌镇政府以南5公里，全村共有7个自然村，7个村民小组，现有农户325户，1585人，其中劳动力970人，现有耕地面积2630亩，人均耕地1.7亩。其中五保户5户，低保户26户；贫困户294户。药材种植、规模养殖、运输业和劳务输出是该村的主导产业，药材种植面积320亩，种植户31户，规模养殖户17户，运输专业户15户，年输出劳务人员500多人。

1312 高楼乡马跛村

简　介：马跛村位于高楼乡西南，距乡政府8公里，海拔1800米左右，年降水量300毫米。交通基本便利，宽阔的通村水泥路直通丁高公路。全村共有4个村民小组，147户，总人口709人（其中男367人，女342人），共有耕地面积1640亩。农作物以小麦、玉米、胡麻、土豆为主，经济收入主要靠农作物种植和劳务输出。该村环境优美，村民和谐。

1313 杨河乡芦河村

简　介：芦河村地处杨河乡南部，属全乡最高寒阴湿山区，东南界礼县董家沟，西毗岷县羊圈沟，位于三县（武山、岷县、礼县）交界处。南北长15公里，东西长6公里，总面积90平方公里。全村7个自然村，214户，1115人，总劳力635个。人口密度每平方公里12人，耕地面积2009亩，人均占地1.9亩。

1314 滩歌镇赵沟村

简　介：赵沟村北依滩歌镇，南邻阴屲村，西临白马沟，居东而坐，是一个山区村，村中心距滩歌镇3.5公里。全村由3个自然村组成，共153户，714人，党员19人。耕地总面积为775亩。

1315 杨河乡夏庄村

简　介：夏庄村位于杨河乡西北面，地处深山区，海拔2700米，高寒阴湿，地质构造复杂。全村耕地867亩，退耕还林410亩，人均耕地1.7亩。全村90户，452人，劳动力230人，其中外出务工人员180人，从事农业生产50人。全村经济收入来源以外出务工、养殖、种植收入为主，主要种植作物以小麦、油菜籽、洋芋为主，附带种植胡麻和蚕豆，创收渠道极窄，2011年全村收入80万元，人均纯收入1850元。

1316 杨河乡杨河村

简　介：杨河村位于杨河乡政府所在地，交通便利，洛礼、杨岷公路穿境而过。全村共有2个自然村，5个村民小组，共282户，1235人，耕地面积1934亩，有党员43名，其中女党员4名，2011年全村人均收入1750元。

1317 沿安乡白山村

简　介：全村160户，789人，有何家庄、白至山、新庄3个自然村，其中何家庄51户，253人，白至山77户，384人，新庄32户，152人；有耕地面积1035亩，农作物以小麦、马铃薯、油菜、蚕豆为主，经济来源以外出务工为主。

1318 马力镇暖水村

简　介：暖水村位于武山县西南部，全村有5个自然村，5个村民小组，211户，955人，劳动力626人，贫困户211户，955人，占总人口的100%。现有耕地1958亩，人均耕地2.05亩，2011年，农民人均纯收入3014.5元。暖水村农业基础设施相对较差，通村公路落后，通自然村的农路更是不行，田间路基本没有。村里有小学1所。全村设

1个党支部，有党员30名，其中女党员3名。

1319 嘴头乡李尧村

简　介：李尧村是嘴头乡的一个行政村，位于嘴头乡后片区，全村共有5个自然村，有188户，868人，农闲时期，人们以外出务工创业为主。当地全年降雨量较少，主要种植小麦、玉米、洋芋等旱作物。村党支部、村委会有3名村干部。

1320 滩歌镇樊庄村

简　介：樊庄村位于滩歌镇西部，地处在白马河畔，离镇区2.5公里，东与赵沟村为邻，南接阴屲，西与黄家庄为邻，北与野峪沟阴坡庄田地交叉。全村有2个自然村，202户，923人，劳动力524人。有耕地面积1049亩，人均占有1.03亩，2011年全村人均纯收入2100元。产业结构以农业、劳务输出、规模养殖主导产业，部分是以散户养牛为辅的结构布局。

1321 桦林乡朱湾村

简　介：朱湾村现有278户，1468人，4个村民小组，有村干部4人。劳动力资源总数851人，乡村从业人员740人，全村总耕地3490亩，其中山地3490亩。

1322 高楼乡玉林村

简　介：玉林村位于高楼乡西南方位，东接马力镇付门村，西邻八营村，海拔1800～2680米之间，距离乡政府所在地12公里，全村共有3个自然村，5个村民小组，全村235户，1200人，耕地面积2610亩。农作物以小麦、玉米、高粱、油菜、土豆为主，经济收入主要靠农作物种植和劳务输出。该村环境优美，村民和谐。

1323 温泉乡大庄村

简　介：大庄村位于温泉乡西北方，海拔2000米，无霜期130天，年日照1300小时，年降水量500毫米左右，主要集中在5-10月，平均气温7℃。全村3个自然村，现有240户，1047人，劳动力557人，耕地面积1653亩，人均耕地1.59亩，有村党总支1个，村干部3人。劳务及种植是村域主导产业，收入占农民经济总收入的80%以上。2013年农民人均纯收入2913元。

1324 洛门镇塔麻村

简　介：塔麻村位于武山县洛门镇以北3公里处，城咀公路穿村而过，东邻咀头乡，南邻天定高速，西邻洛门镇北街村，北邻咀头乡新泉村。全村地貌为北高南低，沿响河沟顺沟南下，向东延伸，地貌特征为冲积扇地形，土地肥沃，气候温和，主导产业为蔬菜种植、日光温室。全村辖2个自然村，呈T字状。西面为马村，全村共有268户，1289人，土地面积898亩。

1325 榆盘乡钟楼村

简　介：钟楼村辖钟楼、徐河、斩党、跎窝、后巷、说法台6个自然村。属温带半湿润气候，其特点是冬冷无严寒，夏热无酷暑，四季冷暖干湿分明。多年平均气温7℃，生长期年平均215天，无霜期年平均150天。全村有169户，835人，耕地面积2434亩。

1326 滩歌镇南沟村

简　介：南沟村位于武山县滩歌镇南部，距滩歌镇政府18公里。全村共有4个自然村，大坪、白崖沟、城儿峪、贾坪，4个村民小组，现有农户265户，1297人，其中劳动力526人，五保户6户，低保户80户，扶贫低保户47户，扶贫户102户。现有耕地面积1797亩，人均耕地1.4亩。林地面积4798亩，人均林地面积为3.7亩，药材种植、蚕豆种植、运输业和劳务输出是该村的主导产业，药材种植面积320亩，蚕豆种植250亩，年输出劳务人员250多人。辖区内有国家级AAA景区1处，卧牛山森林公园。在距白崖沟1公里有北宋摩崖石刻1处。

1327 四门镇下湾村

简　介：下湾村位于镇政府东北部5公里处，洛礼公路横穿而过，交通便利，位置优越，水资源丰富。全村辖3个自然村，5个村民小组，246户，1159人，总耕地面积1258亩，其中川水地317亩，山地941亩，海拔1200～1400米。目前80%以上的土地还是以种植小麦、油菜、洋芋为主。

1328 高楼乡柴坪村

简　介：柴坪村位于高楼乡正北面，与桦林乡寨子村接壤，海拔2000米左右，年降水量320毫米。交通较便利，距高楼乡7公里。全村共有1个村民小组，168户，总人口889人。农作物以小麦、胡麻、玉米、架豆王、土豆为主，经济收入主要靠农作物种植和劳务输出。

1329 榆盘乡马河村

简　介：马河村辖马河、潭山、四河3个自然村。属温带半湿润气候，其特点是冬冷无严寒，夏热无酷暑，四季冷暖干湿分明。多年平均气温7℃，生长期年平均215天，无霜期年平均150天。全村196户，922人。耕地面积2842亩。

1330 四门镇尧儿村

简　介：尧儿村位于四门镇南部地区，洛礼公路和大南河穿村而过，辖尧儿和新庄2个自然村，3个村民小组，243户，1061人。

1331 杨河乡张山村

简　介：张山村地处杨河乡西北部，属标准二阴深山区，霜期较长，全村拥有耕地1022亩，全是山坡地，海拔达到1480米，人均占有耕地，一、二组1.46亩，三、四组2.5亩，农作物种植以小麦、油菜和洋芋，附带作物是蚕豆和胡麻，全村家庭经济收入以外出务工为主，常年外出务工人员260多人，占本村劳力的75%以上，人均纯收入1840元。本村共4个村民小组，3个自然村，全村共141户，630人，劳动力370人。

1332 嘴头乡吴庄村

简　介：吴庄村是嘴头乡的一个行政村，位于嘴头乡前部，全村共有3个自然村，有135户，670人，农闲时期，人们以外出务工创业为主。全年降雨量较少，主要种植小麦、玉米、洋芋等旱作物。村党支部、村委会有3名村干部。

1333 温泉乡何湾村

简　介：何湾村属南部半干旱地区，地处高山之上，海拔1800多米，2个自然村，共155户，664人，劳动力348人，党员15人，党支部一个，耕地面积951亩，人均耕地1.4亩，主导产业是小麦、油菜。2013年农民人均纯收入2871元。

1334 温泉乡杜沟村

简　介：杜沟村位于温泉乡东部，海拔1800～2400米，属南部二阴地区，年降水量580毫米左右，主要集中在5-10月；平均气温7.6℃，无霜期110天。全村辖4个自然村，现有108户，483人，劳动力211人，耕地面积1002亩，人均耕地2.1亩。有村党总支 1 个，"两委"班子有村干部 2 人。劳务输出为主导产业，收入占农民经济总收入的 80% 以上。2013 年农民人均纯收入 2750 元。

1335　龙台乡沟门村

简　介：沟门村有 95 户，477 人，耕地面积 668 亩，人均 1.39 亩。主要农作物有小麦、洋芋、油菜、蚕豆等，人均纯收入 4019 元。

1336　榆盘乡下河村

简　介：下河村辖下河、张家湾、腰巴、湾来 4 个自然村。属温带半湿润气候，其特点是冬冷无严寒，夏热无酷暑，四季冷暖干湿分明。多年平均气温 7℃，生长期年平均 215 天，无霜期年平均 150 天。全村共 195 户，908 人，耕地面积 1995 亩。

1337　马力镇袁河村

简　介：袁河村位于马力镇东南部，海拔 1700 米，属西南部二阴地区，年降水量 480 毫米左右，主要集中在 5-10 月；平均气温 9.5℃，年日照 2300 小时，无霜期 185 天。全村辖 3 个自然村，5 个小组，现有 302 户，1587 人，劳动力 927 人，耕地面积 2881 亩，人均耕地 1.82 亩。2011 年农民人均纯收入 3016 元。

1338　高楼乡斗敌村

简　介：斗敌村位于高楼乡西北部半山坡上，距离乡政府所在地 5 公里，东连大大沟，西接大坪，北临张门，南部与八营接攘，海拔 1800 米左右，年降水量 300 毫米。交通便利，两条公路穿村而过。全村共有 4 个村民小组，258 户，总人口 1258 人，共有耕地 3246 亩，播种面积 2906 亩。农作物以小麦、高粱、油菜、土豆为主，经济收入主要靠农作物种植和劳务输出。该村环境优美，村民和谐。

1339　龙台乡王山村

简　介：王山村有于山、王家山 2 个自然村，182 户，837 人，耕地面积 1880 亩，人均 2.28 亩。主要农作物有小麦、洋芋、油菜、蚕豆等，人均纯收入 3775 元。

1340　滩歌镇野峪村

简　介：滩歌镇野峪村位于距镇政府 2 公里的野峪沟两岸山坡，由阳坡、阴坡、谢家山 3 个自然村组成，全村现有总耕地面积 864 亩，人均耕地面积 1.5 亩。全村 116 户，575 人，现有党员 16 人，有劳动力 318 人（其中外出务工人员 110 人）。

1341　滩歌镇郭地村

简　介：郭地村位于滩歌镇南部，离镇区 7 公里，全村有 105 户，555 人，其中扶贫户 49 户，198 人，扶贫低保户 21 户，81 人，低保户 32 户，109 人，全村劳动力共计 178 人，教学点 1 所（学前班和一年级）有学生 30 名，村阵地 1 个，占地 24 亩，有耕地面积 938 亩，2011 年全村人均纯收入 2101 元。

1342　马力镇北顺村

简　介：北顺村是扶贫开发重点村，位于武山县马力镇西端的龙川河畔。全村有 4 个自然村，11 个村民小组，663 户，3169 人。现有耕地 5257 亩（川水地 3550 亩，山地 1707 亩），人均耕地 1.66 亩，尚有 2000 亩荒山可整治为耕地。2011 年，农民人均纯收入 3260 元。

1343　滩歌镇费庄村

简　介：费庄村位于滩歌镇西面，地处白马河畔，离镇区 5 公里，全村有 7 个自然村，

350户,1606人,有党员32人,劳动力960人,运输专业户20户,外出务工人员500多人;耕地面积2094.80亩,人均1.3亩,2011年全村人均纯收入2897元。产业结构以农业、劳务输出、规模养殖及运输业为主导产业,以散户养猪为辅的结构布局。

1344 滩歌镇黑池殿村

简　介:黑池殿村位于武山县城西南23公里的山丹河上游,全村448户,1925人,其中劳动力1027人。耕地面积1590亩。2011年农民人均纯收入3900元。

1345 四门镇松树村

简　介:四门镇松树村位于东南部山区,距四门镇5公里,规划区属于温带大陆性季风气候,四季分明,日照充分,海拔2300米,年降雨量700毫米,全村耕地面积3468亩,人均耕地1.9亩,现状用地以耕地林地为主。全村共有11个自然村,6个村民小组,共382户,总人口1820人。

1346 榆盘乡榆盘村

简　介:榆盘村下辖6个村民小组,乡政府在该村,属温带半湿润气候,其特点是冬冷无严寒,夏热无酷暑,四季冷暖干湿分明。年平均气温7℃,生长期平均215天,无霜期年均150天。全村有184户,871人,耕地面积2665亩。

1347 马力镇双场村

简　介:双场村位于武山县西南部,海拔1400~2000米,属西南部阴湿山区,年降水量700毫米左右。全村有7个自然村,7个村民小组,248户,1211人,劳动力704人。现有耕地2208亩,人均耕地1.82亩,2011年农民人均纯收入3047元。

1348 龙台乡董庄村

简　介:董庄村有董庄、腰庄、上河峪3个自然村,256户,1256人,耕地面积1529亩,人均1.24亩。主要农作物有小麦、洋芋、油菜、蚕豆等,人均纯收入3550元。依托蚕豆种植业的发展,带动董庄村农业收入,加快该村农业产业发展,成为董庄村经济收入的另一增长点。董庄村境内森林资源丰富,具有较好的旅游开发前景,上河峪有佛教古刹慈云寺,国家二级保护动物秦岭细鳞鲑。

1349 城关镇上街村

简　介:上街村位于县城以东,洛门镇以西,316国道和陇海线将上街村分为南、中、北三片。山区全为退耕还林区,南片为堤灌灌溉区,北片为自流灌溉区(因受大县城发展的影响,绝大部分土地已被征用)。全村共362户,1478人;有劳动力926人,耕地总面积1182亩(人均耕地面积0.8亩)。

后 记

在甘肃进行全面性的文化资源普查属于首次，将普查成果汇编成大型的文化资源名录在国内也属于前列。《甘肃省文化资源名录》是按照《甘肃省文化提升行动协调推进领导小组工作方案》和《甘肃省文化资源普查和分类分级评估工作实施方案》要求推出的重要成果。经过甘肃省文化资源普查和分类分级评估工作领导小组办公室组织40多名专家学者，在甘肃省文化资源普查平台数据库基础上，历时两年精心编排，终于完成书稿，这是参与全省文化资源普查的所有工作人员集体智慧的结晶。

甘肃省委原常委、省委宣传部原部长连辑，甘肃省委常委、省委组织部部长梁言顺，甘肃省委常委、省委宣传部部长陈青，先后领导和部署了本名录的编辑出版工作。省委宣传部原副部长、省社科院原院长范鹏研究员协调推进了本名录的编写。甘肃省社科院院长王福生研究员组织实施了本名录的策划设计、内容编排、审定并最终定稿。甘肃省社科院副院长马廷旭研究员负责了审稿、统稿和出版发行事宜。刘玉顺同志全程负责了书稿编排工作。

在《甘肃省文化资源名录》面世之际，感谢甘肃省文化提升行动协调推进领导小组各位领导的大力支持与关心，感谢参与普查工作的各市（州）县（区）、有关省直厅局的鼎力相助，感谢参与普查的专家学者和基层工作人员的辛勤付出，感谢中国书籍出版社为本名录的出版所做的努力，感谢所有关心关注本名录的人们。《甘肃省文化资源名录》是从盘清全省文化资源家底的角度入手，收录范围极其宽泛，有部分内容还存在缺项，有的资源没有资源简介，有的资源缺图片等等，给该书的出版留下了遗憾（该套丛书普查数据截至2012年12月31日）。同时，由于我们的水平有限，可能还有错讹疏漏之处，恳请读者随时批评指正，以便在将来进一步完善和修订。

甘肃省社会科学院
2017年7月

甘肃省文化资源名录
总书目

第 一 卷　　可移动文物 Ⅰ（金银器、铜器）
第 二 卷　　可移动文物 Ⅱ（铜器）
第 三 卷　　可移动文物 Ⅲ（铜器、铁器）
第 四 卷　　可移动文物 Ⅳ（陶泥器）
第 五 卷　　可移动文物 Ⅴ（陶泥器）
第 六 卷　　可移动文物 Ⅵ（陶泥器）
第 七 卷　　可移动文物 Ⅶ（陶泥器）
第 八 卷　　可移动文物 Ⅷ（陶泥器）
第 九 卷　　可移动文物 Ⅸ（砖瓦、瓷器）
第 十 卷　　可移动文物 Ⅹ（瓷器）
第十一卷　　可移动文物 Ⅺ（宝、玉石器，石器、石刻）
第十二卷　　可移动文物 Ⅻ（纺织品、皮革、漆木竹器、珐琅器、玻璃器、骨角牙器、文具乐器法器、绘画）
第十三卷　　可移动文物 ⅩⅢ（书法、拓片、玺印、货币、雕塑、造像）
第十四卷　　可移动文物 ⅩⅣ（文献图书、徽章、证件、票据、邮品、度量衡器、交通运输工具、武器装备、航天装备、古脊椎动物化石、人类化石、其他）
第十五卷　　不可移动文物 Ⅰ（古墓葬、古遗址）
第十六卷　　不可移动文物 Ⅱ（古建筑、石窟寺及石刻、其他）
第十七卷　　红色文化（故居、旧址、纪念地、纪念设施、烈士墓、其他）
第十八卷　　历史事件与人物 Ⅰ（历史事件、历史人物）
第十九卷　　历史事件与人物 Ⅱ（历史人物）
第 二十 卷　　历史文献 Ⅰ（古籍）
第二十一卷　　历史文献 Ⅱ（古籍、志书、档案、其他）
第二十二卷　　非物质文化遗产 Ⅰ（民间文学、民间音乐、民间舞蹈、民间戏剧、曲艺）
第二十三卷　　非物质文化遗产 Ⅱ（民间杂技、游艺传统体育与竞技、民间美术、民间技艺）
第二十四卷　　非物质文化遗产 Ⅲ（民间技艺、民间医药、民间信仰、岁时节令、生产商贸习俗、消费习俗、民间知识、人生礼俗）
第二十五卷　　建筑、自然景观文化（建筑文化、自然景观文化）

甘肃省文化资源名录总书目

第二十六卷	文学艺术Ⅰ（文学、艺术）
第二十七卷	文学艺术Ⅱ（艺术）
第二十八卷	饮食文化（酒、茶、饮料、特色饮食、饮食器皿）
第二十九卷	节庆、赛事、文化之乡（节庆、赛事、文化之乡）
第 三十 卷	地名文化Ⅰ（特色自然地理地名、市州、市县区、乡镇街道、村、社区）
第三十一卷	地名文化Ⅱ（村、社区）
第三十二卷	地名文化Ⅲ（村、社区）
第三十三卷	地名文化Ⅳ（村、社区）
第三十四卷	地名文化Ⅴ（村、社区）
第三十五卷	地名文化Ⅵ（村、社区）
第三十六卷	文化产业、传媒Ⅰ（新闻出版发行服务、广播电视电影服务、文化用品的生产、文化产品生产的辅助生产）
第三十七卷	文化产业、传媒Ⅱ（文化艺术服务、文化信息传输服务、文化休闲娱乐服务、工艺美术品的生产）
第三十八卷	文化产业、传媒Ⅲ（文化创意和艺术服务、文化专用设备的生产、传媒）
第三十九卷	社科研究Ⅰ（机构和团体、著作类、研究报告、学术活动、社科刊物、获奖成果）
第 四十 卷	社科研究Ⅱ（论文）
第四十一卷	社科研究Ⅲ（论文）
第四十二卷	文化类高等教育、文化艺术机构团体Ⅰ（文化类高等教育、文化艺术机构、文艺团体、文艺表演团体、文艺场馆）
第四十三卷	文化类高等教育、文化艺术机构团体Ⅱ（群众文化艺术馆）
第四十四卷	文化人才Ⅰ（社科人才）
第四十五卷	文化人才Ⅱ（社科人才）
第四十六卷	文化人才Ⅲ（图书情报人才、档案人才、文博人才、新闻人才、出版人才、文艺人才）
第四十七卷	文化人才Ⅳ（体育人才、网络文化人才、动漫人才、民间文化人才）
第四十八卷	宗教文化、民族语言文字Ⅰ（教职人员、宗教经卷）
第四十九卷	宗教文化、民族语言文字Ⅱ（宗教活动场所）
第 五十 卷	宗教文化、民族语言文字Ⅲ（宗教活动场所、民族语言文字）